Károly Kókai

Migration und Literatur in Mitteleuropa

Komparatistische Studien

Károly Kókai

Migration und Literatur in Mitteleuropa
Komparatistische Studien

A NoPress Publication
Wien 2018
ISBN 978-3-9504520-1-3

Inhaltsverzeichnis

Vorwort

Die vergleichende Literaturwissenschaft ist ein sich stark ändernder Wissenschaftsbereich. Ihre Etablierung als selbständige universitäre Disziplin liegt wenige Jahrzehnte zurück. In Wien erfolgte dies beispielsweise im Jahr 1980. Was vergleichende Literaturwissenschaft ist, erhält immer wieder neue Facetten.

Die nationale Literaturgeschichtsschreibung postuliert implizit ein sprachlich und territorial geschlossenes Feld, das seiner inneren Dynamik folgend sich entwickelt. Impulse von oder nach außen sind zwar möglich, es geht aber um die feldinterne Verarbeitung dieser Impulse respektive um die Ausstrahlung und nicht um Interaktionen oder gar um Überlappungen mit genauso strikt vorgestellten fremden nationalen Literaturen. Solchen Feldregeln folgend sollten etwa Autoren und auch Leser einsprachig sein und die Rezeption von ausländischen Autoren erst nach dem Erscheinen von Übersetzungen einsetzen. Da diese Sicht in der Praxis, also bei der Betrachtung von konkreten Autoren und konkreten Werken, kaum haltbar ist, muss eine so konzipierte Literaturwissenschaft alles, was nicht mit ihren feldinternen Konzepten in Übereinstimmung steht, als Problem ansehen. Da die nationale Literaturgeschichtsschreibung also schnell an ihre Grenzen stößt respektive sich in Widersprüche verstrickt, scheint der Zugang der vergleichenden Literaturwissenschaften der Sache adäquater zu sein.

Im Folgenden geht es nicht um Vergleiche zwischen Nationalliteraturgeschichten, wo also das einzelne literarische Werk in einem durch den nationalen Horizont begrenzten Feld untersucht werden soll, sondern um einen komparatistischen Zugang. Eine ganze Reihe von Bereichen scheinen besonders geeignet diesen Zugang zu demonstrieren, so der von Migration und Literatur.

Das Thema Migration und Literatur ist nicht nur aktuell, sondern auch umfassend und zwar in der echten Bedeutung dieses Wortes. Was davon in dieser Sammlung aufgenommen wurde, ist daher notwendigerweise fragmentarisch. Nicht einmal der engere Themenbereich, die Literatur der ungarischen Migration in Mitteleuropa im 20. Jahrhundert wurde adäquat erfasst. Um die Größe der Problematik anzudeuten: keiner der folgenden Aufsätze nahm sich vor, die hier zu behandelnden wissenschaftlichen Probleme und Fragen aufzulisten. Was hier vorliegt ist eine Sammlung von Einzeluntersuchungen, die so, zusammen, die Bedeutung des Themenbereichs andeutet. Es handelt sich hierbei um ein zentrales Stück der Literaturgeschichte, das nicht nur das Fach, die Region und die Epoche untersuchen lässt, sondern die Definition des Faches, der Region und der Epoche zu problematisieren vermag. So beschäftigen sich einige der Texte nicht allein mit Schriftstellern und der schönen Literatur, sondern mit Wissenschaftlern und wissenschaftlicher Literatur, mit Journalisten und Zeitungen und somit mit publizistischen Texten, mit zeitgeschichtlichen Aspekten und dementsprechend mit Aktenstücken. So erscheint die Region Mitteleuropa in ihrer Problematik, also als politisches und ideologisches Programm, was nicht zuletzt zu Überlegungen führte den Begriff abzuschaffen. Da die Verbesserung durch den Alternativvorschlag Zentraleuropa allerdings lediglich von kosmetischer Natur ist, wird hier weiterhin das Wort Mitteleuropa verwendet. So erscheint hier die Frage, was das 20. Jahrhundert sei, also die Periode von 1900 bis 1999 oder doch von 1918 bis 1989; was Moderne sei, also eine Periode, die mit dem Aufkommen der sogenannten Postmoderne zu Ende ging bzw. eine die lediglich in den diversen Modernismen wie etwa „die Wiener Moderne" stattfand, ansonsten aber, etwa in den diversen diktatorischen Systemen des Jahrhunderts, ausgesetzt wurde. – Allesamt Fragen und Probleme, die insbesondere auf die zwei Literaturen, um die es hier hauptsächlich geht, auf die ungarische und österreichische bezogen relevant sind.

Das Thema Migration und Literatur wird im Folgenden anhand von Fallbeispielen aus marginalisierten Regionen behandelt. Es handelt sich dabei also um einen scheinbaren literaturwissenschaftlichen Randbereich – wo jedoch das Interdisziplinäre, die Grenzüberschreitung am sichtbarsten ist. Fallbeispiele aus einem Randbereich erweisen sich auch als theoretisch die interessantesten, weil man so die Sonderfälle vor sich hat, die bei einem sich auf Regelfälle konzentrierenden, mit systematischem Anspruch auftretenden Überblick untergehen.

Diese Textsammlung gibt die Möglichkeit, eine Reihe von Problemen zu diskutieren. So stellt sich die Frage, was es bedeutet ein Thema definitiv abzuhandeln oder auf eine wissenschaftliche Fragestellung eine abschließende Antwort zu geben. Es stellt sich

die Frage, inwiefern ein wissenschaftliches Thema komplett aufgearbeitet werden kann, und was die Vorteile eines fragmentarischen
Zuganges sind, der natürlich nicht die Möglichkeiten von seriö-
sen Antworten ausschließt, sondern der sich als Beitrag zu einer
laufenden oder zu einer zu initiierenden Diskussion ansieht. Es
stellt sich die Frage, mit welchen Autoren und Texten sich die Literaturwissenschaften zu beschäftigen haben, und welche Vorteile
es für die diversen Wissenschaftsdisziplinen hat – wobei es nicht
nur um die Geschichtswissenschaften gehen soll, sondern um die
Humanwissenschaften respektive Kulturwissenschaften überhaupt
–, ihre Texte auch mit literaturwissenschaftlichen Methoden zu untersuchen.

Die einzelnen Texte stehen wiederholt im engen Verhältnis zueinander. Sie behandeln denselben Autor oder dieselbe Frage immer wieder. So sind mehrere Texte György Sebestyén und mehrere
Texte dem Verhältnis von Minderheitenliteratur und Migrationsliteratur gewidmet. Das erklärt sich zunächst daraus, dass der Grund
des Zustandekommens der einzelnen Texte jeweils anlassbezogen
gewesen ist. So ergibt sich allerdings eine seltene Möglichkeit, dieselbe Frage wiederholt zu stellen, dasselbe Phänomen in immer
neuen Zusammenhängen zu betrachten, dasselbe Argument in unterschiedlichen Kontexten zu erproben und damit ein plastischeres
Bild zu erarbeiten als wenn einzelne Themen nacheinander abge-
hakt würden. So zeigt sich klar: auch mit diesen wiederholten Be-
sprechungen ist ein Thema nicht ausdiskutiert.

Die Texte wiederholen sich gewissermaßen. Es ist allerdings
wichtig festzuhalten, dass die vorrangige Aufgabe dieser Texte
nicht die Veröffentlichung von bis dahin für die wissenschaftliche Forschung unbekannten Informationen ist. Es geht vielmehr
um wissenschaftliche Argumente, und daher ist der Kontext der
jeweiligen Aufsätze, der Kontext der ihnen zugrundeliegenden
Vorträge und die der Originalpublikation entscheidend. So wurde
Ungarische Migrantenschriftsteller im Westen seit 1945 englisch verfasst,
Tag der Lyrik und *Minderheitenliteratur* ungarisch. Die Sammelbände
und Zeitschriften, in denen sie erscheinen, kontextualisieren die
Informationen und die Argumente jeweils spezifisch, und stecken
natürlich so das wissenschaftliche Feld ab, das durch Konferenzen,
Zeitschriften und Bücher geformt wird. Ein zweiter Punkt, warum
bestimmte Einzelinformationen wiederholt werden, ist, dass das

wissenschaftliche Feld, die Erforschung der Migrationsliteratur, sich aktuell stark ändert.

Zweck dieser Sammlung ist also gerade mit ihrer Fragmentiertheit auf das Ausmaß der sich hier eröffnenden Problematik aufmerksam zu machen. Es ist dabei natürlich klar und soll hier auch schriftlich festgehalten werden: das Bekennen eines Mangels ersetzt das Beheben dieses Mangels nicht. Diese Sammlung bleibt nach diesem Vorwort was es war: ein Fragment.

Dass eine relativ große Aufmerksamkeit Behördenakten gewidmet wird, schuldet sich dem Umstand, dass einige der hier vorliegenden Texte im Zuge von Forschungsarbeiten entstanden sind, die sich eben mit diesem Texttyp befassten. Was Folge eines „Zufalls" ist, hat aber eine für die Literaturwissenschaften wesentliche Bedeutung. Die Beschäftigung mit nichtliterarischen Texten ist nicht allein zum Zwecke der Analyse von literarischen Kontexten relevant, sondern macht auch klar, was Text überhaupt ist. Die Gegenüberstellung von literarischen und nichtliterarischen Texten ist dann falsch, wenn damit eine grundsätzliche Differenz postuliert wird. Beide Textsorten zunächst nicht zu trennen, erweist sich viel produktiver.

Der in den folgenden Texten meistbemühte theoretische Ansatz ist der der postkolonialen Literaturtheorie. Dies begründet sich darin, dass für Migrationsliteratur zahlreiche Analogien in diesem Diskussionskreis zu suchen sind. Außerdem versuchen einzelne Aufsätze neue Impulse in eine vielfach als verfahren angesehene Diskussion zu bringen, was auch begründet, warum ähnliche Argumente wiederholt auftauchen. Der zweite wiederholt eingesetzte theoretische Zugang ist der der Zeitgeschichte. Dies ist ebenfalls durch das Thema Migration nahegelegt, dass also auch über Emigrantenliteratur gesprochen wird, die eben durch politische Aspekte geformt wurde. Und hier ist auch klar, dass politische Determinanten auch dann entscheidend und daher zu untersuchen sind, wenn Versuche existieren können, sie auszublenden. Das Wesentliche dabei ist freilich das, was im Text *Literatur der ungarischen Migration in Österreich in den 2010er Jahren* demonstriert wird: die theoretische Vielfalt, das Heranziehen von neuen Ansätze und Zugängen ermöglicht neue Aspekte des Themas zu erschließen.

In Migration und Literatur kann sowohl Literatur als auch Migration viele Formen annehmen. Bei der Literatur geht es um

Roman, Gedicht, Tagebuch, Zeitungsartikel und Amtsbericht. Migration nimmt in der Sammlung ebenfalls zahlreiche Formen an. Sándor Márai und Tibor Déry haben sich wiederholt vor politisch motivierter Verfolgung ins Ausland begeben, waren also Emigranten. Sie verbrachten aber auch längere Zeiten im Ausland, als sie journalistisch und schriftstellerisch arbeiteten, was also nicht mehr als Emigration, sondern als Reise respektive Auslandsaufenthalt angesehen werden muss. György Sebestyén und Agota Kristof sind österreichische respektive Schweizer Autoren ungarischer Abstammung. László Cs. Szabó, Pál Nagy, György Faludy, Győző Határ, Albert Wass und József Nyírő verbindet, dass sie vor dem sich etablierenden kommunistischen System Ungarns flüchteten, ihre Karrieren verliefen aber so unterschiedlich, dass es Schwierigkeiten macht, sie in einer Kategorie fassen zu wollen. Imre Kertész wählte die sogenannte innere Emigration, was wieder eine sehr andere Sache ist, als das, was gemeinhin unter Emigration verstanden wird. Gyula Klamár und József Fóti waren vor allem Journalisten. István Domonkos und Katalin Ladik gehören der ungarischen Minderheit in der Vojvodina an, die Jugoslawien verließ. Alpár Bujdosó, Ernő Deák, György Buda, Gerhard Baumgartner, Zoltán Lesi, Anna Zilahi, László Garaczi, Gábor Schein, Dénes Krusovszky, Gábor Gyukics und Gábor Fónagy sind ungarische oder ungarischstämmige Literaten, die aus verschiedenen Gründen sich in Österreich aufhalten. Bujdosó, Deák und Buda waren Emigranten, Baumgartner und Fónagy sind in Österreich geboren, Zilahi studiert in Wien, Garaczi hatte ein Stipendium, Schein und Lesi arbeiten hier, Gyukics und Krusovszky sind oder waren aus familiären Gründen hier. Migration ist also ein äußerst vielfältiges Phänomen. Es gibt keinen Grund anzunehmen, dass nicht weitere Formen von Migrationen kommen werden oder dass die Erforschung des Themenbereichs Migration und Literatur etwas von ihrer Aktualität verlieren wird.

Ungarische Schriftsteller in Österreich
Das Wien von Sándor Márai und Tibor Déry

Sándor Márai und Tibor Déry gehören zu den bekanntesten ungarischen Erzählern des 20. Jahrhunderts. Beide Autoren hatten bekanntlich eine Vielzahl von Beziehungen zu Wien und thematisierten diese nicht zuletzt auch in ihren Werken. Sie waren einander mehr oder weniger Zeitgenossen, ihr Lebenslauf, ihre literaturhistorische Bewertung und ihre Beliebtheit bei den Lesern zeigen aber auffallende Unterschiede. Dies zeigt sich etwa in einem Vergleich der beiden im Jahre 1948. Márai ging in diesem Jahr in die Emigration, er reiste über die Schweiz nach Italien bzw. in die USA und blieb bis zu seinem Tod im Jahr 1989 dort. Er kehrte nach 1948 kein einziges Mal nach Ungarn zurück. Déry hat in diesem Jahr hingegen den Kossuth-Preis, also die höchste staatliche Auszeichnung im Kulturbereich in Ungarn erhalten. Was nicht heißt, dass Déry keine Probleme mit dem sozialistischen System gehabt hätte, so verbrachte er zwischen 1957 und 1960 drei Jahre im Gefängnis. Er galt aber bis zur Wende 1989 als anerkannter Schriftsteller. Sein Stellenwert ist unter den Literaturwissenschaftlern zwar immer noch hoch, in den Augen der Leser sinkt er aber deutlich. Im Gegensatz zu Márai, der seit 1990 aufgewertet wurde. Dessen Werke erscheinen in Neuauflagen, sowohl in Ungarn als auch im Ausland, insbesondere im deutschen Sprachgebiet. Das war besonders in den 1990er Jahren der Fall, aber er dürfte auch heute noch außerhalb Ungarns einer der bekanntesten ungarischen Schriftsteller sein.[1] Ein Vergleich dessen, wann Dérys bzw. Márais Werke verfilmt wurden zeigt, dass während Dérys *Szerelem* (*Liebe*) in der Regie von Károly Makk 1974 und dessen *A befejezetlen mondat* (*Der Unvollendete Satz*) in der Regie von Zoltán Fábry 1975 in die Kinos kamen, entstanden Filme aufgrund von Márais Texten erst nach 1990 unter der Regie von István Iglódy oder József Sipos, die im Vergleich mit Makk und Fábry als weniger bekannte Filmemacher gelten.

---

1 So erschienen maßgebende Monografien über Márai in Ungarn auch erst nach 1990. Siehe: Mihály Szegedi-Maszák *Márai Sándor* 1991 und László Rónay *Márai Sándor* 2005. Inwiefern Márais Texte in Ungarn zwischen 1945 und 1990 doch zugänglich waren und welche Auswirkungen seine verborgene Rezeption dort hatte, ist nicht Gegenstand dieses Aufsatzes.

Im Folgenden wird es vor allem nicht um die Unterschiede, sondern um die Gemeinsamkeiten gehen. Zuerst zu Tibor Déry. Er ist 1894 geboren, war also sechs Jahre älter als Márai. Seine Familie mütterlicherseits stammte aus Wien. Die Mutter, Ernestine Rosenberg, ist dort geboren, wuchs auf und ging in die Schule. Nachdem ihre Familie nach Ungarn übersiedelte, heiratete sie den Juristen Károly Déry. Tibor Déry wuchs also in einer zweisprachigen Familie auf. Seine Mutter beherrschte zwar auch das Ungarische, sprach aber besser Deutsch. Ihren inzwischen publizierten umfangreichen Briefwechsel führten sie ebenfalls auf Deutsch. Außerdem hatte die Familie Verwandte in Westeuropa, so in der Schweiz und eben in Wien.

Tibor Déry hielt sich zweimal länger in Wien auf. Er wohnte zwischen 1920 und 1923 im 19. Bezirk in der Pyrkergasse 13 und zwischen 1933 und 1934 im 1. Bezirk in der Gonzagagasse 3. Diese Adressen kommen auch in dem 1947 erschienenen Roman *A befejezetlen mondat* vor. Déry hat also Informationen aus seinem Privatleben in sein literarisches Werk einfließen lassen.

Der Grund seines ersten Wiener Aufenthalts bildet Dérys Teilnahme an der ungarischen Räterepublik 1919. Déry trat in die Kommunistische Partei Ungarns ein und musste nach der Niederschlagung der Räterepublik emigrieren. Er reiste mit seiner Frau über die Tschechoslowakei nach Wien. In Wien geriet Déry in das Umfeld von ebenfalls hierher emigrierten ungarischen Avantgardisten. Es entstanden mehrere Werke, die von der Nähe zu dieser Gruppe zeugen, so das illustrierte Gedicht *Der Amokläufer*. Das zweisprachige Manuskript stammt von 1922, publiziert wurde es 1985. Der Untertitel auf dem ungarischen Manuskript lautet übersetzt: *Der Amokläufer Tibor Déry Der Amokläufer Tibor Déry Tibor Déry Der Amokläufer Tibor Déry Amokläufer Amokläufer Amokläufer Amokläufer Amokläufer Tibor Déry Tibor Déry Tibor Déry Tibor Amok Déry Läufer Déry Tibor Amokläufer Amokläufer Tibor Déry.* Der Titel und der Untertitel des Werkes deuten also bereits einen eigenen Textrhythmus an und künden von einem Individuum, das sich in der sich beschleunigenden Zeit verliert. Bereits Titel und Untertitel des Werkes brechen die Tradition, provozieren formal, inhaltlich und auch ihren Anliegen nach.

Die Anregung zum Verfassen von *Der Amokläufer* erhielt Déry aus einem Zeitungsbericht, der im Manuskript ebenfalls abgetippt wurde. Die deutsche Version fängt so an:

> Anderthalb Jahre lang habe ich bei der technischen Truppe gedient –
> erzählte er – und habe während dieser Zeit rund vierhundert Menschen
> hingerichtet. In den meisten Fällen habe ich selbständig gearbeitet und
> mir, man kann wohl sagen, eine glänzende Routine angeeignet. Lange
> schon sehnte ich mich danach, Henker zu werden, konnte es aber nicht
> erreichen. Vor drei Wochen, an einem Sonntag lese ich nun in den Öden-
> burger Neuesten Nachrichten, dass für die Henker-Stellung Bewerber
> gesucht werden. Das ist etwas für dich! – Sagte ich mir sofort. – Ja, das
> brauche ich! – Ich steckte die Zeitung in die Tasche und meldete mich
> noch am selben Vormittag. Papiere, Offerte hatte ich keine bei mir, ich
> sagte nur, dass ich die Stellung sehr, sehr gerne annehmen möchte und
> erzählte dann, über welche Praxis ich verfüge. Der Beamte schrieb alles
> auf. Einen ganzen Bogen schrieb er voll, ich sah gleich, dass man mich
> wählen würde.

Der Zeitungsbericht ruft natürlich den kurz davor zu Ende gegan-
genen Ersten Weltkrieg in Erinnerung, der in Hinsicht auf Opfer-
zahlen, materielle Schäden und politische Umwälzungen, die auf
ihn folgten, Europa in ein Chaos stürzte. Das hatte Folgen für jeden Einzelnen, hier repräsentiert durch den zitierten Henker.

Das Werk von Déry ist eine Collage. Der Text ist eine Art
Prosagedicht, das durch aus Magazinen ausgeschnittene Bilder
illustriert wird. So durch Abbildungen eines in paramilitärischer
Uniform Marschierenden. *Der Amokläufer* zeugt von Dérys avant-
gardistischer Phase.

Die ungarischen Avantgardisten versammelten sich in Wien um
die Zeitschrift *Ma* von Lajos Kassák. Déry publizierte hier auch, so
die Gedichte *Landschaft* und *Glasfläche*. *Ma* war eine großteils ungarische Zeitschrift, die von 1920 bis 1925 in Wien erschien. Sie hatte
aber auch deutschsprachige Nummern, was deutlich zeigt, dass die
ungarischen Avantgardisten ihre Werke nicht nur unter den ungarischen Migranten, sondern auch unter dem deutschsprachigen
Wiener Publikum verbreiten wollten. Resonanz bekamen sie zwar
wenig. Aber aus ihren Publikationen ist es eindeutig feststellbar,
wer ihr Zielpublikum war. Die zwei Gedichte von Déry wurden
deutsch publiziert. Die letzten Zeilen von *Glasfläche* lauten:

> Herrgott! warum brennt schon der Stahlstrauß nicht? warum kann ich
> ihn nicht fassen? meine Handfläche an ihm blutig reiben? warum kann

ich nicht schreien über ihm wie eine Glocke?
diese Glasfläche:
einsam laufen!
in meinem verwehten Atem hängen erfrorene Kinder,
Abend ist es und ich kann nicht stillhalten.[2]

Das Gedicht von Déry endet mit Bildern, die auf den Amokläufer hinweisen, auf einen, der einsam läuft und nicht stillhalten kann.

Dérys Interesse an der Avantgarde endete bald. Er versuchte andere literarische Stile und schrieb die realistische Literatur, für die er bekannt wurde. Damit sind wir bei seinem zweiten Wienaufenthalt in den 1930er Jahren. Zu dieser Zeit arbeitete er am *A befejezetlen mondat*. Er schrieb später über die Entstehung des Werkes:

> Zu schreiben begonnen hatte ich am 24. Dezember 1933, dem Weihnachtsabend, einziger Gast im einzigen geöffneten Kaffeehaus von Wien, dem „Café de France" am Schottenring. Rund vier Jahre später war ich fertig, nachdem ich die Arbeit im spanischen Palma de Mallorca fortgesetzt und in Pest, gleichfalls in einem Kaffeehaus, im Café „Florenz" am Freiheitsplatz, beendet hatte.[3]

Déry benennt das Café Florenc interessanterweise mit dem deutschen Namen der Stadt – außerdem hieß das ehemalige Café Florenc zu der Zeit bereits längst Café City. Eventuell motivierte Déry zu dieser sprachlichen Verschiebung die Tatsache, dass das deutschsprachige Wien im Roman eine wichtige Rolle spielt.

Déry lebte 1933-34 relativ lange Zeit in der Stadt. Er hielt sich auch zur Zeit eines wichtigen Ereignisses der österreichischen Geschichte des 20. Jahrhunderts hier auf. Im Februar 1934 fand zwischen dem Schutzbund und der Heimwehr ein Bürgerkrieg statt. Den Ereignissen widmet Déry ein Kapitel des *A befejezetlen mondat*.

> Am zwölften Februar, am Tag des Ausbruches der Revolution, kam sie[4] mittags in Wien an, wo sie an einem Tanzkurs teilnehmen wollte, für den sie sich mit großer Mühe das Geld zusammengespart hatte. Mit dem Koffer in der Hand stieg sie am Ostbahnhof in die Straßenbahn.

---

2 Tibor Déry *Glasfläche* in: *Ma* 15. März 1923: 13.

3 Tibor Déry *Kein Urteil. Memoiren.* Aus dem Ungarischen von Hans Skirecki 1983: 90. Anzumerken ist, dass der ungarische Titel des Werkes, *Ítélet nincs*, so viel wie „Es gibt kein Urteil" heißt, dass also Déry nicht das Fehlen eines Urteils feststellt, sondern die Möglichkeit eines Urteils auszuschließen trachtet.

4 Nämlich Évi Krausz.

„Warum fährt die Bahn nicht ab?", fragte sie den Schaffner nach einigen Minuten. Sie war nicht allein im Wagen, auch andere warteten. Der Schaffner zuckte die Achseln. „Kein Strom", sagte er brummig.[5]

Évi Krausz ist eine ungarische Kommunistin. Wie wir sehen, reist sie nicht wegen der „Revolution" nach Wien, sondern weil sie auch eine Tänzerin ist. Bemerkenswert dabei ist natürlich, dass Déry den Bürgerkrieg „Revolution" nennt, was natürlich einer bestimmten ideologischen Interpretation entspricht. Die Szene setzt sich folgendermaßen fort:

Evi stieg aus der Straßenbahn und gelangte nach dreiviertelstündigem Gehen, das eher einem Wettlauf glich, in die Gonzagasse zu einer Freundin, bei der sie wohnen sollte. Die Freundin war nicht zu Hause. Im Lauf des Nachmittags suchte Evi zehn Genossen auf, sie fand keinen einzigen in seiner Wohnung. Gegen Abend traf sie, völlig erschöpft, auf der Straße zufällig mit einer in Wien lebenden tschechischen Medizinstudentin zusammen, von der sie wusste, dass sie in der österreichischen Roten Hilfe arbeitete, und von der sie über einen Treffpunkt um acht Uhr am Markt in der Nußdorfer Straße informiert wurde. „Der Schutzbund hat Floridsdorf besetzt", erzählte die Tschechin, blaß vor Aufregung. „Otto Bauer rückt mit dreitausend Mann auf Stadlau. Um Bruck an der Mur, Leoben und Linz finden blutige Kämpfe statt. Der Schutzbund hat sämtliche Wohnhäuser der Gemeinden besetzt. Von Heiligenstadt her habe ich schon MG-Feuer gehört. Auf dem Turm des Karl-Marx-Hofes wurde die rote Fahne gehißt. In Simmering[6] stehen zweitausend Mann unter Waffen.[7]

Die hier mit Évi Krausz konnotierten Ereignisse erlebte Déry selbst. Wie weit er an all dem beteiligt war, ist unbekannt. Er selbst hat darüber keine Klarheit geschaffen. In seiner Autobiographie mit dem Titel *Itélet nincs (Ein Urteil gibt es nicht)* finden sich keine konkreten Hinweise. Soweit es sich rekonstruieren lässt, war er ein Betrachter oder vermittelte eventuell Informationen, war aber nicht auf die Weise involviert wie Évi Krausz, die ihre Genossen zuerst beim Markt in der Nußdorfer Straße trifft, dann noch einmal im Café Eiles, wo sie auf einen weiteren Genossen warten, die dann versucht, nach Semmering zu fahren, um schließlich mit

---

5 Tibor Déry *Der unvollendete Satz*. Deutsch von Ita Szent-Iványi und Resi Flierl 1954: 494.
6 Richtig: Semmering.
7 Déry 1954: 494-495.

einem neuen Freund in den belagerten Karl-Marx-Hof zu gelangen. Hier erleben sie mit den Bewohnern, wie die Anlage durch die Heimwehr vom Kahlenberg her beschossen wird.

Diese Orte entsprechen realen Orten in Wien. Der Markt in der Nußdorfer Straße ist heute die Filiale einer Supermarktkette. Das Café Eiles, wo die Kommunisten umsonst gewartet haben, weil der Kamerad, der neue Nachrichten bringen sollte, nicht ankam, ist mehr oder weniger im Originalzustand erhalten. Die Wiener Gemeindebauten gelten als kommunales Vorzeigeprojekt, sind architektonische Besonderheiten und tragen bis heute zum politischen Gesicht der Stadt bei. Der Karl-Marx-Hof ist Ziel von Stadtführungen.

A befejezetlen mondat handelt von einem jungen Mann bürgerlicher Abstammung, der versucht, mit den Mitgliedern der Arbeiterklasse in Kontakt zu kommen, so auch mit Évi Krausz, und zwar mit mäßigem Erfolg. Er kann einiges für die Arbeiter tun, aber ein gegenseitiges Verständnis kommt nie zustande. Déry hat diese Problematik im Roman deutlich entfaltet. Es weist einiges darauf hin, dass der Autor die Hauptfigur des Romans nach sich selbst formte. Es gibt eine Reihe weiterer Personen, die seinen Familienmitgliedern, so seiner Großmutter oder seiner Frau entsprechen. Évi Krausz ist ebenfalls nach einer realen Person gestaltet.

Eine nächste Stelle aus dem letzten Kapitel des Romans spielt im Sommer 1934, also wenige Monate nach den vorigen Ereignissen. Évi Krausz kehrt nach Wien zurück.

> Drei Tage später reiste Evi nach Wien. [...] Das junge Mädchen fuhr zu einem internationalen Tanzkongreß. [...] Als sie in Wien ankam, kaufte sie sich am ersten Tage von dem dafür zurückgelegten Geld einen spinatgrünen Pullover, lief eilig nach Hause, zog ihn an und ging allein in den Ratskeller Mittag essen. Sie trank zwei Glas Bier und hatte das Gefühl, das zweite Glas lasse sie endgültig zu einem erwachsenen, großen Mädchen werden, das selbständig über sein Leben verfügen dürfe. Aus dieser Stimmung heraus setzte sie sich nach dem Essen in eine Konditorei, vertilgte schamlos drei Mohrenköpfe[8], zündete sich eine Zigarette an und bestellte einen vierten Mohrenkopf. [...] Da sie in ihrem überströmenden Glücksgefühl in jedes ihr entgegenkommende Augenpaar lachte, war sie schon auf dem Burgring, kaum eine Viertelstunde später, gezwungen, die Bekanntschaft eines ungefähr dreißig Jahre alten,

---

8 Richtig: Indianer.

schlanken, schwarzäugigen, bescheiden lächelnden Herrn zu machen
[…] „Was wollen Sie von mir?!" Sie lachte. „Sehen Sie nicht, daß ich be-
trunken bin?" […] Vor einem Schaufenster blieb sie stehen, betrachtete
sich im Spiegel, schob bestürzt ihren Hut zurecht und lächelte. „Sie sind
meine erste Straßenbekanntschaft!" sagte sie triumphierend. „Kommen
Sie, wir gehen ins Kino!" […] Sie gingen in ein Kino am Schottenring,
aber Evi erlaubte ihm nicht, sie im Dunkeln auch nur mit einem Finger
zu berühren. Erst zwei Wochen später, am Tag der Preisverteilung (sie
gewann den zweiten Preis im Solotanz), war sie bereit, Abramovics zu
küssen.[9]

Évi hält sich noch ca. einen Monat in Wien auf. Sie verbringt
die Zeit mit Dr. Abramovics. Am Schluss trennen sie sich am
Ostbahnhof, und während dieser Trennung fällt der titelgebende
unvollendete Satz. Évi sagt ihn aus dem Fenster des anfahrenden
Zuges, Abramovics hört ihn nicht mehr, weil das Geräusch des
Zuges ihn übertönt. Das ist die letzte Szene des Buches, die durch
das zitierte Ankommen eingeführt wurde.

Wir sehen, einige zentrale Szenen von *A befejezetlen mondat* spielen in Wien. Déry nennt reale Orte, beispielsweise den Markt in
der Nußdorfer Straße, das Café Eiles, den Karl-Marx-Hof, den
Rathauskeller, den Ostbahnhof. Zahlreiche im Roman erwähnte
Ereignisse haben eine historische Entsprechung. Am 12. Februar
1934 brach in Österreich ein Bürgerkrieg aus, der den Zwischen-
kriegskonsens der politisch einander gegenüberstehenden beiden
Massenparteien der Sozialdemokraten und der Christlichsozialen
beendete. Vom 8. bis zum 11. Juni 1934 fand in Wien im Rahmen der Wiener Festwochen ein Internationaler Volkstanzwettbe-
werb statt. Und wie erwähnt, können zahlreiche Personen direkt
mit Déry in Bezug gebracht werden. Abramovics ist, so lässt sich
aus einigen biographischen Einzelheiten schließen, auch eines von
Dérys Alter Egos. Lőrinc Percen Nagy, die zentrale Figur, ebenfalls. Déry erscheint also im Buch in mehreren Gestalten. Einige
Figuren sind nach Familienmitgliedern und Bekannten geformt.
So auch die Kommunistin und Tänzerin Évi Krausz. Sie ist, wie
inzwischen festgestellt wurde, nach Etel Nagy gestaltet.[10]

Nagy war die Ehefrau von István Vas, einem Schriftstellerkol-

---

9 Déry 1954: 549-552.
10 József Tasi *Modell és Mű. Krausz Évi alakja A befejezetlen mondatban* (*Modell und
Werk. Der Gestalt von Évi Krausz in Der unvollendete Satz*) In: *Új Forrás* Juni 1995:
70-77.

legen von Déry. Sie war die Tochter von Jolán Simon, einer Schau-
spielerin und Vortragskünstlerin, der Lebensgefährtin von Lajos
Kassák. Simon und Kassák verbrachten die 1910er Jahre in Budapest zusammen und hielten sich ab 1920 in Wien auf. Etel ging mit
der Familie 1926 nach Budapest, kehrte aber nachher wiederholt
nach Wien zurück, besuchte unter anderem auch Kurse bei Ger-
trude Kraus, einer damals bekannten Wiener Bewegungskünstlerin. Ihr Familienname im Buch dürfte von da herrühren. Den
Namen Évi erhielt sie eventuell, weil der viel seltenere Name Etel
zu direkt gewesen wäre und Déry so zumindest den Anfangsbuch-
staben des Vornamens beibehalten konnte.

Wir sehen, Déry hatte eine Reihe von Beziehungen zu Wien.
Seine Familie stammte teilweise von hier. Wir finden autobiographische Motive im Roman *A befejezetlen mondat*, die mit Wien in
Verbindung stehen. Er hielt sich zweimal länger in Wien auf. Das
erste Mal zu der Zeit, als er ein aktiver Kommunist war und zur
Avantgarde gehörte. Das zweite Mal, als er an seinem realistischen
Großroman arbeitete. Bemerkenswerterweise verbindet Déry in
diesem Roman Wien mit der Figur einer Tänzerin, die sich im Laufe des Geschehens zweimal in der Stadt aufhält.

Soweit über Tibor Déry. Im zweiten Teil dieses Aufsatzes geht
es um Sándor Márai.

Márai wurde als Sándor Grosschmid in Kassa, also in Oberungarn, geboren. Wie der Familienname nahelegt, wurde in der
Familie, zumindest teilweise, ebenfalls deutsch gesprochen. Er
sprach also genauso wie Déry Deutsch auf Muttersprachenniveau.
Die Mutter von Márai, Margit Ratkovszky, stammte ebenfalls aus
der Gegend und sprach ebenfalls deutsch. Eine ihrer Schwestern,
Rosa, heiratete den aus Kistapolcsány stammenden Maler Franz
Wiesenthal. Rosa war Klavierspielerin. Die Familie Wiesenthal
hatte viele Kinder: Grete, Elsa, Gertrud, Hilde, Berta, Franz und
Marta. Sie lebten ab 1891 in Hietzing in der Reichgasse 4 (heute
Beckgasse). Márai besuchte sie als Kind bzw. Jugendlicher und be-
richtete darüber später in seiner Literatur.

Márai übersiedelte nach der Matura achtzehnjährig nach Budapest, um die Universität zu besuchen. Anstatt aber sich um das
Studium zu kümmern, arbeitete er als Journalist. Er interessierte sich auch für die aktuellen gesellschaftlichen Bewegungen. Als
die Räterepublik, wie bereits erwähnt, im Sommer 1919 gestürzt

wurde, wurde er, da er als Sympathisant galt, mit familiärer Unterstützung nach Deutschland geschickt, um seine Universitätsstudien dort fortzusetzen. Er heiratete Ilona Matzner, mit der er auch während seiner Emigration ab 1948 bis zu ihrem Lebensende zusammenblieb. Márai war ab 1942 korrespondierendes Mitglied der Ungarischen Akademie der Wissenschaften, von 1947 bis 1949 ordentliches Mitglied. Das zeigt, dass er sowohl am Beginn als auch nach dem Zweiten Weltkrieg in Ungarn kulturpolitisch als anerkannt angesehen werden kann. Diese Anerkennung stieß allerdings Ende der 1940er Jahre, als die stalinistische Kulturpolitik in Ungarn dominierend wurde, an ihre Grenze. Márai repräsentierte die bürgerliche Literatur und war, im Gegensatz zu Déry etwa, nicht bereit, der kommunistischen Parteilinie entsprechende Literatur zu produzieren. So wurde er vor eine Wahl gestellt. Die Möglichkeiten waren die Diskriminierung in Ungarn und die Emigration. Er wählte zweitere und reiste Anfang September 1948 in die Schweiz, und zwar auf legale Weise als Teilnehmer einer Konferenz. Er lebte bis zu seinem Tode Anfang 1989 in der Emigration und erhielt 1990 posthum den Kossuth-Preis. Sowohl Déry als auch Márai wurden so mit dem höchsten ungarischen staatlichen Preis im Bereich Kultur ausgezeichnet.

Es gibt also einige Parallelen zwischen den zwei Schriftstellern. In beiden Familien wurde Deutsch gesprochen, beide Familien hatten Verwandte in Wien, mit denen sie Kontakt pflegten. Die zweite Parallele bezieht sich auf 1919. Bei Déry ist eine direkte Involvierung ins Geschehen deutlich sichtbar, er wurde Mitglied der Kommunistischen Partei Ungarns, in Wien verkehrte er im Kreis von ebenfalls kommunistischen Avantgardisten. Sándor Márai schrieb im Zeitungsartikel *Írók tanácsa* (*Rat der Schriftsteller*) eine Woche nach der kommunistischen Wende, am 28. März 1919:

Der erste Sowjet des ungarischen Sowjetstaates war der Rat der Schriftsteller. Am Samstag- und Sonntagnachmittag, an den ersten zwei Tagen der Proletarierdiktatur, versammelten sich die Schriftsteller im Sitzungssaal des Heimatkreises. Wir erinnern uns, dass sich vor fünf Monaten, im November des letzten Jahres, in den ersten Raketen-Wochen der Ungarischen Republik, ebenfalls im Sitzungssaal des Heimatkreises, unter dem Namen „Aktivistische und Antinationale Gruppe der Kommunistischen Schriftsteller" ein paar ungarische Schriftsteller versammelt haben, die sich zusammenschließen wollten, um die Macht und den Seelenreichtum der Literatur, der Schreibkunst, in den Dienst der damals noch in den Geburtswehen liegenden und verfolgten Kommunistischen Partei von Ungarn zu stellen. Aber damals waren wir wenige Schriftsteller und Journalisten im erwähnten Saal. Wir können auch Namen nennen: Lajos Kassák, Mózes Kahána, Andor Halasi, Zoltán Franyó, Sándor Barta, Lajos Nagy, Árpád Szélpál, Ernő Győri, Pál Aranyossy[11]

und natürlich, die Formulierung „waren wir" zeigt es, auch Sándor Márai.

Es geht hier also ebenfalls um den Kommunismus, da über das Entstehen einer Gruppe von aktivistischen und antinationalen kommunistischen Schriftstellern berichtet wird. Die Gruppe hatte einige avantgardistische Mitglieder. Lajos Kassák, Sándor Barta und Mózes Kahána waren Mitarbeiter des *Ma*, Kassák und Barta während der Wiener Emigration ebenfalls. Márai hatte also, wenn auch für kurze Zeit, im Jahre 1919 Kontakte zu den Kommunisten und zu den Avantgardisten. Was ebenfalls eine Parallele zwischen Déry und ihm anzeigt.

Márai publizierte einige autobiographische Texte. Seine Tagebücher ab 1943 sind alle publiziert worden, zuerst im Westen eine von ihm selbst redigierte Version, seit 1989 auch eine sogenannte vollständige Version in Ungarn. Er schrieb einige literarische Werke mit autobiographischen Elementen. 1935 publizierte er unter dem Titel *Egy polgár vallomásai* (*Bekenntnisse eines Bürgers*) seine Autobiographie. In dieser beschreibt er in zwei Kapiteln auch seine Besuche bei der Wiener Verwandtschaft. So an der folgenden Stelle:

> Über sämtlichen Verwandten lebte, unsichtbar und unnahbar […], Onkel Mátyás, der reiche Verwandte. […] er lebte in Wien, wohnte im Theresianum in zwei kleinen Zimmern und erzog Generationen ungarischer und österreichischer Magnaten. […] Als namhafter Rechtsprofessor und Lehrer am Theresianum sowie Rechtsberater und Vertrauter ungarischer Grafen war er einer der ersten in Österreich, die sich, Jahrzehnte vor Viktor Adler, in öffentlichen Vorträgen als Anhänger des Sozialismus bekannten. […] er gründete die erste ungarische[12] Arbeiterkooperative und spendete zehntausend Forint für den ersten Arbeiterwohlfahrtsverein.[13]

---

11 Márai Sándor *Írók tanácsa* In: *Vörös Lobogó* 28. März 1919.
12 Richtig: österreichische.
13 Sándor Márai *Bekenntnisse eines Bürgers*. Deutsch von Hans Skirecki 2009: 87-88.

Márai beschreibt seine in Wien verbrachten Wochen, wie er seinen
Großonkel traf, was sie unternahmen. So besuchten sie außerhalb
Wiens eine Fabrik. Márai konnte sich mit dem Charakter seines
Onkels nicht anfreunden. Als er Jahrzehnte später allerdings seine
Erinnerungen verfasste, erinnerte er sich mit einer gewissen Nostalgie an jene Wochen in Wien. Versucht man die Spuren dieses
Großonkels zu finden, entsteht eine beeindruckende und sozial
engagierte Gelehrtenfigur. Mathias Ratkovsky war, 1832 in Iglau
geboren und 1917 in Wien verstorben, in den Jahren 1862-1897
Lehrer an der Theresianischen Akademie in Wien.[14] In der Österreichischen Nationalbibliothek befinden sich neun seiner Publikationen, die vor allem über soziale und arbeitsrechtliche Fragen
handeln, wie Márai in seinen Erinnerungen auch festhält. Mathias
Ratkovsky gründete in der Steiermark eine Stiftung, um Darlehen
für soziale Projekte vergeben zu können, er gründete eine Pro-
duktgesellschaft der Maurer, war Sekretär des Maurerfachvereins.
Er war also nicht nur an theoretischen Lösungen interessiert, sondern auch sozial engagiert.

Eine zweite Stelle aus derselben Autobiographie über den anderen Wiener Familienzweig:

Die Wiener Verwandten machten den lieben langen Tag Musik. Die
sechs Töchter spielten abwechselnd Geige und Klavier, auch Cello und
Klarinette. Die knappe Zeit, die ihnen neben dem Musizieren blieb,
füllten sie mit Tanzen aus. Das niedrige Haus in Hietzing widerhallte
von der Musik, vom Geschrei und Gesang der Mädchen. Das Haus war
am Verfallen, sie lebten zu zehnt in drei Zimmern, die sechs Mädchen,
die Eltern, Franzl – der einzige Sohn, er fiel im Krieg – und Marie, die
alte Dienstmagd [...]. Der alte Franz und die sechs Mädchen waren we-
nigstens ebenso und in dem Maße Wien wie der Stephansdom oder der
Stock im Eisen. Wien wäre ohne sie nicht denkbar gewesen. Schnitzler
und Hofmannsthal kamen zu ihnen in den Hietzinger Garten, Altenberg
schrieb den Mädchen Liebesbriefe, die er dann vorsorglich zurück erbat,
an die Zeitungen verkaufte und in seinen Büchern veröffentlichte. Drei
Mädchen gingen zum Ballett und tanzten in die Welt hinaus, natürlich im
Walzerschritt, bei dem sie sich nie vertaten. Sie waren der Wiener Walzer,
diese drei jungen Mädchen, ihr Schritt und ihr Lachen, von dem die Welt
schwärmte von Petersburg bis New York, der personifizierte, gefühl-

---

14 *Jahresbericht des Gymnasiums der k.k. Theresianischen Akademie in Wien. Erstattet
am Schlusse des Schuljahres 1916/1917* von Regierungsrat Vizenz Lekusch Gymna-
sialdirektor 1917: 66-67.

volle und melodiöse Dreivierteltakt. Der Alte stand im Garten vor der Staffelei, malte die übriggebliebenen Modelle und zankte mit der älteren Schwester meiner Mutter, Róza, der Mutter der Mädchen.[15]

Es ging also zunächst um den Großonkel, hier geht es um die Tante, beide mütterlicherseits. Franz Wiesenthal als Maler dürfte heute weitgehend vergessen sein. Zwei Bilder sind von ihm bekannt, beide durch die Márais. Das eine stellt Ilona Matzner dar, das zweite ist auf einer Fotoaufnahme sichtbar, die das Esszimmer der Grosschmids in Kassa darstellt. Falls weitere Bilder von ihm erhalten sind, befinden sie sich eher in Privatsammlungen und nicht in Museen, deren Kataloge öffentlich zugänglich sind.

Es ist bemerkenswert, welchen Stil Márai einsetzt, um diese Familie zu beschreiben. Dieser unterscheidet sich signifikant von dem, mit dem Déry die Welt darzustellen versuchte, die für ihn wichtig war. Márai ist voll mit Nostalgie und Pathetik, zum Teil auch in den hier zitierten Stellen, aber dies gilt vor allem für das Buch als Ganzes. Er beruft sich auf namhafte Personen wie Schnitzler, Hofmannstahl und Altenberg und versucht, mit ihren Namen eine Art Aura, eine bestimmte Geistigkeit zu erschaffen. Er kreiert mythische Figuren wie den Onkel Mathias oder den Maler Franz.

Die von Márai erwähnten Personen sind alle identifizierbar. Rosa Ratkovszky, Franz Wiesenthal, ihre Kinder Grete, Elsa, Gertrud, Hilde, Berta, Franz, Marta sowie die Raithgasse, wo all das Beschriebene sich abspielte, wo das Haus „voll mit Musik" war. Es scheint ebenfalls eine Parallele zwischen Déry und Márai zu sein, dass sie Tänzerinnen in den Mittelpunkt ihrer Wien-Erlebnisse stellen. Im Falle von Márai geht es um die Familie Wiesenthal, deren bekanntestes Mitglied Grete war. Grete Wiesenthal war eine Bewegungskünstlerin, vertrat also eine Version der freien Bewegung. Sie hatte zwar eine Ausbildung in klassischem Ballett, sie tanzte zuerst auch an der Hofoper von Wien, so auch im Stück *Wiener Walzer* 1903, schied aber 1907 aus dem Hofopernballett aus, wechselte ihren Stil und ist berühmt geworden als freie Tänzerin. Bemerkenswerterweise identifiziert sie aber Márai, der im ersten Kriegsjahr, 1915, längere Zeit in Wien verbrachte, als Grete bereits dreißig Jahre alt war, nach wie vor mit dem Wiener Walzer. Er

---

15 Márai 2009: 93-96.

beschreibt das ziemlich detailliert, schildert, wie die gesamte Welt sich an dem berauschte, was natürlich ein Wiener Export sei, dem melodiösen Dreivierteltakt. Obwohl Márai das so betont, handelt es sich, wenn man die Tätigkeit von Grete Wiesenthal betrachtet, um einen Irrtum, weil sie gerade mit etwas berühmt geworden ist, was sich vom Wiener Walzer abhob. Ein klares Anzeichen dafür, dass ein Schriftsteller, wenn er seine Autobiographie schreibt, nicht das wiedergibt, was war, sondern das, was er zu vermitteln sich vornimmt.

Grete Wiesenthal publizierte selbst auch autobiographische Texte und erwähnt unter anderem einen Besuch bei ihren Cousinen in Kassa. Sie beschreibt die Familie dort, allerdings ohne Namen zu erwähnen, so ist es nicht klar, wer der junge Mann, der ihre Aufmerksamkeit weckte, sein könnte.[16] Da dies sich allerdings im Sommer 1903 ereignete, handelt es sich mit Bestimmtheit nicht um den gerade dreijährigen Sándor. Bekannt ist ebenfalls, dass sie eine Beziehung zu Hugo von Hofmannsthal hatte, dass Arthur Schnitzler sie bzw. Tänzerinnen literarisch verewigte. In den Texten Peter Altenbergs spielen Tänzerinnen bzw. junge Mädchen bekanntlich eine wesentliche Rolle. Es ist nun merkwürdig, dass dies das Motiv ist, das sowohl Márai als auch Déry für Wien einsetzen.

Soweit Déry und Márai. Was waren also die Parallelen zwischen den beiden? Beide hatten eine Wiener Verwandtschaft. Beide hatten von Kindheit an Deutschkenntnisse. Da der eine 1894 der andere 1900 geboren wurde, waren ihre Generationserlebnisse nicht nur ähnlich, sondern aus historischen Gründen, weil nämlich die historischen Ereignisse der 1910er Jahre so überwältigend waren, dass sie die wenigen Jahre Unterschiede einebneten, identisch. Beide sind mit dem Kommunismus in Kontakt gekommen. Zu der Zeit, als die ungarische kommunistische Partei entstand, im November 1918, war Márai 18 und Déry 24 Jahre alt. Sie beide waren also jung und teilten altersbedingt einen gesellschaftskritischen Zugang. Beide sind mit der Avantgarde in Kontakt gekommen. Déry unmittelbar, indem er avantgardistische Werke verfasste bzw. herstellte. So entstand das dadaistische Poem *Amokläufer* und konstruktivistisch zu nennende Gedichte wie *Glasfläche* und *Landschaft*. Die Literatur des Konstruktivismus ist bis heute nicht aufgearbei-

---

16 Grete Wiesenthal *Die ersten Schritte* 1947: 150f.

tet. Insbesondere die Frage ist nicht diskutiert worden, wo diese Literatur etwa bei Kassák oder Déry in der ersten Hälfte der 1920er Jahre erscheint. Nimmt man jedoch die abgekühlte und nüchterne Stimmung von *Glasfläche*, sein technizistisches Vokabular, die aus elementaren sprachlichen Einheiten aufgebaute Komposition, die klaren Strukturen des Prosagedichts, scheint naheliegend, es in den Kategorien des Konstruktivismus zu diskutieren.[17] Bei Márai erscheint dies etwas abgeschwächt. Er war aber Teil einer Gruppe, in der auch Avantgardisten aktiv waren. Zu seinen Jugendfreunden gehörte Ödön Mihályi, der als Ödön Schwarz in der Nähe von Kassa geboren wurde und die politischen Umbruchzeiten 1918-1919 zusammen mit Márai in Budapest verbrachte.[18] Mihályi war in der ersten Hälfte der 1920er Jahre, während der Wiener Emigration von *Ma*, ein wichtiger Mitarbeiter. Er lebte in der damaligen Tschechoslowakei, im früheren Nordostungarn, in der Nähe von Košice, dem ehemaligen Kassa, auf seinem Landgut, verfasste avantgardistische Texte und bemühte sich um die Verbreitung der Zeitschrift. Wichtig für das Überleben von *Ma* in Wien war, dass die Zeitschrift unter der ungarischen Leserschaft der abgetrennten – das heißt, die bis Ende des Ersten Weltkrieges Ungarn bildenden und dann zunächst besetzten, dann vertraglich als nicht mehr dem ungarischen Staat gehörenden – Gebiete verkauft werden konnte. In Ungarn war die Verbreitung verboten, Österreich war im Vergleich mit der Tschechoslowakei zu dieser Zeit arm, so war Kassák auf die Geldsendungen Mihályis angewiesen,[19] um die jeweils nächste Nummer in Druck geben zu können. So war Márai durch einen Jungendfreund und durch eine Schriftstellergruppe mit der Avantgarde in Kontakt. Was auch seinen literarischen Niederschlag hatte, wie Pál Deréky in seinem *Lesebuch* feststellt. Derékys Sammlung enthält 15 Gedichte Márais, die 1922 und 1923 vor allem im

---

17 Das Fehlen einer entsprechenden Diskussion ist umso erstaunlicher, da bereits in den 1960er Jahren ein Aufsatz über diese literarische Richtung in Ungarn erschien: Szvetlana Kovalenko *A Konstruktivisták Irodalmi Központja (Das literarische Zentrum der Konstruktivisten)* In: *Helikon* 1966 Nr. 1-2: 39-49. In der Zeitschrift wurden auch Dokumente zur konstruktivistischen Literatur in der Sowjetunion gedruckt: Ilja Szerlvinszkij et al. *Konstruktivismus* S. 87f. und Kornyelij Zelinszkij *A konstruktivizmus* S. 88f.

18 Siehe Gábor Mihályi *Két apa között. A magyar baloldal tragédiája (Zwischen zwei Vätern. Die Tragödie der ungarischen Linken)* 2012: 20-23.

19 Siehe *Mihályi Ödön levelezése (Der Briefwechsel von Ödön Mihályi)* in: *Kalligram* 1999 Nr 7-8: 16-40.

Kassai Napló, einer ungarischsprachigen Tageszeitung, publiziert wurden, und die laut Herausgeber die „Wirkung des deutschen Frühexpressionismus zeigen".[20]

Eine nächste Parallele ist, dass beide Schriftsteller ihre Wien-Erlebnisse literarisch verarbeitet haben. Bemerkenswert dabei ist das Erscheinen der Figur der Tänzerin. Die Bedeutung dieses Details sollte zwar nicht überschätzt werden, die Figur scheint aber bei beiden ein idealisiertes Bild der Stadt zu symbolisieren. Ein Bild, das dem keinesfalls entspricht, was wir von österreichischen Schriftstellern der 1920er und 1930er Jahre zu lesen bekommen. Wien war nach dem verlorenen Ersten Weltkrieg arm, durch im Elend lebende Arbeitermassen und bedeutende Migrantengruppen überbevölkert. Es war ein Ort von gesellschaftlichen Spannungen. Die Zeit der Jahrhundertwende konnte noch, insbesondere aus der Distanz, irgendwie mit Walzer tanzenden Mädchen assoziiert werden, aber keinesfalls die Zeit, als Márai und Déry sich dort aufhielten, also die Jahre des Krieges und die unmittelbare Nachkriegszeit.[21] Die Figur der Tänzerin, durch die Wien fassbar gemacht werden soll, zeigt, dass der Blick aus Ungarn nach Wien mitunter auch Vorstellungen hervorrufen kann, die kaum Allgemeingültigkeit und Repräsentanz beanspruchen können.

Eine weitere Parallele besteht darin, dass beide autobiographische Werke verfasst haben. Déry publizierte seine Erinnerungen unter dem Titel *Itélet nincs*, Márai als *Egy polgár vallomásai*. Márai veröffentlichte auch seine Tagebücher, hat sich also offenbar wesentlich intensiver mit dieser Literaturgattung auseinandergesetzt. Der Grund dafür könnte auch darin liegen, dass Márai als Emigrant sein eigenes Leben als exemplarisch ansah, dass für ihn bereits das Schriftstellersein als Statement galt. Déry hat aber auch zahlreiche Figuren seiner Werke, so im *Unvollendeten Satz*, nach realen Personen geformt.

Es lässt sich aufgrund dieser zwei Œuvres die Frage stellen, was die Rolle von Wien in der ungarischen Literatur ist. Wien scheint aufgrund der zitierten Werke ein symbolischer Ort zu sein, wo laut

---

20 Pál Deréky *Lesebuch der ungarischen Avantgardeliteratur 1910-1935* 1996: 603.

21 Wann genau Márai in Wien war, ist nicht datierbar. Da Mathias Ratkovsky mit seiner Pensionierung 1897, also drei Jahre vor Márais Geburt, die Räumlichkeiten des Theresianums verlassen musste und da Grete Wiesenthal 1907, als Márai sieben Jahre alt war, aus dem Hofopernballett austrat, können relevante Teile seiner oben zitierten Erlebnisse kaum von ihm selbst erlebt worden sein.

Márai kuriose Figuren leben wie Großonkel Mathias oder die Mitglieder der ständig musizierenden Familie Wiesenthal. Weiters ist es ein Ort von proletarischen Revolutionen, wie laut Déry im Jahre 1934.

Welche Folgerung lässt sich nun aus all dem ziehen? Es wird hier sichtbar, dass der Prozess des Schriftsteller-Werdens kein einfacher ist. Wir sahen, wie viele Voraussetzungen es für Déry und für Márai geben musste, wie viele Phasen sie durchlaufen mussten, damit sie zu Schriftstellern wurden. Es war wichtig, dass sie in mehrsprachige Familien hineingeboren wurden. So beherrschten sie das Deutsche, das in der ersten Hälfte des 20. Jahrhunderts in Mitteleuropa als Sprache der Kultur galt, was sich inzwischen stark verändert hat. Heute hat bekanntlich das Englische diese Rolle übernommen. Wichtig ist der bürgerliche familiäre Hintergrund, was auch so viel hieß, dass die Familie den finanziellen Rahmen dafür hatte, dass die Kinder sich nicht nur als Literaten versuchen konnten, sondern falls dies schiefging, auch eine zweite Chance bekamen. Márai wurde nach Deutschland geschickt, Déry nach Österreich. Die Familie finanzierte ihre weitere Tätigkeit mit. Währenddessen sind Márai nach einer Phase als Journalist und Déry nach einer Phase als Avantgardist zu den Schriftstellern geworden, die in der ungarischen Literaturgeschichte ihren Platz haben.

Eine wichtige Folgerung ist die Einsicht, dass ein Kommunist oder ein Avantgardist zu sein zu dieser Zeit ein Generationsphänomen war. Beide bedeuten um 1920 etwas völlig anderes als Mitte der 2010er Jahre.

Eine interessante Frage ist, mit welchen österreichischen Schriftstellern Márai und Déry verglichen werden könnten. Márai lässt sich mit Arthur Schnitzler vergleichen, Déry mit Hermann Broch. Eine nächste Möglichkeit ist, Márai mit Peter Altenberg, Déry mit Heimito von Doderer zu vergleichen. Sowohl Déry als auch Doderer schrieben umfangreiche realistische Romane, in denen sie die Suche eines autobiographisch angelegten Protagonisten in einer krisenhaften Welt darstellten, wobei sie die relevante Problemlage zumindest in dem Ausmaß ent- als verhüllten. Wichtige Teile von Doderers *Strudlhofstiege* spielen in Budapest. Es gäbe also die Möglichkeit, das Wienbild Dérys mit dem Budapestbild Doderers parallel zu stellen. Es ließe sich auch die Frage stellen, welche Ungarnklischees österreichischer Schriftsteller mit Márais nostalgischem und pathetischem Wienbild in Beziehung gesetzt werden können. Was ist das aus der österreichischen Literatur der Zwischenkriegszeit, was Márais Jahrhundertliteratur-Reminiszenzen entspricht.

Eine wichtige Folgerung aus diesen Geschichten ist, dass literarische Werke nicht verstanden werden können, wenn man sich ausschließlich auf den Text verlässt oder sie rein literaturwissenschaftlich interpretiert. Würden wir hier etwa lediglich intertextuell vorgehen, also konkrete Textentsprechungen in diversen literarischen Werken suchen oder die literarischen Texte lediglich unter Beachtung stilistischer Analogien behandeln, hätten wir produktive Werkzeuge. Ohne die Kenntnis des biographischen, gesellschaftlichen, historischen und politischen Hintergrundes, ohne den Einsatz von kulturwissenschaftlichen Zugängen würden wir aber das Einzelwerk nicht verstehen können. Das sticht etwa bei den autobiographischen Bezügen der erwähnten Werke ins Auge. Um die literarischen Mechanismen, die aus einem Bürgerkrieg eine Revolution oder aus der modernen Bewegungskunst Walzer machen, zu verstehen, muss zunächst die historische Realität rekonstruiert werden, da ansonsten der Unterschied zwischen historischer und literarischer Wahrheit unsichtbar bleiben muss. Um die literarische Gestalt von Onkel Mátyás, Lőrinc Percen Nagy und Dr. Abramovics zu sehen, müssen reale Figuren wie Mathias Ratkovsky und Tibor Déry fassbar gemacht werden. In diesem Wechselspiel können dann die Universen des *Unvollendeten Satzes* und der *Bekenntnisse eines Bürgers* dazu beitragen, die Welt der Zwischenkriegszeit in Mitteleuropa aus der Distanz von beinahe einhundert Jahren auch für den heutigen Leser lebendig werden zu lassen.

Erwähnenswert ist, dass die zitierten Texte genauso wie auch ihre Analysen, wenn wir also etwa anfangen, die Orte zu lokalisieren, wo sie spielen, sich mit dem „ungarischen Erbe in Österreich" beschäftigen. Dieses Erbe kann nur durch die Spuren erfasst werden, die vorhanden sind, und zwar nicht nur real, in Gebäuden, Gedenktafeln, Straßennamen, sondern auch virtuell, wie in literarischen Werken. Und natürlich in wissenschaftlichen Arbeiten, die all das zu erfassen versuchen, was ausgelöscht, vernichtet, überschrieben wurde.

Ein Vergleich von Déry und Márai zeigt vor allem die Unterschiede. Márai publizierte viel, und zwar Kurzgeschichten. Seine

Tagebücher sind auch gut lesbare, leichte Lektüre. Er analysiert das bürgerliche Leben, vielfach am Beispiel seines eigenen, sein Zugang dabei ist nicht nur nostalgisch und pathetisch, sondern durchaus auch kritisch und ironisch. Oft steht die dekadente Seite des bürgerlichen Lebens im Zentrum. Márai tritt dabei anspruchsvoll auf, und ignoriert großzügig manches von dem, was wir unter moderner Literatur schätzen. Déry suchte hingegen nach dem großen Format. Die Suche nach einem Ausweg aus dem Bürgertum beschäftigte ihn stärker. Diese Suche führte ihn zu der Avantgarde und zur großen realistischen Form. Déry befasste sich intensiver mit den gesellschaftlichen Problemen seiner Zeit, und seine Werke wirken vielleicht auch aus diesem Grund heute veralteter. Déry schrieb tendenziöse Literatur, stellte diese in den Dienst der Ideologie des ungarischen Sozialismus sowohl der Rákosi- als auch der Kádár-Ära. Wir haben mit Déry und Márai also zwei Literaten, die in sehr unterschiedlichen Stilen arbeiteten, auch verschiedene menschliche Formate haben, und die durch ihr Schicksal einander gegenübergestellt wurden.

Márai war konsequent, er wählte die Emigration und war nicht bereit, in das Land zurückzukehren, das ihn ausgeschlossen hatte; Déry blieb in Ungarn und versuchte, mit den sozialistischen Machthabern einen gemeinsamen Ton zu finden. Das bedeutet allerdings nicht unbedingt, dass Sándor Márai ein bedeutenderer Schriftsteller war als Tibor Déry.

Eine mögliche Frage wäre, was die zwei Schriftsteller voneinander dachten, unter welchen Umständen sie miteinander verkehrten. Sándor Márais *Idegen emberek* (*Fremde Menschen*)[22] hat einige autobiographische Züge. Der Held des Romans kommt genauso Mitte 1923 aus Deutschland in Frankreich an wie der Autor. Er ist dort genauso auf der Suche wie Márai aufgrund des zweiten Teils dessen Autobiographie *Egy polgár vallomásai* selbst war. Held und Autor wohnten in Hotels im Quartier Latin, verkehrten im Café du Dôme und orientierten sich in den Pariser Emigrantenkreisen. Interessanterweise hat aber der Held des Romans Erlebnisse und Charakterzüge, die der Autor kaum hatte. So arbeitete jener in einem Textilgeschäft und ließ sich überreden, in das Briefmarkengeschäft einzusteigen. Tibor Déry lebte erst ab Herbst 1923 zwei

---

22 Sándor Márai *Idegen emberek* 1930. Die deutsche Übersetzung erschien 1935, allerdings unter dem Titel ... *doch blieb er ein Fremder*.

Jahre lang in Paris. Er arbeitete unter anderem als Verkäufer und stieg in das Briefmarkengeschäft ein.[23] Das alles ist zwar kein Beweis, dass Márai eine seiner Romanfiguren nach seinem Schriftstellerkollegen Déry formte. Wenn aber eine Verschmelzung der beiden realen Figuren Márai und Déry in einer Romangestalt erfolgte, war das im Paris von *Idegen emberek* und nicht im Wien Márais bzw. Dérys.

---

23 Laut *Biographischen Angaben* in Tibor Déry *A befejezetlen mondat* 1980: 1047 „1924 Paris. Geschäftsdiener, Lagerarbeiter, Sprachlehrer, Briefmarkenhändler."

Ungarische Migrantenschriftsteller im Westen seit 1945

Seit dem Ende des Zweiten Weltkrieges gab es eine bemerkenswerte Migration von Ungarn in den Westen. Die Periode „seit dem Ende des Zweiten Weltkrieges" muss dabei weiter unterteilt werden, mit 1989 als Wendepunkt. Etwas genauer betrachtet erweist sich die Periode als stark diversifiziert.

Die Migration zwischen 1945 und 1989, also während der Periode des Staatssozialismus in Ungarn und der des Kalten Krieges international, war in mehrerer Hinsicht spezifisch. Der Grund der Migration war ein politischer, daher muss man sie Exil nennen: die Migranten waren durch politische Unterdrückung in ihrer Heimat gezwungen, diese zu verlassen, sie haben im Exil auf politische Änderungen in der Heimat gehofft – oder arbeiteten gar an diesen Änderungen – und daraus folgend, hofften sie auf eine Möglichkeit der Rückkehr. Zweitens hat sich die Situation während dieser 45 Jahre sowohl in Ungarn als auch in den Ländern, in denen die Emigranten sich aufgehalten haben, geändert. Die Migranten passten sich an die neuen Umstände an. Sie haben die neue und sich ändernde Situation in ihren Werken reflektiert, schrieben meist oder ausschließlich für ein neues Publikum, also für die anderen Migranten oder für die Leserschaft ihres neuen Aufenthaltslandes und nur teilweise, wenn überhaupt, für die Leser des Landes, das sie verlassen haben. Drittens: zwischen 1945 und 1989 gab es eine kontinuierliche Migration. Um sich eine Übersicht zu verschaffen, wird daher diesbezüglich über Migrationswellen gesprochen, so über die „1948er Migranten" oder über die „1956er Migranten." Da aber die Literaturwissenschaft sich mit Einzeltexten von individuellen Autoren befasst, muss jeder Fall in seiner Einzigartigkeit betrachtet werden. Daher muss diese durch die historische Situation des Kalten Krieges zusammengebündelte Migration in ihrer Vielfalt gesehen werden. Dementsprechend (und viertens) haben die Migrantenautoren eine weite Palette von literarischen Strukturen genutzt. Sie haben Zeitungen und Zeitschriften gegründet, veranstalteten Konferenzen und literarische Lesungen, haben ihre Texte in allen möglichen Formen verbreitet, mündlich genauso wie gedruckt, und schlossen sich etablierten Institutionen, wie z.B. Radiostationen an. Sie haben ihre eigenen Organisationen gegründet und schlossen sich vorhandenen an: György Sebestyén beispielsweise wurde Präsident der Schriftstellervereinigung Pen-Club Österreich. Migration formte alle Aspekte ihrer Literatur: die Infrastruktur der Produktion und Distribution, die erzählten Geschichten, die verwendeten Sprachen, das angesprochene Publikum genauso wie die Ästhetik der Texte. Die Spezifizität dieser Migration zeigt also eine sowohl sprachliche als auch kulturelle Komplexität.

Alle Details dieser Komplexität können in einem kurzen Aufsatz nicht diskutiert oder gar aufgelistet werden. Im Folgenden werden einige wenige ausgewählte Beispiele vorgestellt, um einige signifikante Elemente von diesen genauer betrachten zu können. Die Lebensgeschichten der Autoren, ihre kulturellen Hintergründe, ihre Wege in der Gesellschaft und in der Welt der Literatur ihrer neuen Heimatländer zeigen nicht bloß pittoreske und anekdotische Details, sondern machen es möglich, die Strukturen der Migration genauso wie die der literarischen und sprachlichen Kulturen zu analysieren, in denen sie zu verorten sind. Dieser Aufsatz besteht aus zwei Teilen. Der erste Teil stellt einige Schriftsteller kurz vor. Der zweite diskutiert theoretische Probleme unter Verwendung der Beispiele des ersten Teiles. Da der theoretische Rahmen des zweiten Teiles in den letzten Jahren breit diskutiert wurde, ist es besser mit den einzelnen Beispielen zu beginnen.

Zuerst also drei Beispiele für die Literatur der Migration. Sándor Márai, György Sebestyén und Agota Kristof weichen voneinander in vieler Hinsicht ab: nicht nur in Alter und Geschlecht, sondern auch in dem, auf welcher Stufe ihrer literarischen Karriere sie sich befanden als sie Ungarn verließen, in welche Gemeinschaft sie sich einzuordnen versuchten, und daher auch in dem, für wen sie schrieben.

Jeder Versuch, die Kultur der aufnehmenden Gesellschaft und die Migrantenkultur innerhalb der Márai, Sebestyén und Kristof handelten aufgrund ihrer Einzelschicksale und aufgrund ihrer Werke zu beschreiben würde drei stark abweichende Bilder zeichnen. Dieser Aufsatz stellt die Frage, ob diese Bilder in den Kategorien von Multikulturalismus und Mehrsprachigkeit diskutiert werden können. Márai, Sebestyén und Kristof verwendeten nicht nur verschiedene Sprachen – sowohl in ihrem Alltag als auch in ihren Werken – sondern sie haben Mehrsprachigkeit in ihren Werken reflektiert. Sie haben sich jeweils für eine Sprache entschieden und haben je eine spezifische Version von dieser entwickelt. Márai verwendete ein immer veralteteres Ungarisch, Sebestyén kreierte ein leicht künstliches Deutsch, das nur in seinen Büchern existiert und Kristof verwendete das reduzierte Französisch eines Zwölfjährigen. Diese Sprachen waren einerseits erklärbar aufgrund der Biographien der Autoren, und haben andererseits zum literarischen Wert ihrer Arbeiten beigetragen. Die bewusste Wahl einer privaten Sprache war klarerweise motiviert durch die Arbeit in einem mehrsprachigen Umfeld. Da Migranten ihre eigene Welt innerhalb ihres neuen gesellschaftlichen Umfeldes mit schwachen und vor allem frischen Wurzeln formen – was sie signifikanterweise von den traditionellen Minderheiten unterschiedet, die ihre Kämpfe innerhalb der durch Mehrheiten bestimmten Gesellschaft durch Generationen austragen müssen – stellt die Sensibilität für Mehrsprachigkeit eine der künstlerischen Herausforderungen dar, mit denen migrierte Autoren sich beschäftigen müssen.

Multikulturalismus nimmt im Falle der Migranten ebenfalls spezifische Formen an. Migranten repräsentieren mit ihrer bloßen Existenz eine andere kulturelle Form, also die der aufnehmenden Gesellschaft, wenn nicht in anderer Hinsicht, dann in den unterschiedlichen Formen ihrer Ankunft. Migration von Ungarn in den Westen bedeutete in der Periode des Kalten Krieges eine existentielle Entscheidung, oft eine Gefahr oder zumindest die Angst vor Gefahren, Verfolgung oder die Flucht vor Verfolgung. Sie zwang auf jeden Fall jeden, sich für die eine oder für die andere Seite zu entscheiden und die Konsequenzen der Entscheidung zu tragen. Sie schaffte eine Situation, die existentiell, psychologisch und auch künstlerisch eine lebenslange Herausforderung war. Aufgrund dieser Gemeinsamkeit lassen sich die Fälle von Márai, Sebestyén und Kristof besprechen.

Sándor Márai verließ Ungarn 1948 nach einer erfolgreichen Karriere, die in den frühen 1920er Jahren begann und mehrere Jahrzehnte dauerte. Er war gezwungen einzusehen, dass es im sich etablierenden stalinistischen kulturellen Umfeld keinen Platz für ihn gibt – außer einen: die Rolle des Klassenfeindes. Márai übersiedelte nach Italien und arbeitete für das Radio Free Europe in München, für eine durch USA-Organisationen eingerichtete und aufrechterhaltene Institution des Kalten Krieges. Später übersiedelte er in die USA und verbrachte die letzten Jahre seines Lebens in San Diego, Kalifornien. Sein Leben und seine literarische Karriere ist ein klassisches Beispiel für einen Emigrantenschriftsteller. Er hat seine Sprache nicht gewechselt, trotz der Tatsache, dass er zweisprachig, deutsch und ungarisch, aufwuchs und als Schriftsteller vor dem Zweiten Weltkrieg im Westen erfolgreich war. Es kann als symbolisch angesehen werden, dass er sich am Beginn des Jahres der Wende, das in Ungarn die staatssozialistische Periode abschloss, umbrachte. Die Gründe waren persönliche, wie aus seinem Tagebuch bekannt ist,[1] aber sein Tod markiert die Unmöglichkeit der Rückkehr aus dem Exil. Während der 1990er und 2000er Jahren wurde er einer der im Westen bestbekannten ungarischen Autoren. Sein erfolgreichstes Buch, *A gyertyák csonkig égnek* (*Die Glut*), 1942 geschrieben, handelte über eine Vergangenheit weit weg von seiner aktuellen Leserschaft. Der Erfolg Márais ist nicht wegen der literarischen Qualität seiner Texte überraschend, sondern wegen des in ihnen vermittelten Weltbildes. Es ist ein nostalgisches Bild einer glorifizierten Vergangenheit mit Geschichten um das Wertesystem einer vorgestellten aristokratisch-gutbürgerlichen Mittelklasse.

György Sebestyén – das zweite Beispiel, vorhin als der Präsident der österreichischen Schriftstellerorganisation bereits erwähnt – kam in Österreich Ende 1956 an. Kurz darauf besuchte er das Büro der österreichischen Schriftstellerorganisation, wo er Erika Hanel antraf. Sebestyén wurde Mitarbeiter der ungarischsprachigen Zeitung *Magyar Híradó* (*Ungarische Nachrichten*), die durch geflüchtete ungarische Journalisten geschrieben, durch Institutionen der österreichischen Zivilgesellschaft finanziert und unter den ungarischen Flüchtlingen in Österreich verbreitet wurde und arbeitete an seinem Roman *Die Türen schließen sich*. Er begann diesen Text in Budapest während des Aufstandes im Oktober und November 1956 und schloss ihn wenige Monate später in Österreich ab. Der Text wurde mit der Hilfe von Erika Hanel ins Deutsche übersetzt

---

1 Zwei seiner nächsten Verwandten, Lola (Ilona Matzner), seine Frau, und János, sein Adoptivsohn, in seinem Text weiter unten als „L" und „Kind" bezeichnet, starben. Márai war 89 Jahre alt und alleine.

und 1957 publiziert.[2] Sebestyén arbeitete weiter für *Magyar Híradó*, wurde sogar dessen Chefredakteur, aber sein Ziel war es, ein „österreichischer Schriftsteller" zu werden. Bald wechselte er seine Sprache und kreierte eine spezifische Identität.

Agota Kristof hat sich als eine ungarische Schriftstellerin im Exil verstanden. Nach ihrer Emigration 1956 fand sie sich bald in einem gesellschaftlich und sprachlich feindlichen Umfeld. Sie veröffentlichte Gedichte in den in Paris erschienenen ungarischsprachigen Zeitschriften *Magyar Műhely* (*Ungarisches Atelier*) und *Irodalmi Ujság* (*Literaturzeitschrift*)[3] und schwieg lange Jahre, während sie in einer Uhrenfabrik in der Schweiz arbeitete und Französisch lernte. Bekannt wurde sie mit einem Buch, das im Französisch ihres zwölfjährigen Sohnes geschrieben wurde. Kristof schaffte es, ihr Problem, in einer fremden Sprache schreiben zu müssen, in Erfolg umzuwandeln. Laut Geschichte ihres *La grand cahier* (*Das große Heft* 1986) vereinbaren die zwei Brüder, deren Heft wir lesen, eine reduzierte Sprache zu verwenden, damit sie jede persönliche Involvierung vermeiden und sich an die Tatsachen halten können. Die Idee für dieses vereinfachte Französisch kam ihr nachdem sie einen Schulaufsatz ihres zwölfjährigen Sohnes gelesen hat. Was bei Kristof offensichtlich ist, gilt allerdings für alle drei hier erwähnten Schriftsteller: sie haben sich bemüht, eine Sprache zu erschaffen, die ihrer Situation als Migrantenschriftsteller in einer mehrsprachigen und multikulturellen Umgebung adäquat ist, in der ihre mittgebrachte Muttersprache und Heimatkultur mit der Mehrheitskultur und Mehrheitssprache ihres jeweiligen neuen Umfeldes konfrontiert war.

Die Gegenüberstellung von Márai einerseits, der während seines Exils ungarisch schrieb und Sebestyén und Kristof andererseits, die ihre Sprache wechselten, sollte über die Tatsache nicht hinwegtäuschen, dass niemand in der Sprache schreibt, in der er oder sie redet. Die geschriebene unterscheidet sich von der gesprochenen Sprache wesentlich. Das ist offensichtlich, wenn man z.B. epische Gedichte der Barockzeit liest. Prosa und Bemühungen auf eine

---

2 Das Ausmaß von Erika Hanels Einfluss auf den Text von *Die Türen schließen sich* ist schwer zu bestimmen, da es von den zwischen ihr und Sebestyén geführten Diskussionen keine Aufzeichnungen gibt und da sie keine bekannten literarischen Werke produzierte.

3 *Irodalmi Ujság* erschien 1957-1961 in London und 1962-1989 in Paris.

„natürliche Weise" zu schreiben können diese Tatsache verschleiern, aber nicht ändern. Literatur ist die künstliche Verwendung von Elementen sogenannter Muttersprachen.

Bei der Betrachtung dieser drei Autoren wird es offensichtlich: sie lebten jahrzehntelang in derselben Welt, nämlich in der Welt von ungarischen Migrantenschriftstellern. Sie haben für dieselbe Leserschaft geschrieben, nämlich sowohl für die ungarischen Migranten als auch (im Falle von Sebestyén und Kristof direkt, im Falle von Márai indirekt, also durch Übersetzung) für das lokale Publikum ihrer neuen Heimat – und sie wussten kaum voneinander. Alle drei gingen ihre eigenen Wege und waren darin erfolgreich, indem sie wirkungsvollen literarischen Ausdruck für das gemeinsame Problem fanden, dass sie nämlich osteuropäische Migrantenschriftsteller im Westen sind.

Eine nächste Gemeinsamkeit ist, dass sowohl ihr Leben als auch ihre Literatur durch das Ereignis der Migration geprägt wurde. Dieses Ereignis schnitt nicht nur ihre Welt in zwei Hälften und machte den Kulturtransfer zum zentralen Aspekt ihrer intellektuellen Tätigkeiten, sondern war auch Kulminationspunkt ihrer Texte. Der Kulturtransfer bei Márai, Sebestyén und Kristof meint nicht alleine die Übersetzung von Texten oder ihren Beitrag in der Verbreitung von kulturellen Ideen und Errungenschaften der einen Kultur in der anderen, sondern vor allem die künstlerische Intensität, die aus der intimen Kenntnis von verschiedenen Kulturen und der Schwierigkeiten ihrer Kompatibilität entsprang. Alle drei, Márai, Sebestyén und Kristof, haben die Geschichten ihrer Migration erzählt. Sie haben den Moment der Grenzüberschreitung beschrieben, oder zumindest den des Verharrens an der Schwelle. Im Folgenden drei Ausschnitte über diesen Moment. Sie machen nicht nur das Ereignis sichtbar, sondern auch die Bemühungen, eine adäquate literarische Form für seine Vermittlung zu finden. Die drei Texte, aus denen die folgenden Stellen entnommen wurden, unterscheiden sich signifikanterweise. Márai fängt in seinem *Napló (Tagebuch)* mit dem Grenzübertritt ein neues Narrativ an, Sebestyén und Kristof schließen ihre Erzählungen mit ihm ab. Nichtsdestotrotz ist es in allen drei Fällen offensichtlich, dass wir an einem Punkt angelangt sind, an dem keine Rückkehr möglich ist.

Márai: „7. September 1948. Mit L. und dem Kind in Genf seit vier Tagen. Zwei starke Erinnerungen von der Reise. Die eine: der ungarische Detektiv an der Grenze schaut unsere Reisepässe an und sagt sanft: Wiedersehn. Mit einem Ton der Resignation, unvergesslich. Die andere: Der junge russische Soldat, nach Mitternacht, im Zug als wir an der Brücke über die Enns warteten – die das Ende des Eisernen Vorhanges markiert – trat in unsern Schlafwagen, nahm und gab unsere Reisepässe zurück, und salutierte ohne ein Wort. Ich kann mich an sein Gesicht erinnern. Das Andere fing in diesem Moment an, das – ich bin jetzt sicher – sehr lange dauern wird." (*A teljes napló* 1948).

Sebestyén: „Zoltán stand schon im offenen Tor und schaute auf den Platz. Man konnte noch das rasselnde Poltern des sich entfernenden Panzers hören, dann war es ganz still. In der Luft schwebten verkohlte Fetzen; wenn das Licht auf sie fiel, schimmerten sie matt wie schwärzliche Kupferblätter. Aus dem Wagen schlugen schon keine Flammen mehr; dünner, bläulicher Rauch kroch durch verkeiltes Blech. Auf dem Asphalt lagen vier Haufen, drei waren schwarz, der Stoff gloste, sie schienen sich in der zitternden glühenden Luft zu bewegen. Die vierte Gestalt war hell wie Elfenbein, kein Rauch stieg von ihr auf, nichts an ihr regte sich." (*Die Türen schließen sich* 1957)

Kristof: „Vater nimmt die beiden Bretter unter die Arme, er geht vor, er legt eines der Bretter an die Barriere, er klettert. Wir legen uns bäuchlings hinter den großen Baum, wir halten uns mit den Händen die Ohren zu, wir machen den Mund auf. Es gibt eine Explosion. Wir rennen mit den beiden andern Brettern und dem Stoffbeutel zum Stacheldraht. Unser Vater liegt an der zweiten Barriere. Den Stoffbeutel packend, in die Fußspuren tretend, dann über den leblosen Körper steigend, geht einer von uns hinüber in das andere Land." (*La grand cahier* 1986 Übersetzung Eva Moldenhauer)

Alle drei Autoren entwickelten eine Literatur basierend auf dieser Erfahrung des Moments des Innehaltens während des Grenzübertritts. Márai veröffentlichte der Reihe nach seine Tagebücher mit Reflexionen auf die vorbeiziehende Außenwelt. Sebestyén kreierte das Werk eines Mitteleuropäers, der an beiden Seiten des Eisernen Vorhanges heimisch ist. Kristof veröffentlichte eine Trilogie über die Geschichte des am Grenzzaun sich trennenden Brüderpaares.

Márai, Sebestyén und Kristof repräsentieren die Vielfalt der ungarischen Migration im Westen, eine Vielfalt, die ein Feld definiert. Sie waren nicht nur durch die Tatsache des Exils und durch ein gemeinsames Trauma verbunden, sondern auch durch die Kämpfe und Konflikte, die zu ihrem Exil führten und durch die Kämpfe und Konflikte in der kulturellen Umwelt, in der sie arbeiteten. In diesen drei Beispielen nehmen Mehrsprachigkeit und Multikulturalismus eine spezifische Bedeutung an. Sie ist die Bedingung der Arbeit an einer Identität, des Schaffens eines literarischen Textes, der Entwicklung eines Œuvres.

Redet man über Mehrsprachigkeit und Multikulturalismus im Kontext der Finno-Ugristik – wie im Falle des diesem Aufsatz zugrundeliegenden Vortrages an einem Kongress für Finno-Ugristik –, stellt sich die Frage, ob die Kultur der Migration in denselben Kategorien diskutiert werden kann, wie die Kultur der Minderheiten. Meint Mehrsprachigkeit und Multikulturalismus dasselbe im Falle der Migranten und im Falle der Mitglieder von autochthonen finno-ugrischen Minderheiten? Diese Frage wird noch verschärft, wenn wir die kulturelle, ökonomische und politische Situation der finno-ugrischen Mehrheiten und Minderheiten in Finnland, Ungarn und Estland sowie die in Russland einerseits und die der hier diskutierten Migranten andererseits einander gegenüberstellen. Wäre ein Vergleich mit den anderen im Westen lebenden mitteleuropäischen Migranten der Periode des Kalten Krieges nicht besser? Eines der Argumente dieses Aufsatzes ist, dass die Kultur der Migranten eine komplexe ist, und es wäre daher verzerrend sie auf einen ihrer politischen Aspekte zu reduzieren, nämlich auf den Protest gegen das stalinistische, kommunistische und sozialistische Regime in Ungarn nach dem Zweiten Weltkrieg. Genau das Gegenteil scheint adäquat zu sein. Wir müssen Kultur in ihrer inhomogenen Komplexität betrachten, was nur möglich ist, wenn wir ihre Strukturen vom Gesichtspunkt der Anderen, wie z.B. von dem ihrer Minderheiten aus analysieren.

Ein entscheidender erster Schritt ist wissenschaftliche Methoden, die adäquaten Begriffe, die passenden Theorien zu finden. Können zum Beispiel postkoloniale Theorien eingesetzt werden, um die Literatur von Márai, Sebestyén und Kristof zu diskutieren? Was ist der Nutzen der Begriffe von Edward Said (Orientalismus), Homi Bhabha (Dritter Raum, Hybridität) oder von Gayatri Spivak (Subalterne)[4] bezogen auf die im Westen lebenden ungarischen

---

4 Siehe Edward Said *Orientalism* 1978. Homi Bhabha *The location of culture* 1994. Gayatri Spivak *Can the subaltern speak?* In Cary Nelson and Lawrence Goldberg

Migrantenschriftsteller? Falls wir die postkolonialen Theorien als Mittel verstehen, um die Perspektive von Migranten zu sehen und die kulturellen Mechanismen „des Westens" zu verstehen, erweisen sich diese Begriffe als sinnvoll. Sie helfen die Situation der Migrantenschriftsteller, sowohl den Sprachwechsel als auch dessen Ablehnung, und die Dynamiken der Mehrsprachigkeit und des Multikulturalismus zu verstehen. Sie helfen uns zwischen den Fällen von Kristof, Sebestyén und Márai zu differenzieren. Der Grad der Anwendbarkeit der Kategorie des Dritten Raumes, in dem der Schriftsteller arbeitet, ist beispielsweise höher bei Kristof als bei Sebestyén oder Márai. Kristof hat ihre eigene Sprache – welche die Sprache der Subalternen ist – entsprechend ihres Dritten Raumes entwickelt. Márais Dritter Raum war das eines Exilschriftstellers, was erklärt, warum er nicht nur bezogen auf das kommunistische Ungarn, sondern auch bezogen auf den sich schnell modernisierenden Westen exiliert war. Sebestyén passte sich an seine neue Sprache mit der Hilfe von Erika Hanel an, die seinen Text unter dem Pseudonym Lena Dur übersetzte, den Dritten Raum einer gemeinsamen Sprache schaffend.

Im Falle der ungarischen Migrantenschriftsteller ist Orientalismus, ein weiterer in postkolonialen Theorien oft verwendeter Begriff, vielleicht nicht so zentral, wie der Begriff Exotismus. Dies wurde von den Autoren selbst eingesetzt, wie beispielsweise durch Sebestyén in den Geschichten, die er erzählte, in den Figuren, die er schuf, genauso wie in seiner Pseudoidentität als „donauländischer Kentaur."

Hybridität trifft auf alle drei hier angeführte Autoren zu. Sie mischten als Migranten Elemente der Kultur, in die sie hineingeboren wurden und der, in die sie einwanderten und schufen so eine neue, die nur in ihren eigenen Kategorien verstehbar ist. Da die Kulturen von Ungarn einerseits und die von Italien, den USA, Österreich, der Schweiz und Frankreich andererseits, die Länder, in denen Márai, Sebestyén und Kristof lebten, nicht in der Größenordnung voneinander unterscheiden wie das im Falle der Kulturen der Kolonisten und der Kolonisierten war – im Falle von Bhabha, der den Begriff Hybridität einführte waren dies England und Indien – hat hier Hybridität eine besondere Bedeutung. Ein nächster

---

eds. *Marxism and the interpretation of culture* 1988: 271–313.

Punkt ist, dass die Kultur von Ungarn jahrhundertelang in einer Auseinandersetzung mit westlichen kulturellen Einflüssen von der Einführung der römisch-katholischen Religion im 10. Jahrhundert bis zu der Modernisierung westlichen Typus in unserer Gegenwart, sich entwickelte und so gibt es in der Heimatkultur der aufgezählten Autoren eine lebendige Tradition der Adaptierung von westlichen Standards. Im Falle von Márai, Sebestyén und Kristof ist daher Hybridität eher ein Werkzeug der Kulturwissenschaften, um Elemente ihrer literarischen Arbeiten zu isolieren und zu analysieren. Der Begriff der Hybridität macht es beispielsweise möglich, den Konflikt Márais in der Ablehnung der Kultur des Westens – und das bedeutet in seinem *Tagebuch 1944-1957* die Kultur von James Joyce, Franz Kafka, Wyston Hugh Auden und Thomas Stearns Eliot – als ein Konflikt des Bewahrens einer Migrantenidentität und nicht als simplen Konservativismus zu verstehen. Márai versuchte den Klassikern der ungarischen Literatur, so Dezső Kosztolányi, János Arany und Mihály Vörösmarty, alle „zeitlose" Dichter der 1830er bis 1930er Jahre, einer imaginären und von den Realitäten der Welt abgehobenen Welt der reinen Literatur, treu zu bleiben. Hybridität nahm hier daher spezifische Gestalten an, die ihrerseits nur durch Konzepte erklärt werden können – wie z.B. Hybridität. Die Konzepte der postkolonialen Theorien wie Dritter Raum, Exotismus, Subalternität können deshalb eingesetzt werden, um die Kultur der Migranten zu verstehen, weil diese Konzepte Kultur als etwas Inhomogenes ansehen, die aus inkonsistenten Elementen zusammengesetzt ist. Kultur wird durch die Energien vorangetrieben, die durch die Begegnung von Komponenten, die nicht zusammenpassen freigesetzt werden.

Die zentrale Frage betrifft daher die Strukturen dessen, was wir „Kultur" nennen. Einem möglichen und stark vereinfachten Kulturbegriff entsprechend wäre sie ein homogenes Feld, das durch eine Sprache, durch ein klar abgegrenztes geographisches Gebiet, durch eine durch gegenseitige Solidarität miteinander verbundene Gemeinschaft von Menschen, durch eine von allen Mitglieder der Gemeinschaft akzeptierte geschichtliche Tradition, und als Ergebnis von all dem durch eine genau definierte Identität bestimmt ist. Eine nächste Definition schließt auch Minderheiten ein, und ist also durch Mehrheiten und Minderheiten strukturiert. Dieser Sicht entsprechend definieren sich sowohl die Mehrheit als auch die Minderheit in Absetzung voneinander. Eine dritte, und selbstverständlich auch kompliziertere Definition schließt nicht nur die rechtlich anerkannten und so genannten autochthonen, das heißt seit Generationen in einem bestimmten geographischen Bereich lebenden Minderheiten, sondern auch Migranten ein. So wird das Bild noch komplexer, erlaubt einerseits irrationale Vorstellungen von homogenen nationalen Identitäten, die durch feindliche Nachbarn genauso wie durch innere Feinde wie alte und neue Migranten bedroht sind – diesbezügliche Diskussionen fanden in 2015 etwa um die politischen Gruppierungen der Wahren Finnen und der Besseren statt, die trotz des Nichtvorhandenseins einer signifikanten Anzahl von Migranten in Finnland respektive in Ungarn es geschafft haben, aus künstlich erweckten Ängsten politisches Kapital zu schlagen. Andererseits erlaubt das Miteinschließen von Migranten in die Definition von Kultur, einen Differenzierungsgrad zu erreichen, was einen Paradigmenwechsel bewirkt. Das Ziel ist dann nicht mehr die eigene Kultur geschlossen zu halten, sondern im Gegenteil: als ein offenes und aufnehmendes Feld anzusehen. Die Schaffung so eines diversifizierten Feldes ermöglicht das Verstehen von spezifischen Identitäten wie beispielsweise die der Migranten.

Für alle drei Autoren scheint es entscheidend zu sein: sie adaptierten sich an ihre neue Umgebung durch die Bewahrung von Erinnerungen an traumatische Erlebnisse. Der Kulturtransfer war zwar gegenseitig, wurde aber zunächst durch das Bedürfnis des Autors, Zeugenschaft abzulegen, durch die Reflexion der Konfrontation mit der neuen Umgebung und mit der verschwindenden Vergangenheit und so durch das Problematisieren der Gründe und des Vorganges der Migration geprägt. Die entstandene Literatur war durch die Konstruktion einer Identität, nämlich die des Migrantenschriftstellers, geformt.

Die drei in diesem Aufsatz angeführten Fälle sind in dem Sinne spezifisch, dass sie nur in einer einzigartigen historischen Situation möglich waren, nämlich in der des Kalten Krieges. Nichtsdestotrotz scheint diese Periode, wenn wir etwa die Anzahl der Migranten betrachten, nichts Besonderes zu sein. Jüngeren[5] Schätzungen entsprechend, haben in den letzten zehn Jahren etwa 500.000

---

5 Nämlich vom August 2015.

Ungarn ihre Heimat verlassen, was mehr ist als in jeder anderen Periode seit 1945.[6] Es ist demnach nicht die Anzahl, sondern die politische Relevanz, was der Kalte Krieg den Migranten zwischen 1945 und 1989 gibt, das, was spezifisch ist.

Eine nächste Eigenart der Migranten im Vergleich zu den Minderheiten ist, dass sie mit jeder Generation verschwinden. Das bestimmt das literarische Werk aller drei erwähnten Autoren. Die nächste Migrantengeneration besteht nicht aus den Kindern der vorigen – weil diese sich bereits in die aufnehmende Kultur ihrer Elterngeneration assimiliert haben –, sondern aus den Migranten der folgenden Jahrzehnte.

Die Literatur der Migrantenschriftsteller gehört sowohl der Kultur des aufnehmenden als auch des entsendenden Landes – thematisch und biographisch genauso wie indem diese bestimmten Formen der Mehrsprachigkeit und der Multikulturalität entspricht.

Diese einzelnen Eigenschaften scheinen zugleich individuelle Details eines größeren Ganzen zu sein. Bei der Diskussion von im Westen lebenden ungarischen Migrantenautoren der Periode von 1945 bis 1989 scheint es sinnvoll zu sein dieselben Kategorien zu verwenden, wie im Falle der Minderheitenkulturen. Migrationsliteratur ist nämlich eine spezifische Form von Minderheitenliteratur. Da jede Sprache ein Bündel von verschiedenen Sprachen ist, die chronologisch (beispielsweise das Ungarische vor und nach der Sprachreform des frühen 19. Jahrhunderts), regional (Dialekte), gesellschaftlich (siehe die Sprachen von diversen Gesellschaftsschichten und Berufsgruppen), und stilistisch (so die Literatursprache und die Alltagssprache) voneinander zu unterscheiden sind, der Unterschied zwischen der Mehrheits- und der Minderheitssprache scheint nichts anderes als eine bloße politische Konstruktion zu sein.[7] Falls wir bei der Diskussion von Migranten- und Minderheitenkulturen auf die Bedeutung des zweiten Konzepts, Multikulturalismus, fokussieren, wird dasselbe sichtbar: die Multidimensionalität von Kultur, eine wesentliche Eigenschaft des Konzepts selber.

---

6 Richtiger: etwa dieselbe Anzahl wie in den späten 1940er Jahren, als u.a. ein Teil der deutschen Minderheit Ungarns deportiert wurde.

7 In diesem, politischen, Sinn ist diese Konstruktion jedoch eine entscheidende; sie entscheidet über nichts weniger als Überleben oder Verschwinden, und zwar sowohl der autochthonen Minderheiten als auch der Migranten.

Die Diskussion von Minderheiten- und Migrantenliteratur und das genaue Betrachten von bestimmten literarischen Lebenswerken gibt Möglichkeiten, die Strukturen und die Funktionsweise der aufnehmenden Gesellschaften zu verstehen. Jeder ist mit seiner Umwelt konfrontiert und muss mit den etablierten kulturellen Trends und Produktionsstrukturen umgehen. Migrantenautoren unterscheiden sich diesbezüglich vom Rest, indem sie diese Konfrontation schärfer erleben. Ihr Erfolg oder Misserfolg macht die Möglichkeiten und Grenzen des kulturellen Systems bloß klarer erkennbar – wobei der Fall von Márai deutlich anzeigt, dass das, was aus der Perspektive der aufnehmenden Gesellschaft als Misserfolg erscheint, aus der Perspektive des Migranten ein Erfolg sein kann. Die in diesem Aufsatz besprochenen Möglichkeiten sind die Adaptation und die Ablehnung von Sprache, von aktuellen kulturellen Entwicklungen, Produktionsstrukturen. Márai lehnte die Strukturen der Schriftstellerorganisationen der Länder, in denen er lebte, ab, während Sebestyén die erste Gelegenheit ergriff, einzusteigen, und er stieg bis zur Spitze auf. Beide haben sich auf ihre eigene Weise mit den existierenden Strukturen auseinandergesetzt, was ein Grund ist, warum ihre Karrieren eine Analyse wert sind. Die Verzögerung in der literarischen Karriere von Kristof kann aus demselben Grund analysiert werden, da diese anzeigt, dass eher die untypischen Karriereentwicklungen die sind, die entscheidende Struktureigenschaften sichtbar machen. Migration und das Migrantendasein gestaltete jeden Aspekt der Literatur von Márai, Sebestyén und Kristof, ihre Sprache, Themen und Gattungen, ihre Produktion, Verbreitung und Rezeption. Diese drei Beispiele, die lediglich in bestimmten Grundcharakteristika zusammengehören – Migrantenautoren mit ungarischen Wurzeln im Westen lebend während des Kalten Krieges – demonstriert überdeutlich, dass die Beobachtungen, die in diesem Aufsatz zusammengefasst wurden, nicht einzelfallspezifisch sind, sondern im Gegenteil: sie zeigen die allgemeinen und dominanten Determinanten auf.

Die Rückkehr aus dem Exil

Die Wende, die die im Titel dieses Aufsatzes angegebene Rückkehr aus dem Exil ermöglichte, fand in Ungarn 1989 statt und wenn man einen genauen Tag angeben möchte, dann am 23. Oktober dieses Jahres, als der Parlamentspräsident die Republik Ungarn ausrief. Damit endete die vierzig Jahre dauernde Periode der Volksrepublik. Die meisten halten den 16. Juni 1989 für den Tag der Wende, als die Märtyrer des Aufstandes von 1956, vor allem dessen Ministerpräsident Imre Nagy, in Budapest neu bestattet wurden. Zahlreiche im Westen lebende 1956er Emigranten erklärten, erst nach Ungarn zurückkehren zu wollen, wenn die Ereignisse des Aufstandes von 1956 neu bewertet werden, was an diesem Tag geschah. Die 1944er bis 48er Emigranten gaben wiederholt als den Zeitpunkt ihrer möglichen Rückkehr an, wenn der letzte sowjetische Soldat Ungarn verlässt, was am 19. Juni 1991, also erst zwei Jahre später, erfolgte. Dazwischen, also zwischen dem 16. Juni und dem 23. Oktober, zerfiel der Eiserne Vorhang, der am 27. Juni 1989 von dem österreichischen und dem ungarischen Außenminister durchgeschnitten wurde. All diese Datenangaben zeigen an, dass die Wende vor allem eine politische war. Ihr Erscheinen in der ungarischen Literatur ist wesentlich schwieriger zu fassen.

Die Formen des Exils

Es gibt trotzdem zahlreiche Wege, über die Wende zu sprechen. So mit dem Thema: die Rückkehr aus dem Exil, was hier, entsprechend der zwei Lager des Kalten Krieges, das Exil im Westen meint. Sowohl Exil als auch Exilliteratur muss man dabei mehrfach abgrenzen. Anstatt Exil wurde beispielsweise in den 1970er und 1980er Jahren nach einer anderen Begrifflichkeit gesucht, weil die Änderungen der eigenen Situation eine begriffliche Differenzierung erzwangen. Viele ehemalige Exilanten betrachteten sich nun als „im Westen lebende Ungarn", insbesondere dann, wenn sie als Touristen die Heimat (und zwar wiederholt) besuchten. Exilliteratur ist erstens von der Minderheitenliteratur zu unterscheiden – wobei Minderheiten hier entgegen der im deutschen Sprachraum vorherrschenden Bedeutung nicht die Minderheiten im Inland, sondern die ungarischen Minderheiten in den Nachbarländern meint. Exilliteratur ist zweitens von der Migrantenliteratur abzugrenzen, die durch Angehörige der ungarischen Minderheit, die um 1989 nach Ungarn (und oft weiter nach Westen) migrierten produziert wurde. Daher wird hier nicht über die Literatur der ungarischen Minderheiten und nicht von den Autoren gesprochen, die Ende der 1980er Jahren aus Rumänien[1] bzw. Anfang der 1990er Jahre aus Jugoslawien[2] nach Ungarn übersiedelten. Exil bedeutet: das Heimatland aus politischen Gründen zu verlassen, im Ausland daran zu arbeiten, dass das politische Regime sich ändert und man zurückkehren kann, um am wieder freien Literaturleben teilzunehmen.

Das Exil kann je nach dem typologisiert werden, wann es erfolgte, indem also die einzelnen Schriftsteller den verschiedenen Emigrationswellen zugeordnet werden. So wurden bisher bereits zwei Emigrationswellen erwähnt, die von 1956 und die von 1944-48. Die in diesem Aufsatz zu diskutierenden Autoren können vier Migrationswellen zugeordnet werden. Wass und Nyírő emigrierten vor den anrückenden Sowjettruppen am Ende des Zweiten Weltkrieges. Márai und Cs. Szabó vor der Etablierung des Stalinismus ungarischer Prägung, Rákosi-System genannt. Faludy, Határ, Sebestyén und Nagy nach der Niederschlagung des Aufstandes von 1956. Kertész lebte in der inneren Emigration. Diese verschiedenen Migrationstypen haben insbesondere deshalb eine Bedeutung, weil die Migranten sowohl ihre Migration als auch die verlassene Heimat dadurch definierten, wann die Migration stattfand. Die ungarischen Entwicklungen bis zum Zeitpunkt der Migration wurden jeweils als noch tolerierbar angesehen, die nun eine Grenze erreichten, was dann die Beziehung zerriss. So war für Wass und Nyírő die bloße Anwesenheit der kommunistischen Politiker in Ungarn untolerierbar, während es für Márai und Cs. Szabó erst die kommunistische Umstellung des ungarischen Kulturlebens 1948 war. Sebestyén und Nagy wiederum studierten im stalinistischen Ungarn, was ohne eine Anbiederung an die politische Realität un-

---

1 So beispielsweise Ádám Bodor und György Dragomán.
2 U.a. Katalin Ladik, Otto Tolnai und Nándor Gion.

möglich war und emigrierten erst als der Reformversuch[3] scheiterte.

Formen der Rückkehr

Obwohl mit der Wende der Grund des Exils für alle Exilanten mit einem Schlag und unabhängig davon, wann sie emigrierten, verschwand, zeigt sich die Rückkehr genauso vielfältig wie das Exil. Keinesfalls sind also mit der politischen Wende, mit dem plötzlichen Wegfall des Exilgrundes, die im Exil lebenden Schriftsteller alle und zusammen zurückgekehrt.

László Cs. Szabó emigrierte wie erwähnt 1948, lebte ab 1951 in Großbritannien und war Mitarbeiter der BBC. Er reiste ab 1980 nach Ungarn und starb während eines Besuches dort. Sein erstes nach seiner Emigration in Ungarn publiziertes Buch war *Alkalom* (*Gelegenheit*) 1982, also sieben Jahre vor der Wende.

Sándor Márai emigrierte ebenfalls 1948, lebte in Italien und in den USA. Er war Mitarbeiter des RFE - er arbeitete also genauso wie Cs. Szabó bei einem westeuropäischen Radiosender, der auch ein ungarisches Programm hatte, das auch im Heimatland empfangen werden konnte. Cs. Szabó und Márai versuchten also aus dem Exil am Regimewechsel in ihrem Heimatland mitzuwirken. Márai publizierte u.a. regelmäßig seine Tagebücher. Es erschien auch das von seinen letzten Jahren, es kann also seine Sicht der Entwicklungen bis 1989 auf authentisch nennbarer Grundlage rekonstruiert werden. Márai tötete sich selbst im kalifornischen Exil Anfang des Jahres 1989. Er kehrte also nicht nach Ungarn zurück, umso mehr sein Werk. Heute gilt er auch international als einer der bekanntesten ungarischen Autoren des 20. Jahrhunderts.[4]

Pál Nagy reiste, um ein anderes Extrembeispiel zu erwähnen, bereits seit Anfang der 1970er Jahre regelmäßig nach Ungarn und

---

3 Es ist natürlich nicht möglich die Ereignisse des Oktobers und Novembers 1956 hier zu kategorisieren. Betrachtet man aber einzelne Entwicklungen, die zum Aufstand am 23. Oktober 1956 führten, ist es naheliegend anzunehmen, dass über einen Reformversuch geredet werden kann. Die gesellschaftliche Unzufriedenheit, die Diskussionen im Petőfi-Kreis oder auch die Person von Imre Nagy, der ja deshalb sowohl für die Aufständischen als auch für die Sowjets akzeptierbar war, weil er als Reformkommunist galt, legen diese Bezeichnung nahe.

4 Wiederentdeckt wurde Márai mit der Publikation von *Die Glut* 1999 München bzw. *Embers* 2001 in London.

übernahm kulturdiplomatische Aufgaben. So war er Teilnehmer
der sogenannten Muttersprachenkonferenzen und erreichte, dass
bei den Treffen der Neoavantgarde-Zeitschrift *Magyar Műhely* in
Frankreich und in Österreich keine politischen Fragen diskutiert
wurden. Nagy lebt bis heute in Frankreich.

György Faludy kehrte September 1988 nach Ungarn zurück
und zwar als gefeierter Schriftsteller.[5] Er publizierte seit den 1960er
Jahren autobiographische Bände, die sich den diversen Formen der
ungarischen Hölle widmeten. Der letzte erschien in seinem Todes-
jahr 2006 mit dem Titel *A pokol tornácán* (*Im Vorhof der Hölle*).

Győző Határ[6] veröffentlichte ebenfalls seine Erinnerungen,
ebenfalls in mehreren Bänden, genauso wie Nagy. Dieser publizierte sie in drei Bänden,[7] Határ ebenfalls. Es ist überhaupt auffallend, dass die Emigranten die Memoirenliteratur als bevorzugtes
Arbeitsgebiet ansahen. So publizierte György Faludy *My happy days
in hell* (*Meine glücklichen Tage in der Hölle*) 1962 in London, László Cs.
Szabó veröffentlichte *Hűlő árnyékban* (*Im abkühlenden Schatten*) 1982
in Bern, und Győző Határ eben drei Bände seines *Életút* (*Lebens-
weg*) 1993-1996 in Szombathely. Das eigene Leben war wohl auch
deshalb ein zentrales literarisches Thema, weil das Exil ein kultur-
politisches Programm war: da in der Heimat die Literatur zensu-
riert und durch Repressalien entstellt wurde, also ihre unverzerrte
Entfaltung unmöglich war, fiel der Exilliteratur die Aufgabe zu, die
freie ungarische Literatur lebendig zu erhalten.

Albert Wass publizierte *Adjátok vissza a hegyeimet* (*Gebt mir meine
Berge wieder*) ungarisch in München 1949, deutsch in Zürich 1950.
József Nyirő veröffentlichte *Zöld csillag* (*Der grüne Stern*) 1950 in
den USA. Beide Bücher befassen sich mit der Emigration. Wass
beschreibt den Weg dorthin, Nyírő das Leben in einem Baracken-
lager in Bayern. Sowohl Wass als auch Nyírő waren in Ungarn bis
1989 verboten, weil sie als faschistische Schriftsteller galten. Sie
sind nie nach Ungarn zurückgekehrt, ihr Werk aber sehr wohl.

---

5 György Faludy A *pokol tornácán* 2006: 247f.
6 Határ wollte ursprünglich erst nach Ungarn zurückkehren, wenn sein Werk
Golghelóghi (London 1976) in Ungarn ungekürzt erscheinen kann. Die Publikation erfolgte erst 1990, während Határ bereits 1988 in Ungarn war – was freilich
an sich eine private Angelegenheit, aber für die Interpretation des „Exils" von
Bedeutung ist.
7 Pál Nagy *Journal in-time. él(e)tem* 3 Bände 2001, 2002, 2004.

Beide gehören laut Empfehlung der Ungarischen Regierung[8] seit 2012 zum Literaturkanon für den Lesestoff in den Schulen. Sowohl Wass als auch Nyírő gelten als national gesinnt und somit bewahrungswürdig.

György Sebestyén[9] verließ Ungarn nach dem Aufstand von 1956 und widmete gleich seine erste Publikation in seiner neuen Heimat Österreich dem Aufstand. Das Buch *Kilincs nélküli ajtók* und *Die Türen schließen sich* beschreibt seine Situation: vor den Emigranten öffneten sich Türen, und schlossen sich zugleich andere hinter ihnen.

Imre Kertész thematisiert in seinem Werk bekanntlich den Holocaust und nicht die Wende. In seinem 1992 publizierten *Gályanapló (Galeerentagebuch)* berichtet er jedoch über sein inneres Exil - an dem die Wende 1989 nichts Wesentliches änderte. Kertész betrachtete dabei Exil als „sein Land",[10] und Márais *Föld, föld (Land, Land)* lesend notierte er, dass Exil die „Lebensform des 20. Jahrhunderts" sei.[11] Konsequenterweise verbrachte er nach 1989 die längste Zeit im Ausland. Sowohl Kertész als auch Sebestyén sind hier also Ausnahmen. Kertész war vor 1989 nicht im ausländischen Exil, Sebestyén betrachtete sich als österreichischen Schriftsteller und nicht als Exilant. Angeführt sind sie, um die hier erscheinende Vielfalt zu komplettieren.

Was heißt also 1989 die Rückkehr aus dem Exil? Wir haben gehört, ins Exil ging man, weil man der offiziell kontrollierten ungarischen Literatur nicht konform war. Im Exil ist man, weil das bestehende politische System in der Heimat eine Rückkehr nicht zulässt, außer wenn man entweder dem Regime zu dienen oder zu schweigen bereit ist. Und wir haben gesehen, zurückgekehrt ist man zu verschiedenen Zeiten und in sehr unterschiedlichen Formen: als wiederentdeckter Klassiker, als versöhnter und als nichtversöhnter Gegner. Die angeführten Rückkehrwege zeigen an: Es sind jeweils individuelle Exile und Rückkehren, die literarisch thematisiert werden könnten.

---

8 Nemzeti alaptanterv 110/2012. (VI. 4.) Korm. rendelet (Nationaler Grundlehrplan 110/2012 (4. Juni) Regierungserlass).
9 Weitere Exilschriftsteller, die hier nicht vorkommen sind u.a. András und Miklós Domihiday, sowie György Ferdinándy. – Diese Liste hier ist also keinesfalls erschöpfend, sondern greift einzelne exemplarische Fälle auf.
10 Imre Kertész *Gályanapló* 1992: 36.
11 Kertész 1992: 96.

Die Wendeliteratur

Aus den angeführten neun Beispielen ist ersichtlich: Es gab so
gut wie keine Rückkehr aus dem Exil. Im Exil befand sich nur,
wer nicht zurückkehrte, so z.b. Márai, der die Rückkehr so lange
verweigerte so lange das kommunistische Regime bestand, dessen
Fall er aber nicht mehr erlebte. Für viele andere, so für Cs. Szabó,
Nagy, Faludy, Határ und auch Sebestyén, die sich um die Publikation oder eine wohlwollende Rezeption ihres Werkes vor 1989 in
Ungarn bemühten, fand eine Rückkehr nicht in das befreite Ungarn, sondern in das nach wie vor bestehende Regime statt. Und
dieses verstand diese Rückkehr zu instrumentalisieren. So wurde
1970 die Muttersprachenkonferenz eingerichtet, eine jährliche Veranstaltung des Weltbundes der Ungarn, wo auch im Exil lebende
Schriftsteller eingeladen wurden, falls diese bereit waren, die Regeln und insbesondere die Tabus des Systems zu akzeptieren. Es
fanden offizielle Versuche statt, die westliche Emigrantenliteratur
zu überblicken. 1982 erschien der von Miklós Béládi herausgegebene Band vier der *A magyar irodalom története 1945-1975. A határon
túli magyar irodalom (Geschichte der ungarischen Literatur 1945-1975. Die
ungarische Literatur jenseits der Grenzen)*, 1986 erschien von Miklós
Béládi, Béla Pomogats und László Rónay herausgegebe *A nyugati
magyar irodalom 1945 után (Die westliche ungarische Literatur nach 1945)*.
Beide berücksichtigen die Literaten, die der Ideologie des realen
Sozialismus ungarischer Version zumindest nicht feindlich gegen-
überstanden - die also streng genommen eben keine Exilschriftsteller mehr waren.

Die Formen der Rückkehr sind also vielfältig. Sie kann an die
erste Reise in die Heimat geknüpft werden oder zumindest an den
Zeitpunkt als der in der Emigration lebende Schriftsteller bei literarischen Veranstaltungen wie Lesung oder Vortrag auftrat. Sie kann
mit der ersten Publikation markiert werden oder mit staatlichen
Preisen, mit der Integration in die nationale Literaturgeschichte
bzw. mit dem Erreichen eines gewissen, also deutlich sichtbaren
Grades der Popularität. Die Rückkehr fand also nicht in einer Wel-
le 1989 statt, sondern individuell verschieden. Was die Frage auf-
wirft, ob man bezogen auf die Wende 1989 überhaupt von einem
literarisch relevanten Phänomen reden kann.

Um diesen Fragen näher zu kommen, ist ein differenzierter

Vorgang ratsam. So ist etwa bezogen auf Produktion, Distribution und Rezeption der Literatur Unterschiedliches zu beobachten. Auffallenderweise änderte sich am stärksten der Bereich der Verbreitung der Literatur. Um 1989 gab es in Ungarn eine Überflut an neuen Verlagen und Zeitschriften. Was die Darstellung oder die Diskussion der Wende in literarischen Werken betrifft, gibt es aber gemessen an der politischen, gesellschaftlichen, wirtschaftlichen und kulturellen Tragweite der Ereignisse auffallend wenig, um nicht zu sagen nichts.

Meine These ist: Die ungarische Literatur stellt die gesellschaftlichen Verhältnisse und Entwicklungen adäquat dar. Das gilt für die fehlende ungarische Wendeliteratur auch. In den Auslassungen, Fragmenten, Reflexionen wird die Verweigerung sichtbar, die offizielle und offiziöse Ideologie der Wende ins Literarische zu übernehmen. Somit argumentiert dieser Aufsatz für einen Widerspruch. Es gibt keine ungarische Wendeliteratur, weil es seit dreißig Jahren nichts anderes als diese gibt, mit der einzig adäquaten Darstellung dieser Wende, nämlich indem einer direkten Darstellung ausgewichen wird.

Es gibt keine ungarische Wendeliteratur.[12] Es gibt Themen, Schreibstrategien, literarische Probleme und Interessen, die die Literatur dominieren und mit der Wende in Bezug gesetzt werden können, so in der Prosaliteratur zwei Wege, die Neuinterpretation der Geschichte des 20. Jahrhunderts[13] und die Beschreibung der gesellschaftlichen Defizite der Gegenwart.[14]

Der Grund des Fehlens einer dezidierten Wendeliteratur ist, dass die kulturelle und gesellschaftliche „Wende" wesentlich länger gedauert hat und viel komplexer beschaffen ist als das in jenen am Anfang dieses Aufsatzes aufgezählten symbolischen politischen

---

12 Auffallenderweise wird die Wende in Ungarn nicht als fordulat (Wende), sondern als rendszerváltás (Systemwechsel) bezeichnet. So hat sich beispielsweise 2009 eine Konferenz genannt: *A rendszerváltás irodalma* (*Die Literatur des Systemwechsels*). Was insbesondere im Vergleich mit anderen Literaturen auffällt. Im deutschen Kulturraum gibt es mit *Zonenkinder* von Jana Hensel 2002 oder *Kruso* von Lutz Seiler 2014 etc. ein bis heute blühendes Wende-Genre.

13 So z.B. mit Pál Závada *Jadvida párnája* (*Das Kissen der Jagvida*) 2004.

14 So z.B. Sándor Tar *A mi utcánk* (*Unsere Straße*) 1995 handelt über das Elend Anfang der 1990er Jahre. Hier geht es also nicht um die Wende, sondern um die sogenannte magyar valóság / ungarische Realität. Die Darstellung der Defizite des Systems ist allerdings nicht neu. Sie war mit dem Werk von Zsigmond Móricz beispielsweise ein erprobtes Genre in der Periode des Horthy-Regimes.

Akten erscheint. Sie dauerte so lange, dass sie nicht mehr als Wende bezeichnet werden kann. Das war eine jahrelange Parallelent-
wicklung, einerseits an der Oberfläche und andererseits unter der
Oberfläche, mit dem signifikanten Unterschied, dass das, was an
der Oberfläche geschah der Schein und was unter der Oberfläche die verlogene, faule, kompromissvolle Realität war. Sollte man
versuchen das zu benennen, wäre die Bezeichnung Wendeliteratur
ganz genau falsch, weil sie ein Konzept der Fehlinterpretation ist.

Die Schwierigkeit wird dadurch nochmal erhöht, dass der Übergang der 1980er bis 1990er Jahre in den letzten 25 Jahren immer
ideologisierter und verzerrter medialisiert wurde. Seit 2006 gibt
es in der ungarischen Gesellschaft einen geradezu hysterisch be-
schworenen Riss, eine Unterscheidung zwischen Guten und Bösen, wobei die Bösen die „Sozialisten" und die Guten die „Natio-
nalkonservativen" sind. Diese Sicht wird in allen Medien genauso
wie in Alltagsgesprächen und bei Demonstrationen mit einer be-
drohenden Vehemenz vertreten. So gibt es für eine differenzierte
Darstellung offenbar weder den Platz noch das Bedürfnis, vonseiten der Schriftsteller genauso wenig wie vonseiten der Literaturkri-
tik oder des Publikums.

Schließen möchte ich mit einer der zahlreichen Stellen, die auf
diese Fehlstelle hinweisen:

> Ich schulde am Ende des Bandes ein Bekenntnis. Ich wollte euch noch so
> viel erzählen über die Geschichte, Literatur, Liebschaften und Freund-
> schaften, aber dieses Buch ist schon voll. Wenn das Schicksal es erlaubt,
> werde ich noch einen vierten Höllen-Band schreiben, ab dem Jahr 1989.
> Darüber, wie wir schrittweise die Hoffnung verloren haben.[15]

---

15 Faludy 2006: 269.

Tag der Lyrik

Diesem Aufsatz liegt zwar die Anfrage für eine Festrede anlässlich des Tages der Lyrik zugrunde. Worum es hier geht, ist aber nicht das Fest und die Feier, sondern deren wissenschaftliche Aufarbeitung. Einleitend dazu eine Stelle aus Atilla Józsefs *Eszmélet* (*Besinnung* 1935) in der Übersetzung von Franz Frühmann.[1]

> Unter dem Abend in der Himmel
> Zahnradwerk ich die Blicke hob –
> und sein Gesetz aus Zufallsfasern
> der Webstuhl der Vergangnen wob,
> und wieder meinen Blick ich schob
> durch meiner Träume dichte Dünste
> und sah: die gleißenden Gespinste
> zertrennten sich stets irgendwo.

József beschreibt hier wie der Webstuhl der Vergangenheit aus den Fäden von zufälligen Ereignisketten die Textur des Gesetzes webt. Das sieht der Dichter am Abend, als die Tagesereignisse sich ordnen. Und als er kurz darauf, bereits von den Dünsten seiner Träume bedrückt, nochmal hinaufschaut, sieht er, dass die Textur des Gesetzes sich irgendwo immer auflöst. Ausgehend von diesem doppelten Blick geht es in diesem Aufsatz um das Auflösen der Textur der Vergangenheit. Auf zwei Stellen möchte ich die Aufmerksamkeit richten, auf den Tag der Lyrik und auf das Jahr von Józsefs Wiener Aufenthalt.

Der Tag der Lyrik wird in Ungarn seit 1964 begangen, und zwar am 11. April, am Geburtstag von Attila József. An diesem Tag werden entsprechend der Tradition literarische Vortragsabende, Buchpräsentationen, Dichtergespräche, Rezitationswettbewerbe abgehalten. Mit diesen Veranstaltungen wird „der ungarischen Lyrik die Ehre erwiesen."

---

1 Das Original lautet: "Én fölnéztem az est alól / az egek fogaskerekére – / csilló véletlen szálaiból / törvényt szőtt a mult szövőszéke / és megint fölnéztem az égre / álmaim gőzei alól / s láttam, a törvény szövedéke / mindíg fölfeslik valahol." Eine fast wörtliche Übersetzung: Ich blicke unterm Abend hoch / auf das Zahnradwerk des Himmels – / aus den Fäden glitzernder Zufälle / webt der Webstuhl der Vergangenheit das Gesetz / und ich blicke nochmal in die Himmel / unter den Dünsten meiner Träume hoch / und sah, die Textur des Gesetzes / löst sich irgendwo immer auf.

Interessant erscheint mir die Frage, warum diese Feier das erste Mal 1964 begangen wurde. Bekanntlich sah sich das Kádár-Regime 1963 bereit, eine Zäsur nach der Vergangenheit zu ziehen. Sieben Jahre nach der blutigen Niederschlagung des Aufstandes von 1956, nach Jahren der Vergeltung wurde 1963 eine Amnestieverordnung erlassen. Entsprechend dieser Verordnung wurde eine Amnestie für diejenigen erlassen, die während der Jahre des Personenkults, also der Periode der Herrschaft von Mátyás Rákosi, des ungarischen Stalinismus, ihre Macht missbrauchten. Die Amnestieverordnung von 1963 galt auch für diejenigen, die wegen konterrevolutionärer Tätigkeiten, also für Vorbereitung vom und Beteiligung am Volksaufstand 1956, verurteilt wurden, so insbesondere Dichter und Schriftsteller. Bekanntlich hat sich der Schriftstellerverband als Brutstätte von revolutionistischen Ideen herausgestellt, wofür er nach der Niederschlagung des Aufstandes aufgelöst und kurz darauf unter neuen Voraussetzungen und neu organisiert, neu gegründet wurde. Diejenigen, die sich am sichtbarsten exponierten, wurden zu Gefängnisstrafen verurteilt. Die Amnestieverordnung galt schließlich für diejenigen, die zwischen 1957 und 1963 Verbrechen gegen die staatliche Ordnung begangen haben. Eine große Anzahl von Personen wurde also von der Verordnung erfasst. Aber nicht alle. Insbesondere für diejenigen galt sie nicht, die während des Aufstandes in Handlungen involviert waren, die Todesopfer forderten. Das Kádár-Regime hat somit der Gesellschaft ein Friedensangebot gemacht. Und wie bekannt, hat diese Gesellschaft dieses Angebot akzeptiert. Ab 1963 fing eine Entwicklung an, die den allgemeinen Wohlstand und den inneren Frieden mit sich brachte. Als etablierter Konsens galt nun, dass die politischen Grundstrukturen des Staates von der Bevölkerung anerkannt werden und dafür eine bestimmte wirtschaftliche und soziale Sicherheit garantiert wird. Was ja bekanntlich bis einschließlich 1989 von beiden Seiten eingehalten wurde.

Als Folge dieser am 21. März 1963 erlassenen Verordnung konnten eine Reihe von Schriftsteller, so der nach 1956 zu einer mehrjährigen Gefängnisstrafe verurteilte Tibor Déry, Lesereisen in Westeuropa unternehmen, so unter anderem Wien besuchen. Diese Verordnung hatte also auch diese internationale Bedeutung.

Die Idee für den Tag der Lyrik kam von den Dichtern. Der Schriftstellerverband schlug den Tag vor. Der offizielle Beschluss kam von der Agitprop-Abteilung der Partei der Ungarischen Werktätigen, also von der Agitations- und Propagandaabteilung der einzig zugelassenen, somit Staatspartei Ungarns. 1963 wurde beschlossen, dass die Feier jedes Jahr stattfinden soll. Begeht man also 2015 den Tag der Lyrik, feiert man nach dem Ende des Staatssozialismus eine staatssozialistische Feier. Dieser Tag wird also durch diese Vergangenheit überschattet, weist doch seine Benennung und was genau hier gefeiert werden soll, eindeutig auf diese Vergangenheit hin. Die heutige Feier gibt Anlass, an diesen Aspekt der Vergangenheit zu erinnern.

Es gibt auch einen Welttag der Lyrik. Gefeiert wird er duch die UNESCO seit 2000, einem Vorschlag von Marokko folgend. Dabei geht es um die mündliche Tradition und um den kulturellen Austausch zwischen den Völkern. Was etwas völlig anderes ist, als der ungarischen Lyrik die Ehre zu erweisen. Bei letzterer geht es nicht um die internationale, sondern um die ungarische Lyrik und nicht um die mündliche, sondern um die schriftliche Tradition.

Was die Frage nach der Bedeutung der ungarischen Lyrik und auch der ungarischen Literatur in der ungarischen Kultur und für die Identität der Ungarn nahelegt. Die bedeutendsten ungarischen Dichter, Sándor Petőfi, Endre Ady, Attila József, waren politisch engagiert. Sie schrieben Gedichte mit politischem Inhalt, waren Teilnehmer an politischen Bewegungen. Die ungarische Literatur und Lyrik hat einen dezidiert politischen Zug, was ebenfalls speizifisch im Vergleich mit anderen Literaturen und Kulturen ist. Die am Webstuhl der Vergangnen gewobene Textur lässt sich auch durch die Frage auflösen, was wir am Tag der Lyrik feiern, was ist die Tradition, die hier weiterlebt, was heißt es, dass wir uns vor der ungarischen Lyrik verneigen, auf welche Vergangenheit, auf die Lösung von welchem Konflikt wir uns erinnern. Wir erinnern uns ja mit dem – die Niederschlagung des Aufstandes von 1956 und die auf die Niederschlagung folgende Vergeltung abschließenden – Versöhnungsangebot an eine blutige Veganheit. Soweit die erste Stelle, wo das Gewebe der Vergangenheit sich auflöst.

Die nächste Stelle ist der Wiener Aufenthalt von Attila József. Dieser Aufenthalt fällt auf das Jahr 1925/1926. Er schrieb sich als Student für zwei Semester an der Wiener Universität ein, hörte unter anderem philosophische Vorlesungen. Er ist Herbst 1925 in Wien angekommen und reiste Sommer 1926 nach Budapest zurück, um anschließend seine Studien in Paris fortzusetzen. Über Józsefs Wiener Periode stehen uns verschiedene Quellen zur Verfügung. Es gibt zahlreiche Erinnerungen, da József, insbesondere nach 1945 in Ungarn als ein bedeutender Dichter angesehen wurde, und durch eine entsprechende Uminterpretation für die ideologischen Interessen des sich etablierenden Regime brauchbar schien. Es entwickelte sich ein Kult um ihn und es war unter den Zeitgenossen dementsprechend hochgeschätzt, ihre persönlichen Erinnerungen an den Dichter zu veröffentlichen. So Andor Németh und György Kovács, die während Józsefs Wiener Aufenthalt ihm nahe standen. Es kursieren weiters einige Anekdoten durch Anna Lesznai, Georg Lukács, Lajos Kassák und Lajos Hatvany, die alle József in Wien begegneten. Diese lezteren spielen in der ungarischen Kulturgeschichte bedeutende Rollen. Sie lebten nach Ende der ungarischen Räterepublik ab dem Sommer 1919 in der Wiener Emigration und verbrachten zumindest einen Teil der 1920er Jahre hier. 1925/1926, während Józsefs Wiener Aufenthalt waren sie also bereits einige Jahre in Österreich. Sie kehrten teilweise bald nach Ungarn zurück oder reisten etwa nach Deutschland weiter. Weiters gibt es einige Briefe von József mit zahlreichen interessanten Details über das Wien der Zwischenkriegszeit. Im Universitätsarchiv Wien finden sich entsprechende Dokumente über den Studenten József, so insbesondere über die Vorlesungen, die er besuchte, die Adressen, wo er angemeldet war. Und es existieren natürlich Gedichte, die mit dieser Periode verbunden werden können, und die natürlich die wichtigste Quellen darstellen. Im Folgenden möchte ich drei zitieren.

Zunächst zu den Andekdoten. Anna Lesznai war ebenfalls Dichterin, auch Malerin. Sie stammte aus Oberungarn, das Mitte der 1920er Jahre zur Tschechoslowakei gehörte. Sie lebte in Ungarn, in der Tschechoslowakei, in Österreich und in den USA. Lesznai stammte aus einer begüterten Familie und lebte auch in Wien in akzeptablen Verhältnissen. Sie war in Ungarn nicht politisch verfolgt, da aber so gut wie ihr gesamter Freundeskreis, so auch ihr damals schon von ihr getrennt lebender Ehemann Oszkár Jászi, nach Wien emigrierte, hielt sie sich auch wiederholt hier auf. Bei einer Übersiedlung halfen ihr einige in Wien lebende ungarische Studenten die Möbel zu transportieren, so auch Attila József, der während des Schleppens laut Gedichte rezitierte. Sie sind ins Gespräch gekommen. So lernte József den ungarischen kommunistischen Philosophen Lukács, den Dichter, Dramatiker und Filmtheoretiker Balázs und Lesznais Cousin, den Schriftsteller und Mäzen Lajos Hatvany kennen. Darüber berichtete József in einem Brief an seine Schwester:

> Wir erwähnen diesbezüglich, dass Anna Lesznai (Frau Jászi), Béla Balázs und Georg Lukács mich für einen ziemlich großen Dichter halten, vor allem der Letzterwähnte – als den ersten mit weltliterarischen – und nicht kosmopolitischen! – Qualitäten ausgestatteten Proletarlyriker.[2]

József hat also offenbar Lukács kennengelernt, Lukács erkannte die dichterische Qualität von József. Es gibt jedoch keine literaturwissenschaftliche Auseinandersetzung von Seiten Lukács' mit dem Werk von József. Lukács war eher mit der realistischen Prosa beschäftigt. Aber wie wir sehen, zumindest in der Wiener Periode gab es diese Hochschätzung seitens Lukács'.

Lajos Hatvany entstammte einer vermögenden ungarischen Fabrikantenfamilie, lebte in Wien in dementsprechend guten Verhältnisse, unter anderem mietete er die Hermesvilla im Lainzer Tiergarten an. Er und seine in Wien weilende Schwester lernten hier József kennen, luden ihn auf ihre Besitzungen in Ungarn ein und finanzierten anschließend dessen Frankreichaufenthalt ab Herbst 1926. Diese Beziehung hatte ihre Anfänge also in Józsefs Wiener Aufenthalt.

Warum ist József nach Wien gekommen? Es gab zwei Gründe. Er wollte studieren, hat sich auch an der Universität eingeschrieben. Der zweite Grund war, dass er vor der Verfolgung durch die Polizei geflüchtet ist. József interessierte sich für linke politische Bewegungen. Seine Überzeugungen waren zwar nicht die der Kommunisten, sondern die der Anarchisten. Aber er unterstützte die illegale kommunistische Partei in Ungarn. Und 1925 befand sich die Zentrale der Ungarischen Kommunistischen Partei in Wien. Die Kommunisten in Ungarn reisten nach Wien und die in der Wiener Emigration lebenden ungarischen Kommunisten reisten unter Decknamen nach Ungarn, um die Parteiarbeit zu organisieren.

---

2 Brief Attila József an Jolán József ca. Juli 1926.

Sommer 1925 hieß der Führer der ungarischen Kommunisten in Ungarn Mátyás Rákosi. Er reiste wegen einer Besprechung nach Wien, fuhr anschließend nach Ungarn und wohnte zwischen dem 7. und dem 22. September, bis er festgenommen wurde, bei Ödön Makai, dem Schwager von Attila József. Er wurde beschuldigt, in Wien zusammen mit den dort lebenden illegalen ungarischen Kommunisten eine Verschwörung gegen die bestehende Ordnung in Ungarn organisiert zu haben. Nach dem Zeugnis eines Briefes hat József Rákosi unterstützt, indem er ihn im Gefängnis besuchte, juristische Unterstützung für ihn suchte und mit dem Notwendigsten versorgte. Der Brief stammt aus den 1930er Jahren, also aus einer wesentlich späteren Zeitperiode:

> … ich war damals Mitglied der Vági-Partei und habe auch als idealistischer Anarchist in meinen Anfangszeiten wichtige Verdienste für die Bewegung geleistet, aus purer Symphatie, indem ich zwischen Landler und einigen Verteidigern in Budapest vermittelte. Mein Zeuge dafür ist Mátyás Rákosi, den ich in Budapest traf, mein Zeuge ist Alpár, mit dem ich mit Landler und einem Verteidiger in Wien zusammen war, und mein Zeuge ist der Verteidiger von damals. Aber mein Zeuge kann auch die Schwester von Mátyás Rákosi sein von hier in Budapest, sie weiß, wie oft ich in Angelegenheiten ihres Bruders bei ihr war, zu einer Zeit, als ich noch gar kein Kommunist war, eventuell kann sich sogar die Mutter von Zoltán Weinberger erinnern – sie kennt mein Gesicht –, da ich für Rákosi und Weinberger über längere Zeit Lebensmittel ins Gefängnis, in die Untersuchungshaft brachte, – ich habe die sogar gekauft. Ich wiederhole, zu der Zeit war ich ein Anarchist und kein Kommunist.[3]

Als József sich an der Universität Wien immatrikulierte, wohnte er, wie das aus seinem Nationale im Universitätsarchiv Wien hervorgeht, im 3. Bezirk in der Beatrixgasse 6.[4]

József studierte also ab dem Herbstsemester an der Universität Wien. Er besuchte philosophische Veranstaltungen, unter anderem Vorlesungen von Robert Reininger und Heinrich Gomperz. Er besuchte Charlotte Bühlers sozialpsychologische Veranstaltun-

---

3 Brief Attila József an Zoltán Fábry vom 3. September 1931. István Vági war der Vorsitzende der Ungarischen Sozialistischen Arbeiterpartei. Jenő Landler und Gyula Alpár waren ungarische Kommunisten in Wien, Mátyás Rákosi und Zoltán Weinberger waren Kommunisten in Budapest.
4 „Attila wohnte von November bis März bei Géza Fritz in der Beatrixgasse." Andor Németh *József Attila és kora* (*Attila József und seine Zeit*) in Németh *A szélén behajtva* (*An der Seite gefalten*) 1973: 416.

gen und Kurse über französische Literaturgeschichte und Sprache. Anfang seines zweiten Semesters, also am Beginn von 1926
wohnte er im 9. Bezirk in der Sensengasse 2a. Das Gebäude gehört
heute der Universität, damals war es Teil des Wiener Allgemeinen
Krankenhauses.

Die Wiener Adressen von József sind also bekannt. Als er ankam wohnte er die ersten Tage bei György Kovács, wie Kovács in
seinen Erinnerungen darüber berichtete. Er wohnte, einige Wochen vermutlich, im Gebäude des Collegium Hungaricum. Das
Collegium Hungaricum befand sich zu dieser Zeit im 7. Bezirk, in
der Museumstraße 7, im Palais Trautson. Einige Wohnstätte sind
also bekannt, man kann sie aufsuchen. Aus den Erinnerungen von
Kovács ist auch bekannt, dass József oft die Bibliothek der Ar-
beiterkammer aufsuchte, die sich im 4. Bezirk, in der Prinz-Eu-
gen-Straße befindet. So ist es möglich, die Wege zu gehen, die auch
József ging. Über seine Lebensumstände in Wien ist es möglich
einiges zu erfahren, insbesondere deshalb, weil seine Gedichte erhalten sind, die über das Leben eines unter ärmlichen Verhältnissen lebenden Studenten berichten. Man braucht die Gedichte nicht
wörtlich zu nehmen, um aus deren Stimmung oder aus den dort
angeführten Details, die sich auf konkrete Gegenstände, die vor
dem Dichter liegen, aus Räumlichkeiten, in denen er sich aufhält
oder aus Personen, denen er begegnet, beziehen diese Periode zu
sehen. Ein in dieser Hinsicht aussagekräftiges Gedicht stammt
vom April 1926 und hat den Titel *Beteg vagyok* (*Ich bin krank*).

Ich bin krank, seit 3 Tagen sah ich niemanden, meine Nachbarin
stellte einen Milchkrug auf meinen Tisch,
Ich kann nicht sterben, ich darf nicht sterben, so lange ich die Reinheit
nicht fand,
Ich weiß es noch nicht wie er/sie sein könnte, ich möchte dass er/sie
viele Haare hat,
ich habe die Haare immer gemocht,
Ich würde meine Finger in sein/ihr Haar stecken, aber vorsichtig,
Schließlich würde ich mich darin ganz verlieren und von ihrem Wohlge-
ruch ausgestreckt einschlafen.
Ja, mein Kleines, wir werden uns einmal auch freuen.
Da mein Atem hilft der Wolke, und der kleine Alte schaut lang
nach der verschwindende Gruppe,
Er geht dann vorsichtig los, seine Pfeife geht inzwischen aus.
Es wird kalt,

Die auf die Straße geworfene Hausmagd versucht die Leiche ihres kleinen Sohnes aufzuwecken.

Es geht um eine konkrete Lebenssituation. Attila József ist seit drei Tagen krank. Er schreibt eine Reihe von Assoziationen nieder, die natürlich nicht nur auf österreichische und Wiener Situationen hinweist, sondern auch auf ungarische, auf die Umstände, in denen er lebte, auf seine Erfahrungen. Es scheint, dass die ungarische und die österreichische Armut sich nicht viel unterschieden. Ein nächstes Gedicht aus demselben Monat, April 1926, trägt den Titel *Kopogtatás nékül (Ohne anzuklopfen)*.

> Wenn ich dich liebgewinne, darfst du ohne anzuklopfen
> bei mir eintreten. Überlege es dir aber gut.
> Wir werden auf einem Strohsack schlafen
> und wenn wir uns hinlegen,
> Staub wird aufwirbeln vom raschelnden Stroh.
>
> Bevor du fortgehst, bringe ich dir frisches Wasser
> in einem Krug und wische auch deine Schuhe ab.
> Stören wird uns bei mir keiner,
> du kannst in Ruhe unsere Kleider flicken.
>
> Die Stille hier ist eine große Stille, ich aber rede mit dir;
> wenn du müde bist,
> biete ich dir unseren einzigen Stuhl an,
> wenn dir warm wird,
> darfst du Krawatte und Kragen ablegen,
> wenn du Hunger hast und es genügend zum Essen gibt,
> gebe ich dir ein sauberes Stück Papier als Teller,
> aber bitte, lasse dann auch für mich ein wenig übrig,
> denn auch ich habe ständig Hunger.
>
> Wenn ich dich liebgewinne, darfst du ohne anzuklopfen
> bei mir eintreten. Überlege es dir aber gut,
> denn es würde mich sehr kränken,
> wenn du mich danach meiden würdest.[5]

Über wen handelt dieses Gedicht? Was ist sein Genre? Das ist ziemlich offenbar ein Stück Liebeslyrik. Wenn wir aber die Details genau anschauen, zu der Zeit als dieses Gedicht entstand waren

---

5 Übersetzung von László A. Marosi.

abtrennbare Kragen und Krawatte Teil der Männerbekleidung und nicht die der Frauen. Es geht also um eine Freundschaft unter Männern.

Mit seinen Gedichten blicken wir nicht nur ins Leben eines Dichters, sondern wir sehen auch die Lebensumstände eines Studenten Mitte der 1920er Jahre. – Die Gewebe der Vergangenheit lösen sich in diesem Fall also so auf, dass wir hier einer Reihe von Details begegnen, die nicht genau ins ideologisch, moralisch, politisch gereinigte Bild von Attila József passt, das in den Jahren des Staatssozialismus entstand und bis heute gilt. Was natürlich nicht heißt, dass seit 1990 nicht zahreiche neuere Arbeiten zu seinem Werk und zu seiner Person entstanden wären, die das überlieferte József Bild etwas differenzieren, sondern dass die Grundzüge des bis dahin entstandenen Bildes sich nicht änderten.

Die bisher zitierten Gedichte sind nach seinem Wiener Aufenthalt erschienen. Er hat natürlich auch versucht, seine Gedichte in Wien erscheinen zu lassen. Dies erwies sich teilweise als schwierig. Er suchte unter anderen auch Lajos Kassák, die zentrale Figur der ungarischen Avantgarde auf. Kassák war in Budapest ab 1915 als Dichter und Zeitschriftherausgeber aktiv, lebte nach 1919 in Wien und gab hier weiter seine Zeitschrift *Ma* heraus. Nach einer Anekdote versuchte József, seine Gedichte in Kassáks Zeitschrift unterzubringen, was von Kassák mit dem Argument abgelehnt wurde, dass er keine Gedichte bringt, die sich reimen. Józsefs Gedichte erschienen dann in der Wiener Zeitschrift *Diogenes*, so am 7. August 1926 *Ülni állni ölni halni* (*Sitzen stehen töten sterben*). Gewidmet ist das Gedicht Endre Gáspár, „der will was nötig ist und der lieben kann, weil das nötig ist, was er will." Gáspár war ein wichtiger Mitarbeiter von Kassák, er übersetzte für diesen aus dem Deutschen und aus dem Französischen bzw. übersetzte auch Kassák-Gedichte ins Deutsche.

Im Gedicht *Ülni állni ölni halni* benennt József eine Reihe von Grundsituationen, und zwar in Paare geordnet. Diese Paare, diese Verspaare, diese Bildpaare verhalten sich auf eine spezifische Weise zueinander. Sie bilden jeweils Gegensatzpaare. Der eine Teil drückt die Ruhe, der andere die Unruhe aus, der Liebe steht der Hass gegenüber, dem Friede die Gewalt. So bekommt das Gedicht eine innere Spannung, einen Rhythmus. Was auch den Leser mitreißt. Am Ende des Gedichts steht eine philosophische Erkenntnis.

Dass wir nämlich durch das Leben vor eine Wahl gestellt werden. Wir müssen entscheiden, was wir tun. Dass wir entweder Friede schließen oder Friede brechen. Dass wir die sich zersetzenden Gewebe der Vergangenheit zusammenflicken oder weiter aufreißen. Das Gedicht lautet so:

Meinen Stuhl zur Seite rücken,
sich vor einen Schnellzug bücken,
vorsichtig den Berg besteigen,
Taschen leeren, alles zeigen,
kranker Spinne Beute reichen,
alte Damen zärtlich streicheln,
gutes Essen mir gewähren,
vorsichtig den Schlamm durchqueren,
meinen Hut auf Schienen legen,
weiträumig den See umlaufen,
angekleidet abzusaufen,
in den Wellen rot erglühen,
unter Sonnenblumen blühen –
endlich atmen statt zu hecheln,
Staub von meinen Büchern fächeln,
eine Fliege bloß verscheuchen –
mitten in den Spiegel spucken,
mit den Feinden Frieden schließen,
sie erstechen, sie erschießen,
prüfen, wie das Blut sich regt,
ein Mädchen sehen, wie es sich dreht –
oder still sein, nicht bewegen,
Budapest in Asche legen,
Krümel für die Vögel streuen,
Brot wegwerfen zu den Säuen,
die Geliebte weinen machen
und mit ihrer Schwester lachen,
vor der Welt sich redlich winden,
alles lassen, ganz verschwinden – –
Du lässt mich lösen und binden,
lässt mich diese Worte finden,
lässt mich tun, lässt mich meiden,
du mein Leben musst entscheiden![6]

---

6 Übersetzung von Wilhelm Droste. Die letzten vier Zeilen lauten im Original: ó köttető, oldoztató, / most e verset megirató, / nevettető, zokogtató, / életem, te választató!; und in meiner fast wörtlichen Übersetzung: „Ah du das binden und lösen, / das dieses Gedicht schreiben läßt / das einen zum Weinen und zum Lachen bringt / du mein Leben, das wählen lässt!"

In diesem Aufsatz ging es um zwei Stellen, an denen sich die Gewebe der Vergangenheit auflösen. Die erste Stelle waren die Gründe und Umstände der Etablierung des ungarischen Tages der Lyrik. Die andere war der Aufenthalt von Attila József in Wien. In beiden Fällen ist es evident, dass Lyrik nicht da ist, damit ihr die Ehre erwiesen werden kann. Sie will nicht schön oder wohlklingend sein. Lyrik ist da, um über uns und über die Welt etwas zu erfahren. Lyrik ist ein Weg der Erkenntnis. Wie das zuletzt zitierte Gedicht das vorführte, indem es in einer philosophischen Einsicht kulminierte.

Falls man „eine Tradition schaffen" möchte, wie beispielsweise die Tradition der Feier des Tages der ungarischen Lyrik in Wien, dann ist auch die Frage relevant, was die Tradition ist, die man nun hier fortsetzt. Diese Frage ist in zweifacher Weise zu stellen: was bedeutet diese Tradition für die ungarische Kultur und was bedeutet sie für die Kultur, inmitten derer diese Tradition geschaffen respektive fortgesetzt werden soll. Es ist selbstverständlich so, dass jede Kultur so was wie eine Heimat schafft. Jede Kultur bietet eine Identität. Das gilt für die ungarische Kultur genauso wie für jede andere. Und das gilt auch dann, falls man nicht eine kulturelle Identität hat, sondern mehrere. Man kann ein Staatenloser, ein Emigrant sein, der gleichzeitig zu mehreren Kulturen Bindungen hat, und dabei eventuell keine bevorzugt, in der er ganz heimisch wäre, der er ganz angehören würde. Literaturkenntnis, und das gilt für die ungarische und für die deutsche respektive österreichische Literatur gleichermaßen – und im Falle der ungarischen Literatur ging es diesmal um zwei Aspekte der Literatur von Attila József, einmal um die Gedichte, die er während seines Wiener Aufenthalts schrieb und einmal um ein Fest, das man seit über fünfzig Jahren an seinem Geburtstag feiert –, heißt, dass wir dann in einer Kultur zu Hause sind, dann eine Heimat haben, wenn wir die Gedichte einer Literatur verstehen, seien diese ungarisch oder deutsch geschrieben.

György Sebestyéns *Pannonia*

Das Lebenswerk von György Sebestyén ist vielfältig. Bedeutend sind sein literarisches und journalistisches Werk, seine Übersetzungen, seine literaturkritische und verlegerische Tätigkeit sowie seine Arbeit als Präsident des österreichischen PEN-Clubs in den letzten beiden Jahren seines Lebens. Angesichts dieser Vielfalt taucht für die Literaturwissenschaft ebenso wie für das größere Publikum die Frage auf, was dieses Lebenswerk als Gesamtes bedeutet. Diese Frage kann in Einzelfragen gestellt werden, so z.B. wie Sebestyéns Lebenswerk zustande gekommen ist, aufgrund welcher Inspirationen und Vorbilder, in welchem Kontext, für welches Publikum. Diesen Fragen kann man sich von mehreren Seiten nähern. Etwa von den Kulturwissenschaften oder beispielsweise von der Zeitgeschichte. Ich werde versuchen, anhand eines zeitgeschichtlichen Dokumentes die Wirkung, die Spuren der politischen Gestaltungskräfte der Zeit in Sebestyéns Lebenswerk zu zeigen. Die Frage ist also, wie Literatur geschaffen wird, wie einzelne literarische Werke entstehen, auf welches System sie bezogen sind, wie sie vom Publikum gelesen werden.

Das Lebenswerk, die literarische Tätigkeit Sebestyéns, lässt sich in mehrere Phasen einteilen. Aus zeitgeschichtlichem Blickpunkt betrachtet, ist das wichtigste Ereignis natürlich die Trennlinie 1956. Vor 1956 war Sebestyén ein ungarischer Journalist, Mitarbeiter der Zeitschriften *Ifjúság* (*Jugend*) und *Magyar Nemzet* (*Ungarische Nation*), Theaterkritiker. Nach 1956 war er ein österreichischer Schriftsteller. Wichtig sind hier aber die die internationale Politik der Epoche bestimmenden Jahreszahlen, die Epochen: also in ungarischer Hinsicht die Periode der Bestrafung der am Aufstand Beteiligten 1957 1962, die Amnestie 1963, Anfang der 1970er Jahre gab es in Ungarn wieder einschränkende Maßnahmen, im Zuge derer beispielsweise zahlreiche sogenannte kritische Intellektuelle, etwa Mitglieder der „Lukács-Schule", in die Emigration gezwungen wurden. Und was ebenfalls wichtig ist: 1989, die Ereignisse, die Sebestyén noch erlebte und die – mit einiger Berechtigung könnte das so beschrieben werden – jene Möglichkeiten mit sich brachten, auf die er jahrzehntelang gewartet hatte: die Möglichkeiten einer mitteleuropäischen regionalen kulturellen Zusammenarbeit – zu deren Symbolen die ab 1973 von György Sebestyén herausgegebene Zeitschrift *Pannonia* zählt.

Seit dem Systemwechsel in Ungarn 1989 ist Archivmaterial zugänglich, das die Tätigkeit der verschiedenen Organe des ungarischen Staates widerspiegelt, wie etwa in den Archiven der Kommunistischen Partei, der Botschaften oder im Historischen Archiv der Staatssicherheitsdienste. Ich möchte im Folgenden, basierend auf einem aus diesem letztgenannten Archiv stammenden Dokument, die Frage stellen, wie Literatur funktioniert. Wie entwickelt sich die Richtung einer kulturellen Zeitschrift, wie entsteht der eine oder andere literarische Text?

Im Historischen Archiv der ungarischen Staatssicherheitsdienste finden sich Unterlagen u. a. zu György Sebestyén. György Sebestyén war kein Agent, über ihn wurden aber, aufgrund von mit ihm geführten Gesprächen Berichte verfasst. Als in kultureller Hinsicht wichtige Person ist auch er ins Blickfeld dieses Apparates geraten. Ich werde hier einen solchen Bericht vorstellen, der am 11. August 1975 von einer Person mit dem Decknamen „Zsolt" verfasst wurde.

Bericht über Gy. Sebestyén[1] lautet die Überschrift, es geht also eindeutig um György Sebestyén. „Zsolt" fängt seinen Bericht so an:

> Im Verlauf eines selbstinitiierten Treffens mit Gy. S. habe ich aufgrund der Instruktionen von Genosse Zs. ein Gespräch geführt, das im neuen Gasthaus zum Fiaker in der Kärntner Straße am 6. Aug. 1975 Mittwochabend zw. 21 und 24 h stattfand.

Somit sind Zeit und Ort des Gespräches angegeben. „Zsolt" weiter:

> S. klagt, dass er viel arbeiten muss, weil Pannonia die in sie gesteckten Erwartungen nicht erfüllte, weil sie kein gewinnbringendes Geschäft wurde. Für ihn war das missionarische Bewusstsein am Anfang ausschlaggebend. Jetzt macht er es aus Passion, ‚weil niemand hilft, dass sie nützlich wird, obwohl das ginge', sagt er.

Die Zeitschrift *Pannonia*, um die es hier geht, wurde 1973, also zwei

---

1 Historisches Archiv der Ungarischen Staatssicherheitsdienste 3.2.4. K-173/3 S. 213–218.

Jahre zuvor gegründet. Theoretisch sollte sie vierteljährlich erscheinen, aber es gab auch Doppelnummern. Bis zum Sommer 1975,
bis zu diesem Gespräch, sind insgesamt 6 Nummern erschienen.

> Also: In der Zeitschrift würden wir die Möglichkeit haben, dass S.s ge-
> genwärtige – oder mit der Teilnahme von Ungarn, eine vergrößerte –
> Redaktion sie auf ungarischem Gebiet (auch in Sopron) fertigstellt, und
> dass die Manuskripte bzw. Druckfahnen, nachdem wir sie signiert haben,
> in Eisenstadt gedruckt werden. Ein extra Vertrag würde unser Recht si-
> cherstellen, welche Gegenmaßnahmen wir bei der ersten, kleinsten In-
> korrektheit ergreifen können.

Offensichtlich war *Pannonia* eine Zeitschrift, die die ungarischen
Staatssicherheitsdienste übernehmen wollten.

> Das bilaterale Interesse – was nach Genf und Helsinki[2] mit einer in un-
> seren Händen befindlichen Zeitschrift ein idealer Zustand wäre – macht
> es nicht nötig, dass wir mit Prag etc. und mit Partnern zusammenarbei-
> ten, die bei der Grundkonzeption selbst auf Mitbestimmung bestanden
> haben.

Nicht nur die Ungarn waren also an der Zeitschrift interessiert,
sondern auch die Vertreter von weiteren sozialistischen Staaten.
Daraus ist ersichtlich, dass die Staatssicherheitsdienste der Ost-
blockstaaten zusammengearbeitet haben, also nicht nur separate,
sondern auch gemeinsame Aktionen gestartet haben – was ihre
Effektivität wesentlich erhöhte.

> Um die ausschließlich ungarische Orientierung anzuzeigen, werden ab
> der nächsten Ausgabe die Zeichen der sowieso fiktiven, nationalen Re-
> daktionen vom Titelblatt verschwinden. Vorübergehend natürlich Bu-
> dapest auch.

Auf der Titelseite der ersten *Pannonia*-Ausgaben war eine Reihe
von mitteleuropäischen Städten – Budapest, Gorizia, Graz und
Ljubljana – angeführt, wo lokale Redaktionen hätten arbeiten sollen. Redaktionen hat es aber in Wirklichkeit nicht gegeben, wohl
aber Mitarbeiter, die aus diesen Städten die Arbeit der Zeitschrift

---

2 Am 18. September 1972 begann in Genf die Ausarbeitung der Abschlussdo-
kumente der Organisation für Sicherheit und Zusammenarbeit in Europa, die
am 1. August 1975 in Helsinki unterschrieben wurden.

unterstützten und die in einigen Ausgaben im Impressum aufgezählt werden. Diese mit der Städteliste suggerierte internationale
und über die politischen Blöcke hinausgehende Zusammenarbeit
war natürlich Teil der kulturpolitischen Linie der Zeitschrift.

> Was die langfristigen Pläne betrifft, ist S. damit einverstanden, dass
> er unter der Annahme unseres guten Willens, Vertrauens und unse-
> rer Unterstützung das Blatt zu einem ‚Gegen-Kontinent' umgestaltet,
> der im deutschsprachigen Westeuropa Aufmerksamkeit erregt. Spätere
> Verhandlungen werden vielleicht auch die Herausgabe einer mutierten
> anderssprachigen Version möglich machen. Aber das ist die entfernte
> Zukunft.

Kontinent war eine in London erscheinende Emigrantenzeitschrift. Die erste deutsche Ausgabe erschien 1974. Ein „Ge-
gen-*Kontinent*" schien also die Lösung eines gerade aktuellen Prob-
lems zu sein. Die Initiative für eine deutsche Ausgabe des *Kontinent*
veranlasste östliche Staatssicherheitsdienste, Gegenmaßnahmen
zu ergreifen. Die Idee einer „mutierten anderssprachigen Version" hätte die Adaptierung der durch die Redaktion des *Kontinent*
angewandte Distributionsmethode bedeutet. *Pannonia* hätte also
auch anderssprachige, in erster Linie englischsprachige, Ausgaben
veröffentlichen sollen.

Auf einem in der Jubiläumsnummer 1982 abgedruckten Foto[3]
ist eine Schriftstellergruppe abgebildet, die die Druckerei von *Pannonia*, die Druckerei Rötzer in Eisenstadt, besucht. Es handelt sich
um eine sowjetische Schriftstellergruppe mit Sergei Schaligin und
Tschingis Aitmatow, denen in *Pannonia* tatsächlich Platz eingeräumt
wurde. Die Autoren von *Kontinent*, etwa Alexander Solschenizyn
oder Josef Mindszenty, waren hingegen für die ungarischen Staatssicherheitsdienste personae non gratae. Zwischen den einzelnen
Emigrantenzeitschriften zog sich also eine scharfe Trennungsli-
nie hin. Es gab Zeitschriften radikaler Gegner des Ostblocks wie
Kontinent, und es gab Zeitschriften, die versuchten, eine Brücken-
funktion zu erfüllen und sich daher darum bemühten, gemäßigt zu
handeln und zu beachten, mit wem sie Kontakt pflegten, welche
Schriftsteller sie einluden, wessen Texte und Fotos sie in der Zeitschrift druckten. Zu ihnen gehörte *Pannonia*.

---

3 *Sowjetische Schriftsteller in der Druckerei Rötzer*, in: *Pannonia* 1982 Nr. 2: 9.

Später habe ich dazu übergeleitet, mehr über seine amerikanischen Interessen zu erfahren. [...] Ich habe darauf verwiesen, wie interessant es wäre, einen Roman oder eine Dokumentensammlung [...] aus der Perspektive von amerikaerfahrenen europäischen Persönlichkeiten zu schreiben. [...] Später hat er den Gedanken aufgegriffen, er schien diesen zu überlegen. [...] ‚Weißt du, man müsste nicht ein entlarvendes Buch schreiben, nicht die üblichen Gangstergeschichten, die auch die Regierung unterlaufen. Für den westlichen Durchschnittsmenschen ist das nichts Besonderes, weil seiner Wertnorm entsprechend jeder Politiker ein Gangster ist. Man sollte eher einen traurigen Roman mit dem Aspekt schreiben, was aus den Träumen geworden ist. Die der großen französischen Revolution als Erste folgenden Washingtoner Deklarationen, die die neue Welt zur Neuen Welt, zur Hoffnung, zum Land der einzig vernünftigen, demokratischen Freiheitsrechte gemacht haben, wo sind sie hin? Die großen, für die Lenkung der Welt berufenen Ideen, das ‚jeder ist jedermanns Bruder‘, die Demokratie, die Rechtsgleichheit und die restlichen Träume, wie sind sie zerflogen, die Berufung, die Welt zu lenken, verloren. Und so selbst zur Erkenntnis führend, dass man die welterlösenden Ideen anderswo suchen muss, die durch die CIA, FBI beschmutzte Flagge ist zum Symbol der Niederlagen, des Versagens geworden.‘

… sagen der Mitarbeiter der ungarischen Staatssicherheitsdienste und sein „gesellschaftlicher Kontakt".

Dieser Gedanke verdient meiner Meinung nach eine Weiterentwicklung. Bereits ein erstes spekulatives Herumtappen passt in unsere Hauptrichtung. Ich habe versprochen, dass wir noch darüber reden werden. Nach meiner Beurteilung entwickelt sich die Beziehung in eine günstige Richtung. [...] Budapest, 11. August 1975. Zsolt

Wer war „Zsolt", der fünf Tage nach dem Gespräch im Restaurant „Fiaker" diesen Bericht niederschrieb? Aus diesem einzigen Dokument geht es nicht hervor, aber die restlichen im Dossier befindlichen Daten machen es möglich, nachzuvollziehen, wer dieser Mitarbeiter sein könnte. „Zsolt" war demnach bis 1974 Leiter des ungarischen Pressebüros in Wien,[4] also ein in Wien arbeitender ungarischer Journalist, mit bürgerlichem Namen László Bokor, der im Sommer 1975 bereits in Budapest seinen Bericht über seine Wiener Reise niederschrieb. Es ist zu betonen, dass Bokor ent-

---

4 „Genosse Zsolt ist Ende 1974 endgültig nach Hause gekommen" K-173/3 S. 26–36.

sprechend der Formulierung des Apparates „Mitarbeiter der Wiener Residentur mit dem Decknamen Zsolt" war, also Mitarbeiter und kein Agent.[5] Es geht also hier nicht darum, dass László Bokor „Geheimagent" gewesen wäre. Es geht darum, dass er einen Bericht verfasste und mit seinem Decknamen „Zsolt" zeichnete, und in diesen Bericht kann zu Forschungszwecken im Historischen Archiv der ungarischen Staatssicherheitsdienste in Budapest Einsicht genommen werden.

Bokor wurde genauso wie Sebstyén 1930 geboren. Beide waren Mitarbeiter der Zeitschrift *Ifjúság*. Ihre Bekanntschaft reicht also nach Ungarn zurück. Bokor publizierte in *Pannonia*. 1982 ist in drei Folgen sein *Countback in Wien* erschienen,[6] ein Auszug aus seinem im Erscheinen begriffenen Reportageroman.

Was in diesem Bericht beschrieben wird, hat also Auswirkungen auf die Redaktionslinie von *Pannonia*. Ich möchte zwei dieser Wirkungen hervorheben. 1. Die Zeichen der lokalen Redaktionen sind mit der Ausgabe Frühjahr/Sommer 1975 tatsächlich vom Titelblatt verschwunden. 2. *Pannonia* ist insofern ein „Gegen-*Kontinent*" geworden, als in ihr keine Solschenizyn-Texte gedruckt wurden, sondern z.B. jene von Aitmatow.[7] Die Symbole derer, für die die Zeitschrift geschrieben wird und die in ihr publizieren, sind also die in ihr hinterlassenen, sichtbaren Spuren.

Meines Wissens schrieb Sebestyén den Roman über die Ernüchterung gegenüber den USA nicht. In einem 1986 publizierten Text taucht aber der Gedanke auf, der hier ausgeführt wurde, nämlich, „man müsste nicht ein entlarvendes Buch schreiben,

---

5 In der Terminologie der ungarischen Staatssicherheitsdienste ist Bokor „Mitarbeiter der Wiener Residentur mit dem Decknamen Zsolt" (K-173/3 S. 26–36), „Zsolt dn. gm" (d.h. Zsolt Deckname Geheimer Mitarbeiter, K-173/3 S.85–91), „Zsolt dn. geheimer Mitarbeiter" (K-173/3 S. 230–231); auf Sebestyén bezogen: „Literat ist gegenwärtig [20. März 1975] der vertrauliche Gesellschaftskontakt der Wiener Residentur" (K-173/3: 26–36). Aus dem Dossier K-173/3 ist offensichtlich, dass Bokor aufgrund der Anweisungen und unter der Kontrolle der Agentur die Lenkung von Sebestyén versucht. Nach Vergleich des im Dossier Festgehaltenen und der kulturellen Produktion mit Erfolg.

6 *Pannonia* 1982 Nr 1: 47f., Nr 2: 95f., Nr 3–4: 47f.

7 Tschingis Aitmatow *Alle in einem Boot* in: *Pannonia* 1981 Nr 1: 51; Sebestyén empfiehlt: „Von Aitmatow sind viele Bücher übersetzt. Das letzte Buch und zugleich das wichtigste ist sein Roman *Ein Tag, so lange wie ein Leben* (bei Bertelsmann, München), von Sergej Salygin lese man den Roman *Die südamerikanische Variante* (Deutsche Verlagsanstalt, Stuttgart und Verlag Volk und Welt Berlin/ DDR)" *Pannonia* 1982 Nr. 2: 9.

nicht die üblichen Gangstergeschichten, die auch die Regierung unterlaufen. Für den westlichen Durchschnittsmenschen ist das nichts Besonderes, weil seiner Wertnorm entsprechend jeder Politiker ein Gangster ist." Sebestyén stellt an den Anfang seines 1986 publizierten *Die Werke der Einsamkeit* ein englischsprachiges Motto: „However even at the time when the power and influence of the great gangs had reached their peak". Also hier geht es ebenfalls um Gangs, um Gangster. Der Roman spielt nicht in der USA, sondern in Österreich, es geht nicht um die Machenschaften des FBI und CIA, sondern unter anderem um die Machtspiele eines Provinzpolitikers, Gert Wyss. Es scheint also, dass der mit László Bokor im Restaurant „Fiaker" in der Wiener Kärntner Straße am 6. August 1975 auftauchende Gedanke Eingang in Sebestyéns literarisches Werk gefunden hat – und zwar als Thema von *Die Werke der Einsamkeit*: in Form eines österreichischen Politikers und des über Leichen gehenden, zugleich „allzumenschlichen" Filzes.

Meine Ausgangsfrage war: Wie funktioniert der Kulturbetrieb? Wie funktioniert Literatur? Was bestimmt die Richtung einer Zeitschrift, wie entsteht, woher stammt eine literarische Idee, ein Motiv? Im vorgestellten, aus dem Historischen Archiv der Ungarischen Staatssicherheitsdienste stammenden Dokument finden wir auf diese Fragen eine Antwort.

Das Vorstellen dieses Dokumentes will György Sebestyén weder be- noch entlasten,[8] sondern aufgrund eines konkreten Beispieles zeigen, was wir lesen, wenn wir eine Publikation von Sebestyén in unseren Händen halten, wie die Bedingungen waren, unter denen diese Werke entstanden sind.

Die Kultur, die Literatur ist nicht eine Art Zeitvertreib. In der Kultur, in der Literatur bedeutet alles etwas, alles hat sein Gewicht. Man kann sich nicht mit Zeitgeschichte, mit Kulturwissenschaften, mit Literatur beschäftigen, wenn man das nicht berücksichtigt.

---

8 Die Namen der in *Pannonia* publizierenden Autoren und deren politische Zugehörigkeit, die Existenz und Nichtexistenz der lokalen Redaktionen, das über Gert Wyss Geschriebene sind bekannt. Dass Bokor ein Vertreter der Kulturpolitik des ungarischen Staates war, ebenfalls. Dass der Redakteur einer Zeitschrift sich an den realen kulturpolitischen Kräften orientieren muss, ist klar.

Exilliteratur
Am Beispiel des ungarisch-österreichischen Schriftstellers György Sebestyén

Mit György Sebestyén (1930–1990) lässt sich vortrefflich über Exilliteratur nachdenken, und zwar deshalb, weil er kein typischer Exilschriftsteller war. So kann man sowohl diskutieren, was Exilliteratur ist, als auch, was sie nicht ist, und so auch, wo die Grenze zwischen den beiden zu ziehen ist.

Als Erstes möchte ich eine Definition dessen versuchen, was Exilliteratur ist. Exilliteratur ist Literatur, die von Exilanten, also von Menschen, die wegen politischer Verfolgung ihre Heimat verlassen haben, im Exil geschrieben wurde. Allerdings nicht jede Art von Literatur, sondern eine solche, die zum Thema das Exil (also direkt oder indirekt die Situation des Exils, so z.B. den Grund dafür) hat und die in der Sprache des Landes, aus dem der Exilschriftsteller stammt, verfasst und für Leser dieses Landes geschrieben wurde.[1] Im Falle von Sebestyén also in Ungarisch und für das ungarische Publikum geschrieben; der Gang ins Exil, um den es hier geht, erfolgte 1956, der Grund war die Niederschlagung des Aufstandes gegen die stalinistische Terrorherrschaft der ungarischen Kommunistischen Partei im Oktober desselben Jahres und die Furcht vor der Rache der wieder an die Macht Gekommenen.

Die nach Österreich Geflüchteten entfalteten eine rege kulturelle Tätigkeit, veröffentlichten Zeitungen und publizierten Romane und Gedichte. Eine dieser Zeitschriften war *Bécsi Magyar Híradó* – also *Wiener Ungarische Nachrichten*, ab 1958 *Magyar Híradó* also *Ungarische Nachrichten* –, zur literarischen Produktion zählen Kurzgeschichten und Gedichte mit 56er Thematik.

Der erste Roman

Hier reiht sich György Sebestyéns erster, im Jahr 1957 veröffentlichter Roman auch ein. Er hat den Titel *Die Türen schließen sich* – im

---

[1] Exilliteratur ist also von der Migrantenliteratur zu unterscheiden. Migrantenliteratur umfasst Exilliteratur und alles andere, was Migranten, in welcher Sprache auch immer, schreiben.

ungarischen Original heißt es: *Kilincs nélküli ajtók.* Die wörtliche
Übersetzung des ungarischen Titels wäre: „Türen ohne Klinken".
Während im Roman selbst von Türen, die sich schließen, nicht die
Rede ist, kommen Türen ohne Klinken sehr wohl vor. Am aus-
führlichsten an der folgenden Stelle:

> Es gibt Türen, die man nicht öffnen kann. Denn sie haben keine Klin-
> ken. Solche Türen gibt es in jenen Häusern, in denen umnachtete Men-
> schen unter Bewachung leben, Verrückte und Phantasten; und vielleicht
> sind die Türen in ganz Ungarn so oder vielleicht überall [...]. Und die
> Ungarn sind so allein und immer wieder so unglücklich, dass die Kraft
> des Lebens sich von Zeit zu Zeit in ihnen sammelt; und da sie vergeblich
> nach der Klinke tasten, treten sie die Tür ein.[2]

Die Türen ohne Klinken sind also das, was die Ungarn am 23.
Oktober 1956, als der Aufstand ausbrach, eingetreten haben. Die
Energie, die Gewalt staute sich auf, weil sie wie Insassen einer Ner-
venheilanstalt eingesperrt, entmündigt und gedemütigt wurden.

Dass sich die Türen schließen, das ist dann die Konsequenz der
erzählten Geschichte – was dem Leser 1957 bewusst ist, im Roman
selbst aber (außer im Titel eben) unerwähnt bleibt. Warum Sebestyén den Titel bei der Übersetzung ändern ließ, dürfte mit seinem
Exil zu tun haben. Der Roman endet ja mit der Niederschlagung
des Aufstandes. Die Hauptfiguren überleben zwar, wir verlieren
sie aber im Rauch von ausgebrannten Fahrzeugen auf den Straßen
von Budapest. Bei Türen ohne Klinken geht es um das Aufstoßen
der Türe, um die zehn Tage des Aufstandes, in welchen der Roman spielt. Bei den Türen, die sich schließen, geht es hingegen um
etwas völlig anderes, nämlich um die Tür, die sich hinter den Exilanten geschlossen hat. Somit wurde in der deutschen Version des
Textes die Aussage, der Sinn, die Botschaft geändert. Einen Text
mit dem Titel *Die Türen schließen sich* liest man mit dem Bewusstsein,
dass es hier um die Vorgeschichte geht, warum die Exilanten nicht
in ihre Heimat zurückkönnen, oder konkret: warum der Autor des
Buches in Österreich ist.

Die Hauptfigur des Romans, Zoltán Borbély, trägt autobiographische Züge des Autors. Vier Beispiele: (1) das Studium: Sebestyén
studierte ab Herbst 1948 in Budapest Philosophie, Literatur und

---

2 György Sebestyén *Die Türen schließen sich* 1957: 300.

Soziologie, dann nach einer eineinhalbjährigen Unterbrechung ab 1951 Ethnographie. Borbély besucht nach einem abgebrochenen Studium seine Universität erst am 23. Oktober 1956 wieder; (2) der Petőfi-Kreis: Sebestyén soll „dem ersten Sekretär der kommunistischen Jugend" vorgeschlagen haben, „einen Diskussionskreis für junge Intellektuelle zu gründen", und brachte über die Gründung des Petőfi-Kreises im *Magyar Nemzet* (*Ungarische Nation*) eine Nachricht[3], Universitätsprofessor Elemér Bogády sagt am 22. Oktober 1956, also einen Tag vor dem Ausbruch der Revolution, zu Zoltán Borbély: „Sie werden bald im Petőfi-Kreis sprechen"[4], stellt somit die Hauptfigur des Romans dem Leser als einen der zukünftigen Rebellen vor; (3) die Zeitschriftenredaktion: Sebestyén arbeitete ab 1946 (also als 16-Jähriger) bei der Zeitschrift *Ifjúság* (*Jugend*), ab 1952 bei der Tageszeitung *Magyar Nemzet* und schrieb auch während der 10 Tage des Aufstandes hier über die Ereignisse, Borbély verbringt die meiste Zeit des Aufstandes in den Redaktionsräumen der Zeitschrift *Szemtanú* (*Augenzeuge*); (4) der Großvater Borbélys und Sebestyéns scheint dieselbe Person zu sein:

> Mein Großvater, [...] jeden Tag um zehn Uhr früh, genau um zehn, hat er sich in den Rosengarten gesetzt, in den dicken Geruch der Rosen, bis zu den Strümpfen schwarz gekleidet, auch die gestickte Weste war schwarz, und dazu hat er einen riesigen gelben Strohhut aufgehabt und ist in der schweren Augusthitze dagesessen und machte nichts und hat dunkle Zigarren geraucht. Punkt zwölf musste meine Großmutter rufen, dass das Essen fertig sei, er könne kommen; dann ist er aufgestanden, und sein Bart, seine Weste, alles war voll Asche.[5]

bzw.

> Mein Großvater saß, wenn es die Witterung erlaubte, jeden Tag zwischen

3 György Sebestyén *Skizze zu einem Selbstportrait*, in: *Literatur und Kritik* Febr/März 1986: 62.
4 Sebestyén 1957: 24 – Wie aus den seither publizierten Protokollen *A Petőfi Kör vitái hiteles jegyzőkönyvek alapján* (*Die Diskussionen des Petőfi-Kreises aufgrund von beglaubigten Protokollen*) 1991ff. hervorgeht, kann der Petőfi-Kreis lediglich im Vergleich zum der totalitären Repression Erlaubten „reformerisch" genannt werden. Von einer offenen und an Vernunft orientierten Diskussion mit pluralistischen Meinungen und Sachargumenten kann nicht gesprochen werden. Dass die Diskussionen im Petőfi-Kreis unmittelbar zum Ausbruch des Aufstandes führten, zeigt das Ausmaß der Repressionen.
5 Sebestyén 1957: 307.

zehn und zwölf in seinem Rosengarten, auch im prallen Sonnenlicht schwarz gekleidet, die Weste von der herabfallenden Asche der Zigarre grau gefärbt. Im Sommer trug er einen Strohhut. Pünktlich zu Mittag rief meine Großmutter zu Tisch. Mein Großvater wusch sich die Hände, wechselte die Weste und aß.[6]

Die Türen schließen sich gehört also in den Bereich der Migranten- und nicht in den Bereich der Exilliteratur. Thema dieses Buches ist zwar die Vorgeschichte eines Exils, es wird zwar sehr eindringlich der Grund des Exils vermittelt, aber das Publikum, für das es geschrieben wurde, ist nicht das der Heimat, sondern das des Auslands, in dem der Autor sich zu etablieren gedenkt. Der Autor will nicht in seiner Heimat am Aufrechterhalten von nun verfolgten politischen Ideen mitwirken, sondern er nützt seine Krisenerfahrungen als Stoff, um in seiner neuen Welt literarisch zu wirken. – Eine Feststellung, die sich nicht auf den künstlerischen Wert des Romans beziehen will, sondern auf die Klärung der Frage, zu welcher literarischen Kategorie Sebestyéns Werk gehört.

Die Exilzeitschrift

György Sebestyén ist bald nach seiner Emigration Mitarbeiter der Exilzeitschrift *Bécsi Magyar Híradó* geworden:

> Am 12. November [1956] kehrte ich (...) nach Österreich zurück. Einige Tage später wuchs die Zahl der ungarischen Flüchtlinge rapid an. Auf Anregung meines Bruders, der damals das österreichische Nationalkomitee für Ungarn leitete, beschloss ich, in meinem Pressehaus am Fleischmarkt eine ungarische Zeitung, ‚Bécsi Magyar Hiradó', zu gründen, um den nicht deutsch sprechenden Ankömmlingen eine Gratis-Informationsquelle zur Verfügung zu stellen. Wieder wenige Wochen später tauchte der Anfang Dezember aus Ungarn, soweit ich mich erinnern kann über Andau, geflüchtete György Sebestyén in meinem Büro auf. Wir fielen uns in die Arme, und ich bat ihn sofort, bei unserer ungarischen Zeitung mitzumachen. Obwohl György Sebestyén damals zwar schon als begabter junger Essayist bekannt und als Dissident bei der Gründung des Petőfi-Kreises beteiligt gewesen war, hatte er vom Journalismus keine Ahnung; aber das machte bei György nichts. Er lernte schnell, und wenige Monate später begann er sogar auf Deutsch zu schreiben.[7]

---

6 György Sebestyén *Im Augenblick leben*, in: Ders. *Vorläufige Behausungen* 2000: 65.
7 Fritz Molden *Erste Begegnung im Chaos der Revolution*, in: Ingrid Schramm et al.

Hier wirkte er einige Jahre mit, bis langsam seine Versuche, als österreichischer Journalist und Autor Fuß zu fassen, fruchteten. Anfang der 1960er Jahre – also immerhin nach ca. 5 Jahren – war es so weit. Dieser Übergang geschah aber auch nicht mit einem Schlag, sondern Schritt für Schritt. Solche Schritte waren seine Versuche, ungarische Literatur im deutschsprachigen Raum als Übersetzer, Verleger und Herausgeber zu verbreiten. Dabei versuchte er auch mit den offiziellen Vertretern Ungarns zu kooperieren, brauchte er doch die Manuskripte und Rechte von noch in Ungarn lebenden Autoren.

Wie aus den Akten des Historischen Archivs der Ungarischen Staatssicherheitsdienste hervorgeht, hat Sebestyén auch mit Mitarbeitern dieser Behörde kooperiert, um einerseits zu erreichen, dass er die besagten Rechte und Manuskripte erhält, und um andererseits für die Exilzeitschrift *Magyar Híradó* in einer finanziell schwierigen Phase Unterstützung zu bekommen.

> Seit Ende 1961 beschäftigen wir uns mit dem Gedanken, die *Magyar Híradó* zu übernehmen. Einige Monate lang hatten wir durch unsere Verbindung mit dem Decknamen ‚Irodalmár'[8] versucht, das Blatt zu beeinflussen, mit dem Endziel, dass wir mit dem Anwerben von ‚Irodalmár' das Blatt ganz übernehmen.
>
> Wegen des Widerstandes von ‚Irodalmár' konnten wir diesen Plan nicht durchführen. ‚Literat' selbst zog sich im Mai dieses Jahres aus der ganzen Sache zurück, zum letzten Treffen ist er nicht erschienen. Bis Mai haben wir ca. 35.000 Schilling dem Blatt zukommen lassen. ‚Irodalmár' hat dafür gesorgt, dass einige durch uns verfasste Artikel oder Leserbriefe in den *Magyar Híradó* erschienen sind. Nachdem ‚Irodalmár' sich aus der Sache zuruckzog, haben wir die finanzielle Unterstützung beendet und zu dem Blatt ist so die Verbindung abgebrochen.[9]

Der Bericht, aus dem diese Passage stammt, wurde am 16. Juli 1962 vom Presseattaché der Wiener ungarischen Botschaft ver-

---

Hrsg. *György Sebestyén. Der donauländische Kentaur* 2000: 54f. Anzumerken ist, dass Sebestyén bis 1957 keine Essays schrieb; er war jedoch seit acht Jahren Journalist; bei der Gründung des Petőfi-Kreises war Sebestyén nicht als Dissident dabei, sondern wenn schon in den Kategorien von „Dissident" und „Vertreter der offiziellen Staatsideologie" argumentiert wird, dann als Letzteres: Der Petőfi-Kreis wurde nämlich nicht von Dissidenten, sondern vom Bund der Jungen Kommunisten gegründet.

8 Der Deckname von Sebestyén war „Irodalmár", deutsch „Literat".

9 Historisches Archiv der Ungarischen Staatssicherheitsdienste K-173/2: 309.

fasst, der unter dem Decknamen „Géza"[10] für den ungarischen Staatssicherheitsdienst arbeitete. Aus der zitierten Stelle geht hervor, dass die ungarischen Behörden Interesse daran hatten, die Kontrolle über die Zeitschrift zu übernehmen, und bereit waren, dafür auch zu zahlen. Zwischen Ende 1961 und Mai 1962 waren es 35.000 Schilling.[11]

Aus den weiteren Passagen desselben Berichtes geht hervor, dass die Ungarischen Staatssicherheitsdienste es geschafft haben, nicht nur zu einem der Redakteure, sondern zu allen drei Redaktionsmitarbeitern, also neben György Sebestyén auch zu Gyula Klamár und József Fóti, Kontakte herzustellen.[12] Was zeigt, dass die Ungarischen Staatssicherheitsdienste zumindest so weit effektiv waren, dass sie es verstanden, die geeigneten Kanäle auszubauen und sich die relevanten Informationen zu verschaffen. – Wenn auch zu spät, um ihre Ziele tatsächlich erreichen zu können. Bis sie begriffen hatten, dass Sebestyén sie nur benutzte, um einen vorübergehenden finanziellen Engpass zu überwinden, war es mit den „Übernahmechancen» bereits vorbei.

Mit den Dokumenten des Historischen Archivs der Ungarischen Staatssicherheitsdienste haben wir Zugang zu zeitgeschichtlichem Quellenmaterial, das die politischen Aspekte der Kultur

---

10 Laut K-173/1: 173 und 184 ist „Géza" „Genosse János Fürjes, Polizei-Hundertschaftsführer, unser Nachrichtendienstoffizier, der Presseattaché unserer Wiener Botschaft".

11 Aus diesen und den weiteren Passagen dieser am 16. Juli 1962 verfassten Aktennotiz ist sichtbar, dass es mehrere Gruppierungen gab, die ein Interesse daran hatten, die Kontrolle über die Zeitschrift zu übernehmen. Es waren einerseits diejenigen, für die „Géza" diesen Bericht verfasste. Und zweitens war es die österreichische Sozialdemokratie – bzw. Organisationen wie Citizen Service und Radio Free Europe, die laut Ungarischen Staatssicherheitsdiensten von den USA unterstützte antikommunistische Organisationen waren, die ihr Geld durch der österreichischen Sozialdemokratie nahestehenden Institutionen, so Länderbank und Internationaler Bund Freier Gewerkschaften, an das Blatt überwiesen. Die Exilzeitschrift *Magyar Híradó* war also für beide Seiten der einander gegenüberstehenden Mächte des Kalten Krieges interessant. Dieses Interesse ist auch durch Geldbeträge bewiesen, die beide der Zeitschrift zukommen ließen.

12 Mit Sebestyén und Fóti hatte „Géza" direkten Kontakt, zu Klamár durch andere ungarische Migranten, so durch Aurél Föld bzw. durch Klamárs Bruder László. Die von den ungarischen Staatssicherheitsdiensten verwendeten Bezeichnungen für die drei Redakteure waren: „unser Kontakt mit dem Decknamen Irodalmár" K-173/1: 309 und „Kandidat mit dem Decknamen James" K-173/1: 348; „unser Kandidat mit dem Decknamen Szegedi" K-174: 111 und „anzuwerbender Kandidat Lippmann Jack" Kt-293: 63; „Agent mit dem Decknamen Szénási" K-173/2: 133 und „Agent mit dem Decknamen Barclay" K-173/2: 228.

– in diesem Fall der Exilliteratur – ins Zentrum stellt. In diesen Dokumenten geht es auch um den Versuch, Foren der Exilliteratur zu manipulieren, zu kontrollieren, zu übernehmen, z.b. in ihnen selbst verfasste Artikel und Leserbriefe unterzubringen, die Redakteure zu beeinflussen, sie mit finanziellen Zuschüssen abhängig zu machen, aber auch eine sie kompromittierende Situation zu schaffen, um ein langfristiges und effektives Arbeitsverhältnis einzurichten. Die *Magyar Híradó* waren zwar keine Literaturzeitschrift, aber eine Exilzeitschrift, in der auch Literaten wie Sebestyén oder Klamár tätig waren.[13] In diesen Dokumenten geht es also um die Exilliteratur, die selbstverständlich erst so genannt werden kann, wenn sie dementsprechend rezipiert, also wenn ihre politische Dimension gewürdigt wird. Was durch die Aufmerksamkeit des Staatssicherheitsdienstapparates eindeutig bewiesen ist.

Der Versuch, dem Exilliteratenstatus zu entkommen

Was in der Definition der Exilschriftsteller am Anfang dieses Textes angeführt wurde, trifft auf Sebestyén also nur bedingt zu. Er ist zweisprachig, und er schreibt sogar als Schriftsteller und auch als Journalist in erster Linie für das österreichische Publikum. Sein erster Roman behandelt zwar den ungarischen Aufstand im Oktober 1956, wurde aber bereits für jenes Publikum geschrieben. Er arbeitete zwar für eine ungarische Exilzeitschrift, in seiner schriftstellerischen Produktion ist aber sein Thema nicht das Exil. Er behauptet wiederholt, er sei ein österreichischer Schriftsteller ungarischer Abstammung.

An Sebestyéns Werdegang ist sichtbar, dass er sich nicht in das Exilliteratur-Schema einpassen wollte.[14] Und er schaffte es auch,

---

13 So verfasste er einen Roman, siehe Gyula Klamár *Iwan der Schreckliche* 1960.
14 Sebestyén passte sich schnell den sich eröffnenden Möglichkeiten an. Er war 1948–1956 Theaterdramaturg und Kulturredakteur einer Tageszeitung. Während des Aufstandes 1956 fing er an, einen Roman zu schreiben, und verließ das Land am 5. Dezember 1956. Er hatte die „ersten neunzehn Seiten eines geplanten Romanmanuskriptes" bei sich (György Sebestyén *Nachruf zu Lebzeiten* in Sebestyén 2000: 14). Den Rest schrieb er innerhalb der nächsten Monate. Das Buch wurde 1957 in einer deutschen Übersetzung veröffentlicht. Als Übersetzerin wird Lena Dur (Pseudonym für Erika Hanel) genannt, wobei sie lediglich die Übersetzung des ungenannten Lajos von Horváth überarbeitete. Sebestyén arbeitete bei den *Bécsi Magyar Híradó* mit und startete seine österreichische Literatenkarriere.

dem zu entkommen. Wofür er steht, ist nicht die Exilliteratur, sondern der Versuch, sich zwischen den Blöcken zu arrangieren, indem er die politischen Gegensätze ignoriert, sich über sie stellt, sie verbindet. Im dazu führenden Prozess (was ab 1973 in *Pannonia* voll entfaltet ist) stellen *Die Türen schließen sich* und die *Bécsi Magyar Híradó* Stationen dar. Dass *Die Türen schließen sich* 1957 erschienen[15] und Sebestyén 1962 noch bei den *Magyar Híradó* war, zeigt, dass diese Ablöse nicht einfach war. Stehen die *Magyar Híradó* doch für eine frühere Phase der Ablösung als *Die Türen schließen sich*. Die *Magyar Híradó* sind eine Exilzeitschrift, *Die Türen schließen sich* ist die deutsche Version eines Revolutionsromans, also das Ergebnis des Versuches, Erlebnisse, die direkt zum Exil geführt haben, für das Lesepublikum des Aufnahmelandes aufzubereiten.

György Sebestyén war kein typischer Exilschriftsteller, trifft doch dessen Definition nur bedingt auf ihn zu. Er ist aber bestimmt der bekannteste ungarische Schriftsteller der letzten Jahrzehnte, der in Österreich gewirkt hat. Sebestyéns Fall ist insofern ein bemerkenswertes Beispiel, weil er deutlich zeigt, dass die Fragen der Exilliteratur mit einer eindeutigen Kategorisierung (Widerstand-Kollaboration, Feind-Freund, sogar Exilliteratur-Migrantenliteratur) nicht zu fassen sind. Das Treffen von verallgemeinernden Aussagen droht in die Irre zu führen, weil sie genau jene real existierenden Widersprüche ignorieren, die die tatsächliche, also auch die publizistische Tätigkeit und die literarische Produktion bestimmende Dynamik bedingen. Man könnte sogar so weit gehen zu behaupten, dass Sebestyéns „dichterische Kraft" sich genuin aus diesen Widersprüchen speiste.

Sebestyén schreibt auf seine „Sekundärsprache" Deutsch bezogen: „das Gefühl größter Verantwortungslosigkeit weckt erst das wirkliche Verantwortungsgefühl, oder (...): Am aufrichtigsten sind die Menschen auf einem Maskenball."[16] Könnte es sein, dass dieses Changieren zwischen Verantwortung und Verantwortungslosigkeit

---

15 Sebestyéns erster in Österreich veröffentlichter Text war *Mit den Augen eines Barbaren* in *Die Salzburger Nachrichten* am 3. Januar 1957. Er arbeitete auch in der Folge als Journalist für verschiedene österreichische Medien. Sein zweiter Roman *Der Mann im Sattel oder ein langer Sonntag* wurde 1961 publiziert.
16 György Sebestyén *Das Abenteuer des zweisprachigen Schriftstellers*, in: Sebestyén 2000: 42.

seinem Spiel mit dem Staatssicherheitsdienst[17] zugrunde liegt?[18]

Transnationale Literatur

Eine nächste Frage, die man stellen sollte, ist, ob man Sebestyén einen „transnationalen Schriftsteller" nennen kann. Den Raum, den Sebestyén eingenommen hat, könnte man auch transnational nennen. Es ist ein imaginiertes Österreich-Ungarn, das nur hier, in diesem Werk existiert. Seine Transnationalität ist wesentlicher Teil dieser Imaginiertheit.

Eines von Sebestyéns literarischen Mitteln ist die Verdichtung. Damit will er eine Tiefe, eine Intensität erreichen. Zum selben Zweck setzt er das Fragmentarische (dass er also Geschichten oder Erzähllinien abbricht, einzelne Figuren aufblitzen und wieder verschwinden lässt) und die „philosophische Tiefe" ein. Transnationalität reiht sich auch hier ein.

Was hat aber Exilliteratur mit Transnationalität zu tun? Exilliteratur ist ihrer Intention nach Nationalliteratur. Das Anliegen der Exilschriftsteller, also warum sie schreiben, ist, literarisch zu reflektieren, warum sie ins Exil gezwungen wurden, bzw. an der „Diskussion" der das Exil bedingenden Ereignisse teilzunehmen, diese also nicht bloß jenen zu überlassen, die im Land geblieben sind und über diese Ereignisse entweder ihre Version verbreiten oder sich darüber ausschweigen. Aber indem diese Literatur faktisch in einem anderen Land entsteht, publiziert wird und teilweise auch ihr Publikum hat, ist sie Teil der Literatur dieses Landes bzw. auch einer „internationalen Literatur".

Exilliteratur ist also, was Exilanten im Exil schreiben, und streng genommen[19] nur dann, wenn das in direktem Zusammen-

---

17 Im Historischen Archiv der Ungarischen Staatssicherheitsdienste befinden sich drei Dossiers über György Sebestyén mit insgesamt 994 Seiten.

18 Sebestyén fand sich in zahlreichen seiner autobiographischen Texte in verschiedenen Metaphern zurecht: Barbare, Mitteleuropäer, donauländischer Kentaur, um einige zu nennen. Es ist nicht Aufgabe dieses Aufsatzes, die Masken von Sebestyén zu analysieren, die Tatsache jedoch, dass er sich gerne mit Masken bekleidete, scheint für das Verständnis seiner literarischen Laufbahn relevant zu sein.

19 Wenn man versucht, eine scharfe Trennlinie zu ziehen, und nur das berücksichtigen will, was eindeutig „Exilliteratur" ist, und so die Randerscheinungen und Übergangsphänomene bereits ausschließt. Was wissenschaftlich zu rechtfertigen ist, jedoch selbstverständlich wenig mit Leseerfahrung und Kunstge-

hang mit dem Exil steht, also das Exil beschreibt oder reflektiert. Einer noch strengeren Definition gemäß ist Exilliteratur nur, was in der Originalsprache und für die im verlassenen Land Gebliebenen verfasst wurde. Das ist eine Definition, die für das Gesamtwerk von Sebestyén nicht gelten kann, hat er sich doch als österreichischer Schriftsteller deklariert.[20] Die Frage jedoch, was Sebestyén mit Exilliteratur zu tun hat, kann auf eine Reihe von Facetten in seinem Werk hinweisen, die ansonsten – also wenn man nur seine literarische Produktion einschließlich seiner autobiographischen Essays betrachtet – unterbeleuchtet bleiben, so etwa auf seine Anfänge und auf seine Tätigkeit für die *Bécsi Magyar Híradó*. Und diese Perspektive gibt dem Werk Sebestyéns auch einen eigenen Sinn: Es ist so der Versuch, dem Exilliteratenstatus zu entkommen – ein Drang, der selbst als Teil der Definition von Exilliteratur angesehen werden könnte.

---

nuss zu tun hat.
20 Und zwar indem er das explizit sagte, indem er allem Anschein nach implizit und explizit danach strebte, und aufgrund seines literarischen Werkes.

Magyar Híradó

In der Periode des Kalten Krieges waren die Medien zentraler Platz der Austragung von ideologischen Kämpfen. Das lässt sich an der Entwicklung des neuen Mediums Fernsehen beobachten. Genauso wie das Radio während des Zweiten Weltkrieges und das Internet nach 1989 die bevorzugten Medien wurden, war das nach 1945 das TV. *Magyar Híradó* (*Ungarische Nachrichten*), eine zwischen 1957 und 1980 in Wien erscheinende ungarischsprachige Zeitschrift, gehörte hingegen zu den Printmedien, zu einem Format also, dessen Etablierung lange zurücklag. Dieser mediengeschichtlichen Tatsache entsprach das Blatt auf kongeniale Weise. Es war weder technisch fortschrittlich noch formal innovativ oder inhaltlich radikal. Es war geboren, um ein konkretes gesellschaftliches Problem, den Informationsbedarf von Flüchtlingen zu lösen. Wie sich zeigte, konnte es sich über zwanzig Jahre halten, weil es nach der Lösung des Ausgangsproblems weitere Aufgabenbereiche abdeckte, nämlich den Informationsaustausch zwischen West und Ost bzw. Ungarn in Ungarn und in der Emigration, weil es als eine ungarische Zeitung in der direkten Nachbarschaft des Eisernen Vorhanges eine symbolische Funktion hatte, und weil seine Mitarbeiter an seinem Erhalten großes Interesse hatten. *Magyar Híradó* entsprach dabei dem politischen Spektrum der Emigration. Die Partei der Kleinen Landwirte und die der Sozialdemokratie waren die zwei ideologischen Basen, die man geschickt vereinen konnte. Dabei (bzw. daher) positionierte sich *Magyar Híradó* politisch nicht zwischen diesen ideologischen Blöcken, sondern vereinte sie angesichts des gemeinsamen Feindes, des Regimes des in den sowjetischen Block eingegliederten Ungarns.

Natürlich waren in Österreich auch andere ungarische Medien vertreten. So gab es in Wien ein Büro des durch die USA finanzierten *Radio Free Europe*. Es existierten weitere Zeitschriften, so beispielsweise das Emigrantenblatt *Nemzetőr* (*Nationalwacht*)[1]. Es gab eine Reihe von emigrierten Journalisten, die hier arbeiteten. Und es gab auch Vertreter der offiziellen ungarischen Presse, so der Nachrichtenagentur *MTI* (Magyar Távirati Iroda, Ungarisches Te-

---

1 Erschien bis 1963 in Österreich, nachher in der BRD.

legraphen-Amt), einen Korrespondenten von *Népszabadság* (*Volks-freiheit*) und einen Presseattaché an der ungarischen Botschaft. Die Zeitschrift der sogenannten 1956er Migranten, die in Österreich am längsten erschien und die Situation am besten wiedergibt, ist also *Magyar Híradó*. Sie entspricht insofern am besten der Situation, da die Österreicher – also nicht nur die Migranten, sondern auch die Vertreter der aufnehmenden Gesellschaft – sie wollten und da sie sowohl inhaltlich als auch ästhetisch, so etwa mit ihrem Stil, den lokalen Anforderungen entsprach, also wiederum beide Seiten der Migration, d.h. die Migranten und ihre lokale Umgebung wiedergibt. Das war auch mit ein Grund, warum die ungarischen Staatssicherheitsdienste sich für sie interessierten.

Im Folgenden werden einige Schlüsselereignisse aus der Geschichte der Zeitschrift aufgrund von Akten aus dem Historischen Archiv der ungarischen Staatssicherheitsdienste nacherzählt. Die so gewonnene Sicht ist natürlich eine einseitige und verzerrte, gestaltet durch eine ganze Reihe (oder eher: durch ein System) von Zufällen. Welche Akten dem Historischen Archiv übergeben wurden und demnach welche Akten der Forschungsarbeit zur Verfügung standen, ist das Ergebnis einer Reihe von systematischen Eingriffen und von Zufällen. Zahlreiche Dossiers – etwa die Vorgeschichte der in diesem Aufsatz behandelten Personen betreffend – gingen im Zuge des 1956er Aufstandes bzw. auch im Zuge der Wende von 1989 verloren, nicht mehr aktuelle Dossiers wurden (teilweise aus Platzgründen) vernichtet etc. Zugleich handelt es sich hierbei um etwas, was zeithistorisch besonders interessant ist. Damit kann man die österreichisch-ungarische Geschichte von zweieinhalb Jahrzehnten überblicken.

Die Zeitschrift *Magyar Híradó* ist ungarisch erschienen, die Tätigkeit der ungarischen Staatssicherheitsdienste war grundsätzlich auf Ungarn bezogen. Man interessierte sich für die im Ausland lebenden Landesgenossen und ehemaligen Landesgenossen, insofern deren Tätigkeit für Ungarn eine Bedeutung hatte. Da jedoch diese Tätigkeiten in Österreich passierten, geht es natürlich auch um Österreich. Und zwar um Aspekte der österreichischen Geschichte, die meist übersehen und deren historische Erforschung vernachlässigt wird. Migrationsgeschichte aus dem Blickwinkel des Landes, in das migriert wurde, ist nicht allein eine Ergänzung für die Landesgeschichte, sondern rückt die internationalen Aspekte

in den Vordergrund, und zwar aus der Perspektive von denen, die
als Fremde angesehen und behandelt werden. Wie auch die nach-
folgenden Ausführungen zeigen, war die ungarische Emigration in
Österreich freilich auf vielfache Weise mit – teilweise prominenten
– Österreichern und mit österreichischen politischen und gesellschaftlichen Organisationen sowie mit österreichischen Medien in
Kontakt, die so auch für die ungarischen Staatssicherheitsdienste
eine Bedeutung bekamen. Zu den innenpolitischen Angelegenheiten von Ungarn gehörte natürlich auch das eigene Image im
Ausland, daher waren die ungarischen Behörden in Österreich einerseits besonders vorsichtig und zurückhaltend und andererseits
an einer effektiven Arbeit interessiert. Dieser Text wurde also nicht
allein aus dem Grund deutsch geschrieben, weil er ein Beitrag zu
einer größeren wissenschaftlichen Diskussion sein will, sondern
auch, um ihn damit für österreichische Leser auch dann zugänglich
zu machen, wenn sie kein Ungarisch beherrschen und so die hier
übersetzten Quellen im Original für sie nicht zugänglich sind.

Im Folgenden wird ausführlich aus Akten der ungarischen
Staatssicherheitsdienste zitiert. Das hat natürlich den Grund, hier
zeitgeschichtliche Dokumente vorzustellen, die historisch relevant
sind. Auf möglichst vollständige Wiedergabe wird aus dem Grund
Wert gelegt, weil so ein genaueres Bild darüber gemacht werden
kann, wie die Staatssicherheitsdienste arbeiteten. So wird erst
verständlich und nachvollziehbar, was, warum und wie passierte,
können also die einzelnen Ereignisse interpretierbar gemacht und
in ihren historischen Zusammenhang gebracht werden. So wird
klar, was es bedeutet, dass die Staatssicherheitsdienste auf eine mit
den nationalen und internationalen Gesetzen sowie mit den Allgemeinen Menschenrechten nicht zu vereinbarende Weise agierten. Es geht also keinesfalls darum, die Opfer des Kalten Krieges
nochmals zu Opfern zu machen, indem man Details ihrer privaten
Leidensgeschichte ausbreitet. Es geht um die Aufarbeitung einer
Epoche zu einer Zeit, als diese Epoche noch auf vielfache – so
unvermeidlich auch auf persönliche – Weise lebendig und wirksam
ist.

Bécsi Magyar Híradó

Die Zeitschrift *Bécsi Magyar Híradó* erschien ab dem 11. Januar 1957 zweimal wöchentlich auf acht Seiten, herausgegeben vom Österreichischen Nationalkomitee für Ungarn zusammen mit dem Österreichischen Gewerkschaftsbund. Sie war also repräsentativ in dem Sinne, dass hinter ihm die Vertreter einer breiten österreichischen Basis gestanden haben. Im Österreichischen Nationalkomitee für Ungarn waren 26 Hilfsorganisationen vertreten. Die erste Redaktionsadresse war Wien I. Fleischmarkt 3–5. Die Zeitschrift bestand bis Anfang 1980, als sie mit dem Tod ihres letzten Chefredakteurs, Gyula Klamár, eingestellt wurde.

Die leitenden Redakteure von *Bécsi Magyar Híradó* waren Pál Szöllősy von Anfang bis Mitte 1957, Ferenc Ilosvay bis Mitte 1959, dann György Sebestyén und schließlich ab Frühjahr 1962 Gyula Klamár. Der Mitarbeiter, der am längsten dabei war, hieß József Fóti.

Pál Szöllősy, der erste Redakteur der *Bécsi Magyar Híradó*, beschreibt unter Verwendung des Pseudonyms Szabolcs Paál die Entstehung der Zeitschrift nach fünf Jahren so[2]: Szöllősy war erst seit kurzer Zeit in Wien, als er am 14. Dezember 1956 von Antal Reinprecht, einem ebenfalls nach Österreich emigrierten ungarischen Bekannten, das Angebot bekam, dass er dem Präsidenten der „Ungarnhilfe" vorgestellt wird. Am nächsten Tag, dem 15. Dezember 1956 besuchten beide Otto Molden in dessen Wohnung in Döbling. Molden berichtete über Probleme mit den ungarischen Flüchtlingen, dass man mit der Unterbringung Schwierigkeiten hat und dass diese

> über die Ereignisse nicht ausreichend informiert sind, ihre überwiegende Mehrzahl nicht Deutsch kann und die österreichischen Blätter nicht versteht.[3]

Molden schlug vor, ein ungarischsprachiges Blatt herauszugeben. Szöllősy sollte an der Redaktion mitarbeiten. Zwei Wochen später fand die erste Redaktionssitzung in einem Büro mit der Adresse

---

2 Szabolcs Paál *Hogyan született a Magyar Híradó* (*Wie wurde Magyar Híradó geboren*) in: *Magyar Híradó* 20. Januar 1962: 3f.
3 A. o. a. O.

Fleischmarkt 3 statt. Der organisatorische Teil war bereits geklärt.

An dem Tag, also am 3. Januar 1957, habe ich die Mitarbeiter der zukünftigen Redaktion kennengelernt. Und an demselben Tag habe ich
erfahren, dass das wöchentlich einmal zu erscheinende Blatt, das innen-
und außenpolitische sowie ungarnbezogene Berichte und die Flüchtlinge
informierende Mitteilungen bringen wird, mich als Redakteur anstellen
will.[4]

Es waren fünf zukünftige Mitarbeiter anwesend. Am 7. hat man
angefangen zu arbeiten. Die erste Ausgabe war für den Abend des
10. geplant.

Szöllősys Erinnerungen an die Entstehung der ersten Nummer
der Zeitschrift werden von József Fóti, einem der Mitarbeiter, ergänzt.[5] Der Österreichische Gewerkschaftsbund organisierte im
November 1956 ein Informationsservice für Flüchtlinge. Es wurden Informationen auf Tonband aufgenommen und diese in den
Lagern abgespielt bzw. wöchentlich das von Fóti redigierte *Tájékoztató* (*Mitteilungsblatt*) publiziert. Am Beispiel von *Tájékoztató* ist
dann die Idee gekommen, durch den ÖGB und das Nationalkomitee für Ungarn eine Zeitschrift herauszugeben. Finanziert werden
sollte das Unternehmen durch den ÖGB (mit 80.000 Schilling),
das Nationalkomitee („mit einem größeren Betrag") und die UNO
(10.000 Dollar). Bei der Gründung war unter den Mitarbeitern
Fóti der einzige professionelle Journalist.

Die Zeitschrift hatte während ihres 23-jährigen Bestehens einige Krisen zu verkraften, denen sie durch entsprechende Anpassun-
gen begegnete. Die erste Änderung trat ein, als die 1956er Flücht-
lingswelle vorbei war. Da der Großteil der Ungarn von Österreich
weitergewandert ist und die hier gebliebenen genug deutsch gelernt haben, um sich aus der lokalen Tagespresse zu informieren,
war der ursprüngliche Zweck der Publikation nicht mehr gegeben.
Wie das in den Akten des Historischen Archivs sich niederschlug
zeigen zwei Ausschnitte:

Die Geschichte der Magyar Híradó: Irgendeine Hilfsorganisation hat
Anfang 1957 eine Million Schilling für den Start eines Blattes, das den

---

4 A. o. a. O.
5 József Fóti *Az osztrák szakszervezetek segítsége* (*Die Hilfe der österreichischen Gewerkschaften*) in: *Magyar Híradó* 20. Januar 1962: 4.

Flüchtlingen Informationen gibt, hergegeben. Es war überhaupt kein politisches Blatt. Die Redakteure waren auch Vertreter verschiedener Organisationen. Als im Herbst 1957 teils das Geld aus war, teils der Großteil der Flüchtlinge aus Österreich weiterwanderte, stellte sich die Frage: Soll das Blatt eingestellt werden oder soll es sich in ein politisches Organ wandeln? Der Leiter einer der Hilfsorganisationen, die Magyar Híradó finanzierten, war Otto Molden, der Bruder von Fritz Molden. Er hat das Blatt dem Molden-Konzern weitergespielt. Molden fährt jährlich auf eine Geldbeschaffungsrundreise in die USA und sichert dort den Betrag, der für das Weiterbestehen des Blattes nötig ist.[6]

und

Die Zeitschrift Magyar Híradó wurde nach der Konterrevolution[7] vom Österreichischen Gewerkschaftsbund, der Caritas, dem Österreichischen Nationalkomitee für Ungarn und dem Flüchtlingskomitee der UNO gegründet. 1958, als die Gründungsorganisationen die finanzielle Unterstützung der Zeitschrift einstellten, hat Fritz Molden – im Namen des Kampfes gegen die kommunistische Ideologie mit amerikanischem Geld – es übernommen, das Blatt als eine Schwesterzeitung der Presse weiterhin zu veröffentlichen.[8]

Ab dem Jahrgang II. Nr. 23 vom 7. Juni 1958 heißt die Zeitschrift *Magyar Híradó*, herausgegeben von Fritz P. Molden, Neue Wiener Presse Druck- und Verlagsgesellschaft m.b.H. Die nächste große Änderung erfolgte mit dem Jahreswechsel 1961/1962.

Fritz P. Molden, der bisherige Herausgeber von Magyar Híradó [...] hat seine Wiener Tageszeitungen, Die Presse, den Express, die Abend-Zeitung und die Wochen-Presse anderen übergeben und hat seine Kräfte im Aufbau des größten Druckereiunternehmens von Österreich konzentriert. [...] Es ist die Frage aufgetaucht, ob das Blatt auch in 1962 erhalten bleibt. [...] Wir haben uns entschieden, dass Magyar Híradó wir, die Redakteure selbst, herausgeben werden.[9]

---

6 Állambiztonsági Szolgálatok Történelmi Levéltára (Historisches Archiv der Staatssicherheitsdienste) im Weiteren ÁBTL 3.2.4. K-173/1 S. 257, 29. Juni 1961.

7 D. i. die ungarische Revolution im Oktober 1956.

8 ÁBTL 3.2.4. K-173/2 S. 30, 16. Dezember 1961.

9 *Magyar Híradó* 6. Januar 1962: 1.

Ab der Nummer vom 21. April 1962 ist der Eigentümer der Magyar Újságírók Bécsi Köre (Wiener Kreis der Ungarischen Journalisten), dessen Vorsitzender Eugen-Géza Pogány ist. Chefredakteur ist Gyula Klamár, Redakteure sind György Sebestyén und József Fóti. Verantwortliche Redakteurin ist nach wie vor Edith Vasváry.[10] Nicht nur der Eigentümer, auch die Erscheinungsform änderte sich. *Magyar Híradó* erschien bis November 1962 als Wochenzeitschrift. Am 23. Juni 1962 wird angekündigt,[11] dass die Zeitschrift während der Sommermonate monatlich einmal, dafür aber umfangreicher und bunter erscheinen wird. Ab November 1962 erscheint sie nun als Monatsmagazin deklariert.

Zeichen der Turbulenzen und Neuorientierungen sind auch Adressenänderungen. Mit dem 1. Oktober 1963 übersiedelt die Redaktion aus dem Pressehaus (Fleischmarkt 3–5) „in die alten Redaktionsräume" (Liebenberggasse 7). Am 1. April 1965 teilt *Magyar Híradó* seinen Lesern mit, dass die Redaktion aus dem Pressehaus in der Muthgasse Nr 2. in die Köllnerhofgasse 5 übersiedelt. Der Druck erfolgt nach wie vor in der Fritz Molden Großdruckerei und Verlag im Pressehaus.

Edith Vasváry, die verantwortliche Redakteurin der Zeitschrift ist am 4. November 1968 verstorben. Das Amt hat sie nominell ausgeübt, wie im Nachruf[12] festgehalten wird: Da das österreichische Pressegesetz das verlangt, musste bei der Zeitschriftengründung eine österreichische Staatsbürgerin das Amt übernehmen. Vasváry war auch Journalistin, arbeitete nach dem Ersten Weltkrieg bei verschiedenen Wiener Zeitungen.

Dezső Peérys *Jobb egy kis mécsest táplálni...* (*Es ist besser eine kleine Flamme zu nähren ...*)[13] ist einer der seltenen Texte in der Zeitschrift, wo ein Mitarbeiter darüber schreibt, was das Schreiben für *Magyar Híradó* für ihn bedeutet. Wie aus diesem Text ersichtlich: dies ging weit darüber hinaus, was in den einzelnen Nachrichten und Artikeln stand. Das Wesentliche war die symbolische Bedeutung, dass also das freie Wort möglich ist und dass man in der Emigration ist, weil man durch Zufälle erstens die sogenannte Rákosi-Periode, also den Stalinismus in Ungarn, zweitens den Aufstand und drit-

---

10 *Magyar Híradó* 21. April 1962: 2.
11 *Olvasóinkhoz* (*An unsere Leser*) in: *Magyar Híradó* 23. Juni 1962: 3.
12 *Magyar Híradó* 1. Dezember 1968.
13 Dezső Peéry *Jobb egy kis mécsest táplálni...* in: *Magyar Híradó* 1. April 1971: 3.

tens die Flucht überlebte und weil man in der Emigration auch nicht verloren ging. Und das ist auch das, was das sonst schwer verständliche Pathos des Textes erklärt.

In der Ausgabe vom 1. Januar 1973 wurde von Gyula Klamár ein ausführlicher offener Brief über *Magyar Híradó* abgedruckt.[14] Klamár verteidigt das Blatt unter Berufung auf die widersprüchliche globale Situation – offenbar war die Frage, inwiefern die Zeitschrift eine Existenzberechtigung hat und was die Aufgabe sei, zu drängend, nicht zuletzt in finanzieller Hinsicht.

Am 4. Februar 1973 stirbt József Fóti, der von Anfang an dabei und seit dem Tod Vasvárys der verantwortliche Redakteur war. Klamár firmiert weiterhin als Chefredakteur.

Magyar Híradó kämpfte während so gut wie seiner ganzen Geschichte mit finanziellen Problemen. Mit einiger Regelmäßigkeit erschienen die Aufforderungen, dass die Abonnenten ihre Rückstände bezahlen sollten oder die Ankündigungen, dass der Verkaufspreis der Zeitschrift erhöht werden musste. Die vorhin erwähnten Texte von Peéry und Klamár widmeten sich auch der Aufgabe, das Lesepublikum an seine finanziellen Verpflichtungen zu erinnern.

Am 1. April 1977 teilte die Redaktion in einer kurzen Notiz mit dem Titel *Olvasóinkhoz* (*An unsere Leser*) mit: Die Aprilnummer ist die letzte, die vom Pressehaus hergestellt wird. Hier wird auch bekanntgegeben, dass im März 1977 ein Redaktionskomitee gewählt wurde, dessen Präsident Tibor Hám ist. Hám, von Beruf Arzt, war nach 1945 ein aktiver Politiker der Kleine Landwirte Partei, im Zuge der politischen Prozesse gegen seine Partei verbrachte er neun Monate im Gefängnis. Seit 1948 lebt er außerhalb Ungarns, zunächst in Frankreich und seit 1951 in den USA.

Wie es am 1. Mai 1977 heißt: Der neue *Magyar Híradó* wird in der Druckerei Herold hergestellt.

Im April 1979 wird aus Anlass eines Leserbriefes[15] kurz darüber nachgedacht, was die Aufgaben von *Magyar Híradó* seien. Die Redaktion, also Gyula Klamár, versucht in die Richtung zu argumentieren, dass es um eine Schnittstelle zwischen West und Ost, um

---

14 *Nyílt válasz egy jóindulatú kritikusnak* (*Offene Antwort an einen gutwilligen Kritiker*) in: *Magyar Híradó* 1. Januar 1971: 3.

15 *A szerkesztőség megjegyzése* (*Anmerkung der Redaktion*) in: *Magyar Híradó* 1. April 1979: 5.

Internationalität und so um das Vorwärtsbringen der Nation ginge. Die diesbezüglichen Entwicklungen konnten aber nicht längerfristig verfolgt werden: Die letzte Ausgabe erschien am 1. Januar 1980. Sie enthält mehrere Artikel über die Zeitschrift selbst, so von Sári Juhász *A Híradó krónikája*[16] (*Die Chronik der Híradó*), G.P. *Requiem egy újságért*[17] (*Requiem für eine Zeitschrift*) und Tibor Hanák *A Hírmondótól a Híradóig*[18] (*Vom Hírmondó zum Híradó*[19]).

Hanák stellt fest, dass Klamár eigentlich kein Emigrant sei – was tatsächlich wahr ist, weil er 1957 auswanderte und nicht flüchtete. Was Hanák allerdings nicht zu wissen scheint, weil er behauptet, Klamár wäre „1956 geflüchtet". Laut Hanák sei Klamár kein Emigrant, weil er sich nicht für die Fraktionskämpfe der Migration interessierte, sondern unabhängig war. Hanák stellt dabei *Magyar Híradó* in die Reihe der in Wien produzierten ungarischen Literatur und Zeitschriften der letzten zweihundert Jahre.

Juhász schließlich beschreibt etwa dasselbe was Szöllőssy und Fóti auch mitteilten. Otto Molden, der Präsident des Österreichischen Komitees für Ungarn und Fritz Klemmer [richtig: Klenner], der Generalsekretär des ÖGB, haben die Zeitschrift ins Leben gerufen. In der Reihenfolge der Chefredakteure weicht sie von den aus anderen Quellen stammenden Informationen ab. Ihrer Meinung nach wäre August 1957 bis 1958 Sebestyén der Redakteur gewesen, auf ihn folgte für ein Jahr Ilosvay. Die verantwortlichen Redakteure waren Ilse Barcata, Edit Vasváry, József Fóti – und anschließend wohl Gyula Klamár, was hier nicht erwähnt wird. Mitglieder der Redaktion waren bis 1964 György Sebestyén, bis 1968 Eugen-Géza Pogány und bis 1972 József Fóti. Nach 1972 arbeitete Klamár alleine.

Das Impressum der letzten Ausgabe weist den Sohn des verstorbenen Redakteurs, István Klamár, als Chefredakteur aus. Laut Ernő Deák[20] wurden über die Fortsetzung des Blattes Gespräche geführt. Was jedoch als Fortsetzung angesehen werden könnte, er-

---

16 Sári Juhász *A Hírmadó krónikája* in: *Magyar Híradó* 1. Januar 1980: 2.

17 G.P. *Requiem egy újságért* in: *Magyar Híradó* 1. Januar 1980: 2.

18 Tibor Hanák *A Hírmondótól a Híradóig* in: *Magyar Híradó* 1. Januar 1980: 1.

19 Der Titel bezieht sich auf zwei ungarischsprachige Zeitschriften in Wien, auf *Magyar Hírmondó* 1789-1803 und *Magyar Híradó* 1957-1980.

20 Der Chefredakteur von *Bécsi Napló* in einem Gespräch am 10. Dezember 2010.

schien – und erscheint bis heute – unter einem anderen Namen als *Bécsi Napló (Wiener Tagebuch)*.

Die ersten zwei Redakteure: Pál Szöllősy und Ferenc Ilosvay

Über die ersten zwei Redakteure, Pál Szöllősy und Ferenc Ilosvay, befinden sich im Historischen Archiv der Ungarischen Staatssicherheitsdienste auffallend wenig Informationen. Der Grund dafür dürfte sein, dass die Behörde nach dem Oktober 1956 überfordert und zugleich ihre Arbeit umständlich war. Bei den Aktenstücken über die weiteren Mitarbeiter, auf die weiter unten eingegangen wird, ist sichtbar, dass bis eine Information ihren Niederschlag in einem Akt fand, oft Monate vergingen. Erst nachher hat man aufgrund dieser Information in der Zentrale in einer Besprechung darüber verhandelt, ob sie für konkrete Interventionen herangezogen werden wird, also man die Spur verfolgt oder die Information für eine Aktion verwendet. In beiden Fällen wurde anschließend die Vorgangsweise ausgearbeitet, diese nach Wien übermittelt, wo der zuständige Staatssicherheitsdienstoffizier seinem Agenten beim nächsten Treffen den Plan mitteilte. Ob etwas überhaupt und was genau vom Agenten unternommen wurde, wurde frühesten beim nächsten Treffen dem Offizier mitgeteilt, der darüber einen Bericht verfasste und diesen nach Budapest übermittelte. Erst dann gelangte diese Information in Form einer Aktennotiz ins Dossier.

Laut eines Berichts des Informanten Kerekes führte eine fehlgeschlagene Zeitungskampagne zum Rücktritt Szöllősys.

Der sich mit Politik beschäftigende Anwalt [also Szöllősy] lernte im Juni 1957 Géza Forbáth, einen angeblichen ehemaligen Journalisten von Budapest kennen, der der Keiler von „General" Kovács war. „General" Kovács kam aus der Dominikanischen Republik angereist nach Österreich, um 4–5 Tausend ungarische Landwirte in den mittelamerikanischen Staat zu bringen. Kovács wurde vom Präsidenten Trujillo beauftragt und hat Forbáth bestochen, dass er im Blatt die Dominikanische Republik preisende Artikel unterbringen lässt. Forbáth lud den Redakteur Szöllösy ins Restaurant Hübner ein und überredete ihn, die Artikel zu bringen. Aufgrund der „Kovács-Aktion" sind bald 400–500 Ungarn ins Land vom Trujillo aufgebrochen, wo sie unter die schlimmsten Bedingungen geraten sind. Es kam ein Brief nach dem anderen, das Flüchtlingskomitee der UNO war gezwungen, sich mit der Sache zu beschäftigen, und die Ungarn wurden nach Österreich zurückgebracht. Szöllősy hat, vielleicht aus Angst vor deren Rache, das Blatt verlassen, bekam Studienbeihilfe in der Schweiz, fuhr nach St. Gallen, wo er sich an der Handelshochschule einschrieb.[21]

Eine andere Darstellung desselben Sachverhalts:

Pál Szöllősy [...] dissidierte[22] im Dezember. Nach seiner Flucht ist er einer der Gründer der Zeitschrift Magyar Híradó, anschließend bis ca. Sommer 1957 Chefredakteur. Er hatte eine vertrauliche Beziehung zu Otto und Fritz Molden. Entsprechend der Information vom Agenten Kerekes D[eck]n[ame] hat Szöllősy die Hetze auch dann verachtet und abgelehnt, als er diese in seinem Blatt publizierte [...]. In 1957 hat er, aus Rücksicht auf seine Eltern, die damals noch in Ungarn lebten, auf seine Chefredakteurstelle bei Magyar Híradó verzichtet und sich in der Schweiz niederlassen.[23]

Das Dossier von Ferenc Ilosvay enthält 45 Seiten, ist also im Vergleich relativ dünn. Geführt wurde es zwischen 1958 und 1964, ab 1960 beschäftigte man sich mit Ilosvay nicht mehr – bzw. nicht im Rahmen der Arbeit, für die dieses Dossier angelegt wurde, weil er nach England übersiedelte. Am Anfang wird festgehalten

Ferenc Ilosvay [...] dissidierte Ende 1956 nach Österreich, nach Wien. Im Juni 1957 wurde Ilosvay durch die Initiative von Otto und Fritz Molden (die Eigentümer von Die Presse) zum Chefredakteur von Bécsi Magyar Híradó. Das Blatt war stark klerikal eingestellt.[24]

Eine interne Datensammlung hat bald ergeben

Ferenc Ilosvay wurde nach meiner Erinnerung in 1948 mit Erpressung [pressziós alapon[25]] angeworben. Die Anwerbung geschah auf kirchli-

---

21 ÁBTL 3.2.4 K 173/1 S. 125, undatiert, ca. März 1960.
22 Dissidieren war der ungarische Ausdruck für das illegale Verlassen des Landes bzw. für den illegalen Auslandsaufenthalt.
23 ÁBTL 3.2.4 K 173/2 S. 377 nicht geordnete Aktenstücke (Szállas anyag).
24 ÁBTL 3.2.4. K-51 S. 2, Anfang 1958.
25 Das Wort pressszió bzw. der Ausdruck pressziós alapon existiert im Ungarischen außer in diesem Zusammenhang nicht; Erpressung würde zsarolás heißen müssen; eine „korrekte" Übersetzung wäre hier daher „Pressio" bzw. „auf der Grundlage von Pressio", also ein Wort bzw. ein Ausdruck, das bzw. der im

cher Linie[26]. Er hat den Decknamen „Vándor" bekommen. Als er auf seinen Onkel (ein hoher katholischer Geistlicher) abgestellt wurde [mikor nagybátyjára állítottuk rá], ist er zum Verräter geworden.[27]

Der Agent mit dem Decknamen Kövi berichtet im Januar 1958 (der Bericht ist ohne Datum, findet sich aber in einem Konvolut aus dieser Zeit) über *Bécsi Magyar Híradó* Folgendes:

Das Blatt wurde bald nach der Revolution gegründet, an seinem Zustandekommen waren der Österreichische Gewerkschaftsrat, das Österreichische Nationalkomitee für Ungarn und die hiesige Vertretung der UNO beteiligt. – Die Löhne wurden vom Nationalkomitee (dies ist ein Presse-Interesse) gedeckt, die restlichen Zahlungen wurden vom Gewerkschaftsrat übernommen, und die UNO gab mehrmals, insgesamt 40.000 Dollar. Mit Ende dieses Jahres[28] sind das Gewerkschaftskomitee und das Nationalkomitee ausgetreten (obwohl ihre Eintragung beim Blatt blieb), die Angestellten des Verlages wurden in den Status der Presse übernommen, die Redakteure wurden vorübergehend bis zum 15. Juli 1958 unter Vertrag genommen, man will innerhalb dieses halben Jahres sehen, ob das Blatt Erfolg hat, dass es sich lohnt, es zu behalten und hat so die eventuellen Verluste des halben Jahres in Kauf genommen. Das Blatt erscheint in einer bedeutenden Auflage, Abonnenten gibt es aber weniger als 200, Einzelexemplare wurden ca. 1.000 verkauft, den Rest haben sie unter den Ungarn gratis verteilt.–
Die Gratisverteilung wurde eingestellt, jetzt versuchen sie Abonnenten zu finden, bisher ohne großen Erfolg, weil die Zahl der bisherigen Abonnenten – die bedeutenden Schweizer auch eingerechnet – ist nicht mehr als 1.000, pro Auflage werden jetzt 2.000 Exemplare verkauft, was das Blatt nicht erhalten kann.
Das Blatt befindet sich im Presse-Palais (I. Fleischmarkt 3–5) im Halbstock in zwei kleinen Räumen. Chefredakteur ist Pál Szöllősy, der aber nicht in Österreich, sondern in der Schweiz, in St. Gallen studiert und seine Artikel von dort schickt.– Er ist ca. 30 Jahre alt, begabt, von seiner Vergangenheit weiß ich nichts. – Der jetzige Führer ist Ferenc Ilosvay, Redakteur des Szabad Szó [Freies Wort], alter Journalist, von der Bauernpartei[29], schreibt gut, von Beruf ist er Forst-Ingenieur. – Er musste eine längere Gefängnisstrafe abbüßen. –

Deutschen nicht vorkommt.
26 „Linie" im Sinne von „Sachbereich".
27 ÁBTL 3.2.4.K-51 S. 4f., Anfang 1958.
28 Also wohl Ende 1957, und daher ist es anzunehmen, dass Kövi an dem Bericht, den er im Januar 1958 ablieferte, längere Zeit schrieb.
29 Gemeint ist die Független Kisgazdapárt, d.i. die Unabhängige Kleine Landwirte Partei.

Ständiger Mitarbeiter ist Zoltán Vér, mit richtigem Namen Zoltán Bá-
nyay, 35 Jahre alt, wütender Antikommunist, schreibt gut. –
Mitarbeiter sind Dr. Tibor Egerváry, ehemaliger Generalsekretär der
Bauernpartei in Pest, ebenfalls 35-jährig, ernsthaft, stur, kluger Kopf. –
Hier arbeiten noch László Sándor, ein junger Mann, von dem ich ebenfalls nicht mehr weiß und László [richtig: György] Sebestyén, der Kämpfer war und von der universitären Jugend kam. –
Gelegentlich arbeiteten für das Blatt György Molnár, der auf der Wied-
ner Hauptstraße 8. I. ein Büro hat, er wurde gekündigt, und Pál Szappanos (3. Trubelagasse 5. II. 13, bei Sichenalter, Tel. 72-40-172) ein alter
Bekannte und Kunde von Pest[30], der zweieinhalb Jahre aus nichtpoliti-
schen Gründen im Gefängnis war. –
Die Texte von Szappanos würden sie ankaufen, aber er schreibt nicht
hierher, sondern nach London zur BBC. –
Der Leiter des Verlages ist Tamás Szalay, ein aus einer großen Familie
stammender junger Mann, der auf der Linie des alten Militärs große Beziehungen hat. Ilosvay hält ihn – aus nationalen Gesichtspunkten – nicht
für vertrauenswürdig.–
Dort ist noch Valéria Bencze Maschinenschreiberin, die begeisterte Un-
garin ist und Tanzen mag, sonst nicht viel tut.–
Das Blatt wird gut gemacht, ich habe schon mitgeteilt, wenn die Unterstützung der Presse aufhört, Dr. Sánta will nicht, dass es eingeht, er ist
bereit es zu unterstützten.[31]

Kövis Text dürfte als ein typischer Agentenbericht angesehen
werden. Es ist hastig geschrieben, enthält dementsprechende kleine Irrtümer wie z.B. einen falschen Vornamen oder die alternative
Verwendung von Gewerkschaftsrat und Gewerkschaftskomitee
– anstatt den richtigen Gewerkschaftsbund. Der Agent versucht
viele Fakten unterzubringen, was einerseits die Aufgabe war und
andererseits ihm Gelegenheit gibt, anderen eincs auszuwischen.
Diese waren zugleich genau die Daten, aufgrund derer Leute in
den Zielkreis der Staatssicherheitsdienste geraten sind.

Otto und Fritz Molden

Im Historischen Archiv befinden sich mehrere Berichte über Otto
und Fritz Molden. Beide galten als einflussreiche Österreicher, die
sich in ungarische Angelegenheiten eingemischt haben. So sam-
melte man über sie Informationen, legte ein Dossier an und be-

---

30 Kövi ist von Beruf Rechtsanwalt.
31 ÁBTL 3.2.3. Mt-671/8 S. 143f.

auftragte routinemäßig die Agenten ihren Kenntnisstand über sie zusammenzufassen. So in einem Bericht des Agenten Dénes Kövi vom 12. August 1957:

> Die Gebrüder Molden.
> Die Familie stammt aus Deutschland. Dr. Fritz Molden ist der verantwortliche Redakteur der Presse und der Wochenpresse, Dr. Otto Molden ein hoher Beamter des Parlaments.
> Fritz Molden redigiert ein Wirtschaftsblatt, die Wochenpresse bespricht die Ereignisse der Welt und die Ereignisse des Wirtschaftslebens in Österreich in einem guten Licht, sie hat ohne Zweifel eine kapitalistische Einstellung, kann trotzdem ihre Linie Richtung der Sozdems halten, sie gibt deren Kapazitäten ständig Gelegenheit sich im Blatt auch zu äußern.
> In Westdeutschland und in den USA hat er auf der Linie der Gewerkschaftsbünde sehr wertvolle Beziehungen.
> Von dort hat er beispielsweise für Bécsi Magyar Híradó Geld beschafft, die Gewerkschaftsorganisationen der USA haben zuerst 10.000 Dollar für diesen Zweck überwiesen, später einmal 25.000 Dollar und wieder 10.000 Dollar. Es scheint, zumindest momentan, dass sie dieses Blatt, das unter den hiesigen Gewerkschaften und der Sozdem Partei arbeitet und durch Herzog[32] kontrolliert wird, erhalten wollen.
> Otto Molden widmet sich der Jugend-Linie, er ist Präsident diverser Universitätsverbände, hat das Nationalkomitee für Ungarn gegründet, das nur in Österreich von Großindustriellen, Händlern etc. etwa 3.000.000 Schilling[33] lukrierte, jetzt auch noch über ca. 1 Million verfügt, sie befinden sich zurzeit unter der Adresse 4. Argentinierstraße 21, während der Sitz des anderen Moldens das Presse Palais 1. Fleischmarkt 3–5 ist.
> Beide sind von vorne herein reich, gutverdienend, haben großen Einfluss auf die öffentliche Meinung in Österreich, und haben bei den Parteien, in beiden Koalitionsparteien, großen Einfluss.[34]

Der Bericht besteht großteils – oder gar ausschließlich – aus Informationen, die jedem Interessierten zugänglich waren. Zu Geheimdienstinformationen wurden sie dadurch, dass die Kanäle, durch die sie weitergegeben wurden, geheimdienstliche waren und der Zweck dorthin gehörte. Mit der Filterung von öffentlich zugänglichen Informationen glaubte man einen Wissensstand auf-

---

32 Károly Herczog bzw. Herzog war der Ungarn-Referent der SPÖ in Wien.

33 Laut *Tätigkeitsbericht des „Österreichischen Nationalkomitees für Ungarn" November 1956 - Februar 1958* (erschienen ohne Autor- oder Herausgeberangabe, ohne Verlagsort und Erscheinungsjahr, Maschinenschrift, zu finden in der Österreichischen Nationalbibliothek unter der Signatur 1.366.316-C) S. 10 waren es 3.312.443,43 Schilling.

34 ÁBTL 3.2.3. Mt-671/7 S. 120.

zubauen, der entsprechend ausgewertet und mit anderen Informationen verknüpft zu Geheimdienstzwecken verwendet werden
kann. Man wartete auf den richtigen Moment und auf die richtige
Gelegenheit und wollte sich nicht blamieren, das Offensichtliche
übersehen zu haben.

Das Dossier mit der Bezeichnung K-1418 Betreff Fritz Molden wurde 1960 geführt. Die im Dossier befindlichen Aktenstücke stammen so gut wie alle aus dem September 1960. Die ersten
sind aus dem Tschechischen übersetzt. Im Dossier sind sowohl die
Originale als auch die ungarischen Übersetzungen abgelegt. Was
selten vorkommt und deutlich zeigt, wie die einzelnen Ostblock-
staatssicherheitsdienste zusammenarbeiteten. Das Dossier mit insgesamt 43 Blättern enthält außerdem ältere Aktenstücke, offenbar
war also der ungarische Staatssicherheitsdienst bemüht nicht nur
bei den Bruderorganisationen, sondern auch im eigenen Archiv
nachzuschauen, was über Molden vorliegt.

Ein mit dem 16. September 1960 datiertes Aktenstück fasst die
Erkenntnisse so zusammen:

Wir haben über Fritz Molden und seine Familie, im Wege des Netzwerkes [hálózati úton[35]] Folgendes in Erfahrung gebracht: [...] Während der
Konterrevolution haben beide Moldens mit all ihren Energien den Kon-
terrevolutionären geholfen. Fritz Molden ist persönlich nach Budapest
gereist, in Begleitung von Eugen Pogány, eines außenpolitischen Mitarbeiters. Über diese Reise haben sie gemeinsam ein provokantes Buch[36]
geschrieben und publiziert. Sie haben sich als erste der Arbeit des, im
Wesentlichen als ein gemeinsames Unternehmen der österreichischen
Aristokratie und dem Großkapital ins Leben gerufenen, Österreichischen Nationalkomitee für Ungarn angeschlossen, das aus der Kooperation von 26 österreichischen gesellschaftlichen und Wirtschaftsorga-
nisationen hervorgegangen ist. Der Präsident [richtig: Geschäftsführer]
dieses Nationalkomitees ist Otto Molden geworden, während die ersten
Räume in den Räumlichkeiten der Presse von Fritz Molden zur Verfügung gestellt wurden. Es ist typisch für das Nationalkomitee, dass in
dessen Leitung von den Mitgliedern des Malteser Ritterordens, über
den für seine legitimistischen Gefühle bekannten Graf Thül, den Präsidenten des Österreichischen Auto Mobil [Touring] Clubs ganz bis zum
Thorberg (Chefredakteur des Forum und Freund von Taszíló Daróc-

---

35 D.h. entsprechend des im Netzwerk des Staatssicherheitsdienstes, also in diversen Dossiers liegenden Aktenstücken dokumentierten Informationsstandes.
36 Fritz Molden und Eugen Pogany *Ungarns Freiheitskampf* 1957.

zy[37]) und der in Paris befindlichen Nabukoff-Organisation [richtig: Nabokov] (Kongress für die Kulturelle Freiheit) jede Sorte der Aristokraten und Großkapitalisten zu finden ist. Unter den Mitarbeitern sind Persönlichkeiten wie Baroness Eleanora Hauptstummer [richtig: Eleonora Haupt-Stummer] und Direktor [Otto] Mitterhammer. Letzterer ist ein bekannter Nazi, zurzeit ist er auch ein aktives Mitglied der Nazipartei. Die Baroness ist bekannt, weil sie beinahe perfekt Ungarisch kann. Die Presse hat auch übernommen, dass sie das damals noch unter den Namen Bécsi Magyar Híradó gelaufene Emigrantenblatt druckt und für die Redaktion Raum zur Verfügung stellt. Das hat sie auch getan, im Zentrum Wien I. Fleischmarkt 3/5 [richtig: 3–5]. Das Emigrantenblatt ist damals unter dem Patronat der Koalition von mehreren sich mit Migranten berufsmäßig beschäftigenden Organisationen: Österreichischer Gewerkschaftsbund, Caritas und anderen gestanden und unter der Schirmherrschaft des Flüchtlingskommissars der UNO gegründet und geführt worden. Praktisch wurden aber die Sozialdemokraten sukzessive herausgedrängt und das Blatt wurde immer mehr klerikal, sein Ton immer mehr verhetzend. Die Überwachung der Redaktion hat Fritz Molden persönlich übernommen und übte sie teilweise selbst teilweise durch Pogány aus. Daraus ist auch ersichtlich, dass er als seine wesentliche und wichtige Aufgabe die Verhetzung gegen die Ungarische Volksrepublik, den Kampf gegen den Kommunismus angesehen hat. Sie haben später Umstände geschaffen, wegen der der relativ gemäßigte Chefredakteur des Emigrantenblattes, Dr. Pál Szöllősy zurückgetreten ist. Zu seinem Nachfolger wurde der für seine klerikalen Gefühle bekannte Ferenc Ilosvay ernannt, als Mitarbeiter haben sie den Renegaten György Sebestyén neben ihn gestellt. Noch später, als wegen der offensichtlichen Stellungnahme des Blattes die UNO Schutzherrschaft unhaltbar zu sein schien, hat Fritz Molden übernommen, dass er es als Schwesterpublikation von Die Presse erhält und herausgibt. Es ist ganz sicher, dass hinter dieser Entscheidung dieselben Kräfte zu suchen sind, die hinter dem anderen Molden-Bruder das Österreichische Nationalkomitee gebildet haben. Die Moldens – offensichtlich besonders Otto Molden – haben mit zahlreichen ungarischen Migranten nahe Beziehungen aufgebaut. Es ist von besonderem Interesse diese Personen aufzulisten, ihre Persönlichkeit, Zugehörigkeit zu untersuchen: Prof. Károly Kántás, Dr. László [richtig: József] Varga (der ehemalige Sekretär von Pfeiffer), Ingenieur Antal Rosmanith, der Opernsänger György Littassy, Pál Szöllősy, und dann Ferenc Ilosvay und Gyula Kalmár [richtig: Klamár], der ehemalige Obergespan[38] Antal Reinprecht. Es ist sichtbar, dass die Faschisten, beziehungsweise die mit den Faschisten vereinigte Legitimisten hier dominie-

---

37 Der Chefredakteur der Zeitschrift *Forum* und Freund von Tasziló Daróczy wäre Friedrich Torberg gewesen. Laut *Tätigkeitsbericht* S. 19 war unter den Mitarbeitern des Nationalkomitees Marietta Torberg. Es handelt sich also hierbei möglicherweise um eine Verwechslung.

38 Landeshauptmann eines Komitats.

ren. Wenn wir dazu nehmen, dass zu ihnen der zurückgekehrte Miklós Szabó gehört, während dessen Posten Ferenc Vidovics übernahm, ist es offensichtlich, dass sie immer mehr in die Richtung ihrer extremen und offenen wahren Ideologie tendieren.[39]

Der Akt Moldens wird am 15. Mai 1962 mit der Bemerkung für abgeschlossen erklärt, dass er „nicht als Zielperson aufgearbeitet wurde".

Warum dieses Dossier über Molden 1960 eröffnet wurde, ist aus dem Dossier selbst nicht ersichtlich. Es kann auch mit *Magyar Híradó* zusammenhängen, also damit, dass den ungarischen Behörden klar wurde, dass sie ins Interessensgebiet Moldens gehört und man daher Grundinformationen über sie besorgen wollte. Zumindest lässt sich aus dem ausführlichen und *Magyar Híradó* betreffenden Bericht Kövis darauf schließen. Bald wurde allerdings klar, dass Molden eine Zielperson der tschechoslowakischen Behörde ist. So hat man Informationen von ihnen verlangt und von Molden abgelassen. Die Gefahr war ja, dass man gegeneinander arbeitet und eventuell einen Agenten der Bruderbehörde belastet oder anwirbt, also einander Schaden zufügt.

Der Kollaborateur: György Sebestyén

Der bereits bezüglich der ersten Redakteure zitierte Bericht von Kerekes beschreibt den Werdegang Sebestyéns bei der Zeitung so:

> Gleichzeitig mit Ilosvay ist auch György Sebestyén zum Blatt gekommen. Sebestyén lernte die Sekretärin des Österreichischen Presse Klubs, Dr. Erika Hanel, kennen, die Vize-Redakteurin der im Pressehaus erscheinenden Wochenpresse ist. Hanel half Sebestyén beim Híradó unterzukommen. Ilosvay und Sebestyén sind miteinander nicht ausgekommen. Ilosvay hatte keine einflussreiche Freundin und so hat Sebestyén ihn aus dem Redakteur-Sessel entfernen lassen. Ilosvay hat gekündigt und wollte nach Tasmanien auswandern, überlegte aber nochmals und ist in Österreich, in der Steiermark geblieben. Seit Ilosvays Ausscheiden redigiert Sebestyén das Blatt allein. Er kennt sich bei der Redaktionsarbeit nicht gut aus, bei der Magyar Nemzet [Ungarische Nation] war er Leiter des Kulturressorts, so hat Robert Kertész die Arbeit gemacht. Kertész war der Chefredakteur des 8 Órai Újság [8 Uhr Blatt]. [...] Kertész war ein Jahr lang bei der Zeitung, wanderte im August 1959 in die USA aus.

---

39 ÁBTL 3.2.4. K-1418 S. 36ff.

[...] An seiner Stelle ist György [richtig: Gyula] Klamár gekommen, der Redakteur der Kis Újság [Kleine Zeitung] [...] war. Im September dieses Jahres hat sich Gábor Kocsis, der Redakteur von Nemzetőr von seinem Blatt getrennt und kam zum Híradó. Kocsis ist von Szeged nach Wien gekommen, ist Student, war Leiter des Studentenbundes. Die freien Mitarbeiter des Blattes sind: László Latinecz, ehemaliger Journalist in Pest, Zoltán [unleserlich], Organisator der Pfeiffer Partei, Tibor Egerváry Volkswirt, László Harsányi Karikaturist. Die Berichterstatter sind Tamás Schreiber (Paris), György Gömerey (Oxford), Pál Szöllősy (St. Gallen), Olga Stoll (Zürich), Ernő Fothy (Rom), Erzsébet Soós (New York), Judith Nagy (Washington), Andras Huber-Magyar (Los Angeles). Das Blatt wird durch die Presse vertrieben. Es ist so gut wie auf der ganzen Welt erhältlich. Korrespondenten gibt es in jedem Land, wo sich Ungarn ansiedelten.[40]

Über Sebestyén gibt es drei Dossiers im Historischen Archiv der ungarischen Staatssicherheitsdienste, und auf ihn bezogen finden sich auch Unterlagen verstreut in anderen Dossiers. Aufgrund eines Berichtes von der Mitte der 1970er Jahre wird die Periode 1958–1962, als Sebestyén also für *Magyar Híradó* arbeitete, was ja der Fokus dieses Aufsatzes ist, so zusammengefasst:

Seine Niederlassung und Beginn seiner Laufbahn in Wien (1957–1962): In 1957 hat er sich scheiden lassen, die Frau ist mit dem Volkswirt Tamás Kepes und mit dem kleineren Kind nach Chile übersiedelt. Die Erziehung des anderen Kindes haben „Irodalmárs" in Wien lebende Eltern übernommen.[41]

„Irodalmár" hat sich während seiner Arbeitssuche bei der Pressevereinigung gemeldet. Dabei wurde ihm von Dr. Erika Hanel unter die Armen gegriffen [...] und sie hat ihn beim Magyar Híradó untergebracht, bei dem er 1959 Chefredakteur wurde. Das Blatt ist ungarischsprachig, aber offiziell ist es eine österreichische Zeitschrift, steht unter dem Einfluss

---

40 ÁBTL 3.2.4. K 173/1 S. 125f.
41 Das sind typisch zu nennende Informationen, die häufig in den Berichten der Staatssicherheitsdienste stehen. Zwei handschriftliche Bemerkungen finden sich zu diesem Absatz. Zu Tamás Kepes: „Nebensächlich, aber wer ist er?" und zu den Eltern: „Wie, da laut Seite 2. sie kein Einkommen haben?". Wie der zitierte Absatz und die handschriftlichen Anmerkungen zeigen, interessierten sich die Staatssicherheitsdienste für die Details des Privatlebens der von ihnen ins Visier genommenen Personen, um bei der Planung ihrer Operationen aufgrund dieser Informationen handeln zu können bzw. um ihr Interesse gegebenenfalls auf die so in den Gesichtskreis geratenen Personen auszudehnen. Berücksichtigt man diese Informationen bei der wissenschaftlichen Aufarbeitung der Tätigkeit der Staatssicherheitsdienste nicht, lässt man einen für die Behörde wichtigen Punkt außer Acht und verfälscht das Gesamtbild.

der Shell Gesellschaft. „Irodalmár" schickt 1959 auch an diverse Schweizer Blätter seine Artikel. Seine politischen Ansichten sind konfus, er hat zwei Gesichter [jellemző rá a kétarcúság]. Während er bei der Redaktion die Überzeugung wiederholt „... die von ihrer Heimat Getrennten objektiv informieren, und möglichst viele wahrheitsgemäße Berichte im Blatt unterbringen ..." macht er in seinen Artikeln das genaue Gegenteil. Er arbeitete für das Radio Voice of America und später für den RFE, allerdings ausschließlich auf literarischer Ebene. [...]
Seine Tätigkeit ist gegenüber unserer Heimat zu dieser Zeit eindeutig feindlich: er ist Chefredakteur eines mit den Geldern von US-Amerikanern finanzierten Blattes und als solcher nimmt er aktiv teil an der Organisation und Durchführung der gegen Ungarn und die sozialistischen Länder gerichteten Rufmordkampagne. Entsprechend von Berichten aufgrund des Netzwerkes [Hálózati jelentések alapján] hält er Kontakt mit der Presseabteilung der Wiener Botschaft der Vereinigten Staaten von Amerika, er überlässt ihnen ungarische Nachrichten zum Zwecke der Publikation.
Als Magyar Híradó in einer schwierigen finanziellen Situation war, hat er mit dem Presseattaché unserer Wiener Botschaft Kontakt aufgenommen mit dem Zweck, dass er für das Blatt finanzielle Unterstützung bekommt. Dies konnte er für eine Zeit lang erreichen, aber als für die finanzielle Unterstützung wiederholt Artikel gegen unsere Heimat erschienen sind – haben wir die Dotierung eingestellt.
„Irodalmár" hat nach 1962 geholfen, indem er versucht, Magyar Híradó einem reichen ungarischen Emigranten namens Aurel Föld weiterzugeben, sowie ein/zwei über Ungarn ein objektives Bild gebende Artikel zu platzieren, zieht sich aber von der Zeitschrift immer mehr zurück und verlässt das Blatt.[42]

Weiter unten wird im selben zusammenfassenden Bericht über „Die Beziehung Irodalmárs und der Wiener Residentur (operativer Hintergrund)" berichtet:

Mit der Person „Irodalmár" hat sich die Abteilung II/B unseres Nachrichtendienstes zu beschäftigen begonnen. Ein Agent der II/2-G Unterabteilung hat die Aufmerksamkeit auf ihn gelenkt als eine Person, die über gute Möglichkeiten verfügt und anwerbbar ist. Den Wert seiner Person hat auch erhöht, dass er der Chefredakteur eines bedeutenden ungarischen Presseorgans war, durch den es ernsthafte Möglichkeiten zu geben schien die Emigration zu beeinflussen und zu zersetzen.
Die Untersuchung von „Irodalmár" [„Irodalmár" tanulmányozását] hat die Wiener Residentur und die II/3-B Unterabteilung im Dezember 1958 begonnen. Die Kontaktperson war bis 1962 Genosse János Fürjes

---

42 ÁBTL 3.2.4. K-173/3 S. 29f.

P[olizei]oberstl[eutna]nt. Für die Durchführung der Aufgabe wurde die hiesige und die ausländische Agentur miteinbezogen, sowie auch ein im Ausland Dienst leistender Nachrichtenoffizier.

Während der Arbeit [a feldolgozás során] sind wir so weit gekommen, dass „Irodalmár" von sich aus die Zusammenarbeit anbot und versprach, dass er im Magyar Híradó den Interessen der UVR [Ungarische Volksrepublik] entsprechende Artikel schreibt und unterbringt. Sein Versprechen hat er wiederholt gebrochen, er ist weiterhin beim feindlichen Ton [ellenséges hangvétel] geblieben. Unsere Organe haben in der Hoffnung, dass sie auf das Blatt Einfluss üben können die Zeitschrift monatelang dotiert, aber angesichts der Erfolglosigkeit – haben sie die finanzielle Unterstützung eingestellt.[43]

Ob bei der Zusammenarbeit zwischen Sebestyén und dem Vertreter der ungarischen Staatssicherheitsdienste wer wen an der Nase herumgeführt hat, sei hier offengelassen. Die aus der Zeit der Zusammenarbeit stammenden Berichte zeugen von laufenden Konflikten und zustande gekommenen Ergebnissen. Laut eines Informationsbericht von Urbán:

Am 13. Februar 1961 habe ich von György Sebestyén, dem Redakteur des Wiener Magyar Híradó die folgenden Informationen bekommen [...].

Die Richtung von Magyar Híradó wird sich in der nächsten Zukunft nach links verschieben. Es wird sich stärker von den rechten Richtungen der ungarischen Emigrantenpolitik abgrenzen und wird mehr Nachrichten und Berichte bringen, die in der ungarischen Politik gewisse positive Erscheinungen feststellen. Nach S[ebestyén]s Formulierung werden sie vom bisherigen feindlichen Ton auf einen Ton wechseln, als ob zu Hause ein „oppositionelles" Blatt erscheinen würde. Diese Änderung hat S[ebestyén] erklärt mit 1. der gemäßigteren Richtung der Politik von Kennedy; 2. Er bekommt eine freiere Hand in der Redaktion; 3. Die bei seinen gegenwärtigen westlichen Reisen wiedergesehenen emigrierten Schriftsteller haben dieselbe Meinung wie er darüber, dass in der innenpolitischen Entwicklung Ungarns – abgesehen von der erzwungenen Kollektivierung in der Landwirtschaft – es immer mehr Positives gibt.

Sebestyén würde es angesichts des diesbezüglichen Tonwechsels des Blattes jetzt für besonders wünschenswert halten, dass er zu ungarischen Organisationen gewisse halboffizielle Beziehungen hat. Er will keinesfalls in finanzielle Abhängigkeiten geraten, damit das später, für seine nach wie vor erwünschte Rückkehr keine negativen Auswirkungen hat.[44]

---

43 A.o.a.O. S. 32f.
44 ÁBTL 3.2.3 Mt-772/2 S. 63f.

Das Bild, das sich aus diesen einzelnen Berichten ergibt, ist vielschichtig und uneindeutig. Festzustehen scheint, dass Sebestyén keine Berührungsängste hatte. Er scheint gewusst oder zumindest gespürt zu haben, dass die Mitarbeiter der ungarischen Staatssicherheitsdienste im Österreich der 1960er Jahren einen beschränkten Handlungsradius haben. Der Kalte Krieg befand sich gerade in einer auftauenden Phase, was die Ungarn genauso für ihre Zwecke nutzen wollten wie Sebestyén für die seinen. Österreich schien dafür der richtige Schauplatz zu sein. Man war in einem neutralen Land, in der unmittelbaren Nähe des Eisernen Vorhanges, in einem Land mit stark durchwachsenen ungarischen Emigrantengemeinschaften, wo alle Abstufungen der Integration vorhanden waren und eine relativ große, mit dem aktuellen Regime sich solidarisierende Menschengruppe auch anwesend war. Es war also alles gegeben, um im Trüben fischen zu können.

Versuch einer Anwerbung: Gyula Klamár

Die Idee, Gyula Klamár als Mitarbeiter der Staatssicherheitsdienste anzuwerben tauchte Ende 1958 auf. Der interne Bericht, der das Anliegen formuliert ist mit dem 10. November 1958 datiert.

I[nnen]M[inisterium] II/3 Abteilung, 5. Unterabteilung
Betrifft: die Angelegenheit von „Szegedi"
Bericht
Budapest 10. November 1958
Gyula Klamár, im Weiteren „Szegedi", geb. Kolozsvár, 7. IX. 1906, Mutter: Ilona Bolgony, verheiratet, ungarische Nationalität, ungarischer Staatsbürger, maturiert, Beruf ehemaliger Journalist, wohnhaft in Österreich.
Er stammt aus einer Arbeiterfamilie, sein Vater war Maschinenschlosser bei den ungarischen Staatsbahnen.[45]
Anschließend ist er nach Budapest gekommen, hier erhielt „Szegedi" bei der Kis Ujság [Kleine Zeitung] eine Stelle. Später ist er auch Mitarbeiter von Esti Kurier [Abendkurier] geworden. Beim letzteren als Theaterkritiker, beim ersteren als Redakteur. Als Redakteur der Kis Újság hat er sehr gute Beziehungen aufgebaut, zum Beispiel Graf Gyula Dessewffy,

---

45 Es folgt eine ausführliche Beschreibung des Werdegangs von Klamár; so war dieser Journalist in der südostungarischen Stadt Szeged – daher der Deckname „Szegedi" was so viel heißt, wie „der aus Szeged".

Jenő Erdős, Tibor Nagy, Károly Pataki, Jenő Németh, Béla Simándi, László Csáky Bába, Béla Hollósi etc. waren seine unmittelbaren Mitarbeiter und Freunde.[46] Während der Konterrevolution hat er aktive politische Tätigkeit ausgeübt, hat bei der entstehenden Partei der Kleinen Landwirte eine bedeutende Rolle gespielt, er organisierte die Zeitung der Partei neu. Anfang 1957 hat er sich mit dem Gedanken beschäftigt, auszuwandern. Im Januar 1957 reichte er einen Antrag für die Auswanderung ein, der von der gegenwärtigen Abteilung II/1 unterstützt wurde, damit sie seine Wohnung einem Genossen geben können. (Zurzeit ist diese Person nicht bei der Behörde, wegen Machenschaften ist er abgerüstet worden.) Er wanderte im April 1957 mit einem französischen Visum aus. Entsprechend unseren Informationen ist „Szegedi" nicht nach Frankreich gegangen, sondern hat sich in Österreich, in Wien niedergelassen. Ende 1957 ist er aktiv Teilnehmer der Nationalen Widerstandsbewegung [47] geworden. Für die Organisation hat er Anwerbungen durchgeführt. Unser Agent mit dem Decknamen „Sárosi" ist durch „Szegedi" angeworben worden. Weiters arbeitet „Szegedi" zurzeit, nach nicht überprüften Informationen, an der Zusammenstellung der Geschichte der Kleinlandwirtepartei.[48] Vorschlag:
Die guten Beziehungen des Genannten sowohl Ungarn als auch Westeuropa betreffend, weiters seine Rolle und Tätigkeit in NEM machen ihn dafür geeignet, dass wir uns mit „Szegedi" zum Zwecke der Anwerbung beschäftigen.
1. Ich schlage vor, dass wir „Szegedi" in inländischer und ausländischer Hinsicht aufarbeiten [dolgozzuk fel „Szegedit"].
a. In inländischer Beziehung schlage ich vor die Verhörung seiner Geschwister und von László Dezséri.
b. Im Ausland sollten wir „Szegedi" durch die Agenten mit den Decknamen „Sárosi" und „Vitéz" studieren [tanulmányozzuk]. „Sárosi" hat deshalb Möglichkeiten, um „Szegedi" zu beobachten, weil vor ca. einem Jahr „Szegedi" ihn für Mitarbeit bei der NEM angeworben hat. „Vitéz" verfügt in Österreich über breite Beziehungen.
2. Abhängig von den Ergebnissen der Beobachtung [tanulmányozás] werden wir „Szegedi" in die Kooperation mit uns einbeziehen, für diesen Zweck werden wir den Bruder von „Szegedi" nutzen.
3. Im Falle dass die Einbeziehung von „Szegedi" ergebnislos wäre, oder wenn wir während der Beobachtung feststellen, dass wir „Szegedi" nicht anwerben können, werden wir die zur Verfügung stehenden kompromit-

---

46 Es folgt eine Beschreibung von Klamárs Tätigkeit nach dem Zweiten Weltkrieg mit Zitaten aus Klamárs vor 1957 in Ungarn geschriebenen Lebensläufen, die dem Akt auch beiliegen.
47 Nemzeti Ellenállási Mozgalom, im weiteren NEM; „nem" heißt im Ungarischen „nein", wohl auch im Sinne von „Nein zum Kádárregime".
48 Es folgen Angaben zu seiner Familie sowie zu seinem Charakter.

tierenden Informationen, z.B. die Informationen aus seinem Lebenslauf, aus seinen für das System abgelegten Äußerungen für die Kompromittierung des Genannten verwenden.

Anmerkung:

Den Bericht über „Szegedi" habe ich aus den Informationen im Personenakt von Gyula Dessewffy sowie aus den während unserer bisherigen Kontrolle beschafften Informationen zusammengestellt.

„Szegedi" ersetzt eine aus ihrer Realisierung gefallene Sache.

Ich ersuche um die Genehmigung des Vorschlages mit dem Ziel, dass ich mich mit „Szegedi" zum Zweck der Anwerbung beschäftige.

Gyula Szabó P[olizei] L[eutna]nt, Unterabteilung 5[49]

Der Akt trägt einige handschriftliche Anmerkungen, aus denen hervorgeht, dass der Vorschlag angenommen wurde.

Zunächst ist also noch offen, was man mit Klamár vorhat. Dass er Journalist war scheint nebensächlich zu sein, vorrangig ist, dass er Kontakte zu Widerstandskreisen der Emigration hat.

Im Dossier K-174 folgen einige Berichte von diversen Agenten, die Kontakt zu Klamár bzw. zu seiner Familie in Ungarn haben. So von den Agenten mit den Decknamen Mauser, Friss und Tamás. November 1959 datiert ein Bericht aufgrund von Informationen des Agenten mit dem Decknamen Kövi.

Betreff: Angelegenheit von Gyula Klamár
Bericht
Wien, 11. November 1959
Bezogen auf den Journalisten Gyula Klamár, hat Kövi das Folgende berichtet:
Er ist ein 53-jähriger Journalist, zurzeit Mitarbeiter des Bécsi Magyar Híradó, sein monatliches Einkommen setzt sich aus dem Journalismus und aus in diesem Bereich enthaltenen Hilfeleistungen zusammen und macht etwa 1.000 Sch aus.
Er versucht außer in Magyar Híradó auch bei anderen Emigrantenzeitschriften Texte zu platzieren, aber mit keinem großen Erfolg. Er bot seine Schriften auch dem Radio Free Europe an, sie haben diese aber nicht übernommen, weil sie für sie nicht geeignet waren. Er kann von seinem Einkommen nur sehr bescheiden leben.
Er verkehrt nicht in öffentlichen Kreisen, verfügt nicht über einen unmittelbaren Freundeskreis. Nach Meinung vom Chefredakteur Sebestyén ist er ein sehr fleißiger und strebsamer Mensch. Er fühlt sich in Österreich nicht gut, alle seine Bestrebungen haben das Ziel, dass er seine Frau in irgendeiner Form herausholen kann, diesen Wunsch äußert er regelmä-

---

49 ÁBTL 3.2.4. K-174 S. 72ff.

ßig vor seinen wenigen Bekannten. Sein Einkommen reicht aber nicht aus, eine Familie zu erhalten, so ist anzunehmen, dass es seine Absicht ist weiterzuwandern, da er hier nicht damit rechnen kann, seine finanziellen Möglichkeiten zu erweitern. Laut György Molnár ist er eine sehr wertvolle Person, die zu Hause eine sehr ernsthafte schriftstellerische Vergangenheit hatte. Zu Magyar Híradó ist er durch den Chefredakteur gekommen, der die alte Redaktion des Híradó voll abgebaut hatte.
Kövi hat die obigen Informationen von Sebestyén, György Molnár und Edith Vasvári [richtig: Vasváry], die Redakteurin von Bécsi Magyar Híradó, bekommen, Kövi steht zurzeit in persönlichem Kontakt mit Klamár. Die Information ist vertrauenswürdig, aber nicht überprüft.
Ferenc Török[50]

Wie aus weiteren Dokumenten hervorgeht, wanderte Klamár mit seiner Frau sowie mit deren Eltern aus. Somit ist es klar, dass Kövi zwar versuchte seine Aufgabe zu erfüllen, aus den wenigen ihm zur Verfügung stehenden Informationen – er konnte ja seine Bekannten nicht verhören, sondern lediglich „unauffällig ausfragen" – aber ein teilweise falsches Gesamtbild aufbaute. Dass diese Behörde also teilweise mit schlampigen Mitarbeitern ausgestattet war, darf allerdings keinesfalls verharmlosend verstanden werden. Gerade die Fehler aus ähnlichen Schlampereien werden wiederholt versucht mit Aggression und Brutalität auszubessern oder mit dem Versuch, irgendjemanden anzuschwärzen.
Nachdem also klar wurde, dass Klamár bei *Bécsi Magyar Híradó* arbeitet, wurde ein konkretes Ziel festgesetzt.

Innenministerium III/b Unterabteilung
Vorschlag für die Kompromittierung von Dallos
Ferenc Ilosvai [richtig: Ilosvay], im Weiteren Dallos (Budapest, 28. August 1918, Mutter: Sára Harkovits, Beruf: Journalist, ungarische Nationalität, ungarischer Staatsbürger, dissidierte Ende 1956), zurzeit Redakteur des Emigrantenblattes Bécsi Magyar Híradó, wohnhaft in Wien.
Dallos stammt aus einer kleinadeligen Familie.[51] Er studierte an der István Bocskay Militärischen Hauptrealschule,[52] anschließend Schauspiele-

---

50 ÁBTL 3.2.4. K-174 S. 108.
51 Während der gesamten staatssozialistischen Periode wurde zwischen Klassenfeind und Klassengenosse unterschieden. In der Rákosi-Periode waren die Folgen oft Vermögensentzug und Aussiedlung, in den späteren Jahren ein entsprechender Vermerk bei den Personalakten.
52 Was in diesem Zusammenhang heißt: er ist nicht nur ein geborener Feind, sondern wurde dementsprechend als Kämpfer ausgebildet. Er ist also ein gefährlicher Feind.

rei an der Privatschule von Kálmán Rózsahegyi und wurde ab 1937 Journalist. Er arbeitete bei der Wochenzeitschrift Reggel [Morgen], wurde dann der Berichterstatter von Pester Loyd [richtig: Lloyd]. Später arbeitete er für Új Idők [Neue Zeiten], Szabadszó [Freies Wort], zuletzt – vor der Konterrevolution – für die Hétfői Hírek [Montagsnachrichten]. Er dissidierte Ende 1956. Im Juni 1957 haben Otto und Fritz Molden (die Eigentümer von Die Presse) Dallos zum Redakteur von Bécsi Magyar Híradó ernannt.[53]

Wegen seiner Funktion bei der Bécsi Magyar Híradó hat Dallos Konflikte mit den nach Österreich emigrierten Journalisten. Eine der hervorragenden Figuren der gegen Dallos stehenden Journalistengruppe ist der Kandidat mit dem Decknamen Szegedi, mit dem wir uns zum Zwecke der Anwerbung beschäftigen.

Dallos wurde am 28. Mai 1948 für die Zwecke der kirchlichen Abwehr auf der Grundlage von Erpressung angeworben [pressziós alapon beszervezték]. Den Grund der Erpressung bildeten die Publikationen von Dallos. Beim Anwerben wurden auch die ständigen Geldprobleme von Dallos verwendet. Dallos hat die Anwerbung angenommen, er hat eine Erklärung unterzeichnet, aber als er auf seinen Onkel arbeiten gelassen wurde [amikor nagybátyjára dolgoztatták], wurde er zum Verräter.

Im Oktober 1956 hat unsere Abteilung versucht, mit Dallos Kontakt aufzunehmen. Dies führte zu keinem Ergebnis. Er erklärte, dass er unter keinen Umständen bereit ist, mit uns zusammenzuarbeiten. „Meine Herren! Wann lassen Sie mich endlich in Ruhe? Die schlimmsten Erlebnisse meines Lebens stehen mit meiner Zusammenarbeit mit den Staatssicherheitsdiensten in Verbindung. Nervlich bin ich kaputtgegangen, ich wurde mehrmals an die Wand gestellt, ich war damals wegen meiner elenden Situation zur Zusammenarbeit gezwungen."

Dann erklärte Dallos, dass wir ihn aufhängen können, aber er ist nicht nochmals bereit, dass er nochmals das durchlebt, was mit ihm zwischen 1948 und 1951 geschehen ist.

Nach der Konterrevolution haben wir Dallos mit dem Zweck studiert [tanulmányoztuk], um mit ihm eventuell in Österreich Kontakt aufzunehmen. Wir haben die Meinung gebildet, dass es sich nicht lohnt, sich mit dem Genannten zu beschäftigen, weil wir keine Grundlage dafür haben, dass wir ihn zur Arbeit zwingen, und die Kontaktaufnahme mit ihm mit großer Gefahr verbunden wäre.[54]

---

53 Es folgt eine kurze Charakterisierung von Ilosvay.

54 Ilosvay würde das nämlich öffentlich machen und somit den auf ihn herantretenden Mitarbeiter der Staatssicherheitsdienste „dekonspirieren". Man müsste den dekonspirierten Mitarbeiter von der Feldarbeit abziehen und ins Büro versetzen, seine Aufgaben müsste ein nächster Mitarbeiter übernehmen, was Zeit kosten würde und außerdem wäre noch eine Person in all die Angelegenheiten eingeweiht, die als „streng geheim" eingestuft wurden. Dass die Angelegenheit für die ungarische Diplomatie auch peinlich wäre, ist dabei eine Nebensache.

Zum Zwecke der Lokalisation der feindlichen Tätigkeit von Dallos schlagen wir seine Kompromittierung vor:
Wir bringen durch unseren hiesigen Agenten mit dem Decknamen Siklós unserem Kandidaten mit dem Decknamen Szegedi zur Kenntnis, dass Dallos ein Agent der Staatssicherheitsdienstorganisationen war. Szegedi bat mehrfach seinen hier in Ungarn lebenden Bruder – Siklós – dass dieser über Dallos Informationen sammeln soll [gyűjtsön adatokat Dallosra]. Szegedi informiert in seinen Briefen Siklós darüber, dass Dallos ihm viele Unannehmlichkeiten verursachte und er will ihn unter allen Umständen von dessen gegenwärtigem Arbeitsplatz entfernen.
Siklós hat die Möglichkeit „Informationen zu sammeln", weil er in den Jahren vor der Befreiung[55] Polizeioffizier war. Für Siklós ist es legalisierbar, dass er von Dallos' Zusammenarbeit mit den Staatssicherheitsdiensten erfahren hat. Die Beziehung war bekannt, weil Dallos selbst mehrmals mit verschiedenen Personen darüber gesprochen hat.
Siklós würde in einem Brief Szegedi berichten, dass er über seinen Bekannten feststellen konnte, dass jener ein Agent des ÁHV [Államvédelmi Hatóságok, Staatsschutzorgane] war. Diesen Brief würden wir illegal nach Österreich weiterleiten. Im Besitz der obigen Daten wird Szegedi aller Wahrscheinlichkeit nach einen Angriff gegen Dallos starten.
Mit unserer Aktion würden wir zwei Ziele erreichen:
1. Wir kompromittieren Dallos, der ein Verräter ist und zurzeit als Redakteur der Bécsi Magyar Híradó aktive feindliche Tätigkeit gegen Ungarn ausübt.
2. Gleichzeitig werden wir für die ungarischen Abwehrorgane durch Siklós auch unseren Kandidaten Szegedi kompromittieren, weil im Wesentlichen wir ihm dazu verholfen haben, dass er Dallos angreifen kann.
Wir ersuchen um die Genehmigung des Aktionsplanes sowie die Vorbereitung von Siklós für die Durchführung der Aktion.
Beilage: Entwurf des durch Siklós zu schreibenden Briefes.
Gyula Szabó P[olizei]o[berst]l[eutna]nt op[erativer] Beauftragter[56]

Laut Vorschlag vom 9. Januar 1960

„Szegedis" Freundeskreis bzw. Möglichkeit als Agent
Er ist einer der aktivsten Führungsmitglieder der Ungarischen Nationalen Widerstandsbewegung und verfügt so über ausgedehnte Beziehungen zu den Leitern und Mitgliedern der Organisation.
Er ist Gründungsmitglied des durch „Vitéz" geleiteten Ungarischen Waffenbrüder- und Kulturvereines.[57] Er kennt die österreichische Emigration gut, insbesondere die Künstler- und Journalistenemigration.

---

55 Felszabadulás ist der offizielle Ausdruck der staatssozialistischen Periode für den Abschluss der sowjetischen Besetzung Ungarns am 4. April 1945.
56 ÁBTL 3.2.4 K-174 S. 111f.
57 Magyar Bajtársi és Kulturszövetség.

Er verfügt über gute Beziehungen auch in Richtung Ungarisches Komitee [Magyar Bizottság, richtig: Nemzeti Bizottmány]. Gyula Dessewffy steht in unmittelbarer Freundschaftsbeziehung zu unserem Kandidaten.[58][59]

Klamár wird also als ein möglicher Weg zu politisch aktiven Emigrantenkreisen gesehen, wo mit den im Dossier angesammelten Berichten sukzessive sein Bekanntenkreis und somit die Liste seiner Sünden und möglicher Sünden, nämlich seiner Möglichkeiten gegen Ungarn tätig zu sein, erweitert wird.

Laut eines zusammenfassenden Berichtes vom 7. September 1961

> Szegedi hat nach längerem Wienaufenthalt bei Die Presse eine Stellung bekommen. Währenddessen hat er auch für die Bécsi Magyar Híradó gearbeitet. Zwischen ihm und dem Redakteur der Magyar Híradó, Ferenc Ilosvai [richtig: Ilosvay], entwickelte sich eine scharfe Gegnerschaft, weil Szegedi der Redakteur der Zeitschrift werden wollte. Die Gegnerschaft hat sich so weit entwickelt, dass er seinen in Ungarn lebenden Bruder, László, gebeten hat, dass er über Ilosvai belastende Informationen sammelt. Der Gegensatz zwischen ihnen verschärfte sich aber nicht weiter, weil 1959 Ilosvai von seiner Redakteurstelle entlassen wurde und Irodalmár zum Redakteur von Magyar Híradó ernannt wurde.[60]

Aus diesem zusammenfassenden Bericht geht also hervor, warum die Aktion mit dem Brief von László Klamár nicht ausgeführt wurde. Obwohl Gyula Klamárs Werdegang vom Staatssicherheitsdienst weiterhin verfolgt wurde, der Schwerpunkt bildete Irodalmár, da er der leitende Redakteur war und wohl auch deshalb, weil man dort Chancen sah, Erfolge erzielen zu können.

Da aber, wie wir gesehen haben, die Arbeit mit Sebestyén auch nicht wie erhofft verlief, kam man bald auf Klamár zurück. Ab August 1962 versuchte man wieder den alten Plan aufzugreifen und László Klamár also Siklósi zu mobilisieren.

> Wie bekannt haben wir im Februar 1963 unseren gesellschaftlichen

---

58 Es folgt ein ausführlicher Plan der Übergabe des Briefes an Klamár durch einen in Wien tätigen Mitarbeiter der ungarischen Staatssicherheitsdienste.

59 ÁBTL 3.2.4. K-174 S. 120.

60 ÁBTL 3.2.4. K-174 S 167ff.

Kontakt mit dem Namen Siklósi[61] nach Wien reisen lassen, um Lipmann[62] zu beobachten, in politischer Hinsicht zu beeinflussen, so dass
der feindliche Ton von Magyar Híradó gemildert wird und dass er über
den objektiven Ton der Redaktion und seine Zukunft betreffenden Fragen mit einem offiziellen Vertreter unserer Heimat in Verhandlungen
tritt. [...] Lipmann war nicht bereit mit uns zu verhandeln. [...] Barclay soll
es überwachen, welche Wirkung der Besuch von Siklósi auf Lipmann
ausübte. [...] Was ist die Beziehung zwischen Lipmann und dem das Blatt
unterstützenden Citisen [richtig: Citizen] Service sowie den Mitgliedern
der Redaktion. Das Verfolgen von welcher politischen Linie wird seitens
des Citisen Service vom Blatt erwartet.[63]

Der Bericht Siklósi über seinen Wienaufenthalt zwischen dem
19. und dem 26. Februar 1963 enthält weitere Informationen über
die Zeitschrift:

Bezüglich von Magyar Híradó habe ich von ihm [Gyula Klamár] erfahren, dass sie früher zum Interessengebiet von Fritz Molden gehörte. Der
Schwiegervater Moldens war Dulles (der ehemalige Spionagechef), und
es ist möglich, dass sie aus dieser Quelle finanzielle Unterstützung erhalten hat. Vor einem Jahr hat Molden mitgeteilt, dass das Blatt eingestellt
wird. Er verkaufte das Blatt den Redaktionsmitgliedern. Zurzeit macht
er [Gyula Klamár] das Blatt mit mehreren Redaktionskollegen.[64]

Die mit Datum versehenen Informationen im Dossier K-174
heißen natürlich nicht, dass sie den Staatssicherheitsdienstbehörden zu dieser Zeit bekannt geworden sind. Man hält die Informationen fest, um damit zu dokumentieren, was derjenige, von
dem die Information stammt, wann preisgibt. So werden Informationen geprüft, oder ein Wissensstand festgehalten. Die vom Informanten stammenden Einzelinformationen werden meist nicht

---

61 Statt Siklós verwendet man also den Namen Siklósi. Bei den Staatssicherheitsdiensten gab es eine Reihe von Personen, von denen Informationen
stammten, in der Terminologie der Behörde: gesellschaftlicher Kontakt, Agent,
Kandidat, Zielperson und Staatssicherheitsdienstoffizier. Dass Siklósi hier als
„gesellschaftlicher Kontakt" anstatt als „Agent" bezeichnet wird, heißt, dass
der den Bericht verfassende Offizier ihn anders einstuft. Der Unterschied zwischen gesellschaftlichem Kontakt und Agent ist, dass der eine das freiwillig und
aus ideologischer Überzeugung ausübt, was beim anderen erzwungen wird: der
Kampf gegen die Feinde des Sozialismus.
62 Anstatt Szegedi wird für Klamár inzwischen der Deckname Jack Lipmann
verwendet.
63 ÁBTL 3.2.4 K-174 S. 243ff., 19. März 1963.
64 ÁBTL 3.2.4 K-174 S. 246ff., Ende März 1963.

kommentiert, ergänzt oder berichtigt, sondern stehen gelassen, um bei einer eventuellen Revision später darauf zurückgreifen zu können. Der Hinweis auf Allen Welsh Dulles, der 1953 bis 1961 Direktor der CIA (und Bruder von John Foster Dulles, zwischen 1953 und 1959 Außenminister der USA) war, ist beispielsweise so ein Detail. Warum die Frage nach der Bedeutung dieses möglichen Kontakts in den Akten über Fritz Molden, über die diversen *Magyar Híradó*-Mitarbeiter etc. nirgends vorkommt, lässt sich nur dadurch erklären, dass die Verfolgung dieser Linie den zuständigen Bruderorganisationen überlassen wurde.

Da der Einfluss durch den ausgereisten Agenten nicht die erhoffte Wirkung brachte, probierte man es nochmals. Vorschlag von Bakonyi, am 10. Oktober 1963:

> Angesichts dessen, dass die Zentrale[65] die Beeinflussung, eventuell die Übernahme von Magyar Híradó weiterhin für wichtig hält, und der einzige gangbare Weg dazu zu sein scheint, dass wir uns weiterhin mit Jack Lipmann beschäftigen, schlage ich vor, dass wir in der Angelegenheit einen Initiativschritt tun. Mitte des nächsten Monats wird die Eröffnungsfeier des Ungarischen Hauses [Magyar Ház] stattfinden.[66]

Der Plan ist, dass Bakonyi Klamár zu diesem Eröffnungsfest[67] einlädt und zusammen mit Parker ihn anspricht. Bakonyi kenne Parker, weil dieser um ein Visum angesucht hat. – Bakonyi war also ein Mitarbeiter der ungarischen Botschaft in Wien, nämlich der für die Visa zuständige Attaché. Diese offizielle diplomatische Tätigkeit übte er in Verbindung mit seiner inoffiziellen Tätigkeit als Mitarbeiter der ungarischen Staatssicherheitsdienste aus. Man könnte es auch so formulieren, dass die Staatssicherheitsdienstmitarbeiter diplomatische Decktätigkeiten ausübten, was jedoch einen wesentlichen Aspekt verdecken würde, dass nämlich die zwei Tätigkeiten weitgehend zusammenfielen. Bakonyi lernte ja während seiner offiziellen Tätigkeit die Leute kennen, die er für seine nichtoffizielle Tätigkeit brauchte. Die Arbeit als Attaché, dass man also Visumangelegenheiten besprechen will, gab die Gelegenheit, Leute anzurufen oder in die Botschaft einzuladen. Die Informationen, die man für die Visaformulare brauchte, waren die Grunddaten für die Staatssicherheitsdienstakte. Die Gespräche konnten in eine informelle Diskussion übergeleitet werden, während der man über den Bekanntenkreis der Visaansuchenden und über deren Tätigkeit innerhalb der Migration in Österreich generell Informationen einholen konnte. Aufgrund solcher Gespräche sind zahlreiche Informationsberichte entstanden. Die Erteilung und Verweigerung von Visa war auch ein Lohn bzw. eine Strafe, die man einsetzen konnte.

Der Versuch bei der Eröffnungsfeier des Ungarischen Hauses dürfte auch nicht zum Erfolg geführt haben, weil eine Anmerkung vom 14. November 1963 lautet:

> Mit der Person von Jack Lipmann haben wir ab 1958 begonnen uns zu beschäftigen. Dabei haben wir festgestellt, dass er nicht bereit ist, mit uns zusammenzuarbeiten.[68]

Da offenbar die Frage von *Magyar Híradó* weiterhin auf der Agenda der Staatssicherheitsdienstbehörden war, führte man das Dossier sporadisch weiter. Laut eines zusammenfassenden Berichtes vom 28. Januar 1964:

> Mit seiner Person haben wir uns vom Oktober 1958 bis Sommer 1963 zum Zwecke der Anwerbung beschäftigt. [...] Er hat im Februar 1963 versprochen, dass er das Blatt in einem objektiven Ton redigieren wird. Er hat aber sein Versprechen nicht eingehalten, das Blatt hat gegenüber unserer Heimat weiterhin einen feindlichen Ton.[69]

Eine Möglichkeit ist also, dass Siklósi nach seinem Wienaufenthalt dem Mitarbeiter der ungarischen Staatssicherheitsdienste in dem Sinne berichtete, dass er mit seinem Bruder über den Ton von *Magyar Híradó* gegenüber Ungarn gesprochen und dieser ihm versprochen hat, dass es über die Heimat „objektiv" berichten wird. Wie konkret dieses Versprechen war, geht aus den Akten nicht hervor. Es kann ja durchaus sein, dass Siklósi das so erzählte, weil man genau das von ihm erwartete oder natürlich auch, dass diejenigen, die Siklósis Reise organisiert haben, die Erzählung von

---

68 ÁBTL 3.2.4. K-174 S. 269.
69 ÁBTL 3.2.4. K-174 S. 270ff.

Siklósi in ihren Berichten in diese Richtung deuteten, um ihre Aktion gegenüber ihren eigenen Chefs nachträglich so zu rechtfertigen. Die Anfälligkeit der Staatssicherheitsdienstakte in diesem Sinne zu manipulieren – also die eigenen Erfolge zu betonen und die Fehler herunterzuspielen bzw. anderen zuzuschieben – ist durchaus dem behördeninternen Stress (man arbeitet ja in einem Zwischenbereich mit illegalen Mitteln) zuzuschreiben und durch die erschwerte Überprüfbarkeit von Behauptungen (aus Konspirationsgründen hatten über einzelnen Aktionen nur wenige Personen Kenntnis) naheliegend gewesen. Das erklärt mit, warum diese Behörde trotz enormem personellen, finanziellen und administrativen Aufwandes so wenige konkrete Erfolge aufweisen konnte.

Der im Dossier befindliche letzte Informantenbericht stammt vom 24. September 1964:

Am 3. September des laufenden Jahres bin ich mit dem Kraftwagen nach Wien gefahren. [...] Am 4. in der Früh traf ich Klamár im Espresso Columbia und wir haben ausgemacht, dass wir im Restaurant Drei Hacken in der Singerstraße mittagessen werden. Sie essen – seit sechs Jahren – jeden Tag dort zu Mittag. [...] Während unseres Gespräches sagte Klamár das Folgende: „In der jüngsten Vergangenheit waren Ferenc Nagy und Béla Varga hier,[70] mit denen ich ständig zusammen war. All ihre Bestrebung ist jetzt darauf gerichtet, dass sie die Kádár-Regierung in dieselbe Richtung lenken, wie Rumänien geht. Der Westen würde jetzt Ungarn jede Unterstützung geben. Ich warte jetzt auf einen höheren Beamten des Außenministeriums aus Ungarn, mit dem wir den weiteren Kontakt aufnehmen werden." Er sagte [elmondta], dass vor kurzem aus Paris ein ehemaliger ungarischer Attaché zurückkam, der an der weiteren Arbeit ebenfalls aktiv teilnimmt. Dieser Attaché wohnt zurzeit in Wien. Ich habe von ihm auch erfahren, dass Klamárs wichtiger und effektiver Mitarbeiter Dr. Fóti, Mitarbeiter der Magyar Híradó ist. Klamár ist über die ungarischen Verhältnisse voll unterrichtet. So – sagt er [elmondta] – war bei ihm vor kurzem jemand mit dem Namen Kéri, der beim Külimpex oder Monimpex arbeitet, der Klamár mitteilte, demgemäß [melyszerint] er sich entschlossen hätte – mit seinen zwei Kindern – nicht nach Ungarn zurückzukehren, sondern sich in Wien niederzulassen, und bat Klamár um Hilfe, dass er ihm eine Arbeitsmöglichkeit findet. Klamár teilte außerdem mit, dass Anna Kéthli [richtig: Kéthly] sich in Wien niederlassen wird, er war ihr zur Hilfe, auch um eine Wohnung zu suchen. Die Klamárs halten mit dem sowohl in Europa als auch in den USA lebenden Ungarntum ständig Kontakt, so schicken sie die monatlich er-

---

70 Siehe dazu: *A bécsi út ...* (*Die Wiener Reise ...*) in: *Magyar Híradó* 1. September 1964.

scheinenden Ausgaben jedes Mal jedem zu. Mit Dr. Fóti habe ich mich einmal in Klamárs Büro unterhalten, und festgestellt, dass Fóti Klamárs vertraulicher Mitarbeiter ist, aber meine Feststellung ist auch, dass Fóti mit Klamár voll unterrichtet zusammenarbeitet. Aus den Mitteilungen von Klamár und Fóti ergibt sich, dass sie ihre Informationen von aus Ungarn ausreisenden Staatsbürgern bekommen, die sie nach ihrem eigenen Stil mittels der durch sie redigierten Magyar Híradó zu verbreiten versuchen. Nach den Mitteilungen von Klamár, erscheint das Blatt monatlich in 7.000–8.000 Exemplaren, die Abonnenten befinden sich in verschiedenen kapitalistischen Ländern. Diese Personen überlassen der Redaktion monatlich 5–15 Dollar. Laut Klamár bekommen sie von mehreren Personen Unterstützung, die die regelmäßige Zusendung des Blattes nicht in Anspruch nehmen. Im Ausland lebende Ungarn wenden sich wiederholt mit dem Wunsch an die Redaktion, dass sie ihre in westlichen Ländern lebenden Bekannten bzw. Verwandten zu finden helfe. Für diesen Zweck überlassen sie der Redaktion ebenfalls bestimmte Summen. Zum Teil deckt auch das die Ausgaben. Die Mitarbeiter der Redaktion stehen wegen der Beschaffung der Informationen mit mehreren in der Emigration lebenden Personen in Kontakt. Das stimmt damit überein, dass sie die dem Westen entsprechende Propaganda abstimmen. Darauf zielt Klamárs Bemerkung auch ab, dass alle ihre Bestrebungen darauf abzielen, dass sie Ungarn entsprechend der politischen Ziele von Rumänien nutzen bzw. die Bestrebung, dass sie Führungspersonen in wichtigen Positionen davon überzeugen, die für sie günstigste Politik zu akzeptieren.[71]

Aus Informationsberichten wie diesem ist es nicht nur ersichtlich, wie die Staatssicherheitsdienste, sondern auch wie die sozialistische Welt funktionierte. Der Informant hat vor der Niederschrift seines Berichtes mit dem für ihn zuständigen Offizier besprochen, welche Fragen und Themen wichtig sind. Diese waren die genauen Umstände, wo und wen er getroffen hat. Man wusste nun, dass Klamár und seine Mitarbeiter jeden Tag zu Mittag im Restaurant Drei Hacken in der Singerstraße essen, so konnte man sie dort jederzeit antreffen und sie z.B. jemandem zeigen, verfolgen etc. Wichtig war weiters die ideologische Linie, die die Emigration verfolgt; ihre Informationsquellen und -netze, und zwar sowohl Richtung Westen als auch Richtung Ungarn. Hier war natürlich auch wichtig, konkrete Namen zu erfahren, also Personen, die Ungarn verraten, indem sie Informationen weitergeben oder dissidieren wollen, gegen die also konkret vorgegangen werden kann.

---

71 ÁBTL 3.2.4. K-174 S. 285f.

Weiters die Befehlskette, also die Hierarchie der Emigration und der Kontaktpunkt dieser zu den US-Behörden. Man betrachtete *Magyar Híradó* als feindliches Nachrichtenorgan, das also Informationen sammelt, registriert, aufarbeitet, systematisch abändert und verbreitet. Und schließlich war die Finanzierung wichtig und zwar sowohl um welche konkrete Summe es geht als auch wie dieses Geld beschafft wird.

Der Informant hat als Gegenleistung gewisse Privilegien und Möglichkeiten bekommen, die er für seine privaten Zwecke nutzen konnte. So z.B. dass er in den Westen reisen konnte, was alleine schon einen hohen gesellschaftlichen Wert darstellte, mit dem beispielsweise verbunden war, dass er gewisse Konsumgüter anschaffen und nach Ungarn bringen konnte, die dort einen hohen Prestigewert hatten. Ein weiteres Motiv war, dass man das Gefühl hatte, etwas für das System getan zu haben, in welchem man hochgekommen ist. Immerhin hatte der Informant beispielsweise ein Auto, was in den 1960er Jahren nicht nur in Ungarn keine Selbstverständlichkeit war. Er musste in Ungarn als erfolgreicher Mensch ein entsprechendes Ansehen genossen haben. Die Migranten in den Westen bildeten zugleich eine Art Konkurrenz. Sie verkörperten Parallel-Lebensläufe und somit Möglichkeiten, die prinzipiell jedem offenstanden. Man stellte sich automatisch die Frage, wo ich wäre, wenn ich 1956 auch emigriert wäre. So war die Ablieferung eines Informationsberichtes auch eine „private Rache" an denen, die einen – wenn auch unausgesprochen – als Kollaborateur angesehen haben. Dass das alles mit den sehr ambivalenten, weil viel zu oft missbrauchten Kategorien von „Heimattreue" und „Verrat an der Heimat" konnotiert war, hat die Situation nochmals unübersichtlicher gemacht und Möglichkeiten der Rechtfertigung von Unrechtfertigbarem geliefert.

Zusammenfassend: Aus den Akten von Gyula Klamár ist ersichtlich, dass die Beamten der ungarischen Staatssicherheitsdienste erst schrittweise auf die Idee kamen, Klamár als Kandidaten mit dem Schwerpunkt *Magyar Híradó* zu führen. Zunächst wurde er wegen seiner Kontakte zu der Emigrantenorganisation NEM ins Visier genommen. Dass der Anwerbungsversuch bei Klamár scheiterte ist nicht zuletzt darauf zurückzuführen, dass Klamár mit seiner Auswanderung sich den ungarischen Behörden entzogen hat. Ein Zustand, den die ungarischen Staatssicherheitsdienstorgane erst sukzessive einzusehen bereit waren. Die Klauen der Behörde reichten weit und man wusste zunächst selbst nicht, wo die Grenze der Reichweite zu ziehen sei.

Die Politik der Emigration

Magyar Híradó wurde bei der Gründung auf eine breite gesellschaftliche Basis gestellt, wo sowohl als konservativ geltende Kreise, so z.B. die Kirche, als auch z.B. die Sozialdemokratie, sowohl österreichische als auch internationale Organisationen, so z.B. die UNO, vertreten waren. Nichtsdestotrotz lassen sich die tonangebenden Personen bei der Zeitschrift dem Umkreis einer Partei zuordnen, nämlich der Független Kisgazdapárt, der Partei der Kleinen Landwirte. Dies ist einerseits darauf zurückzuführen, dass in Ungarn in den ersten Jahren nach 1945 diese Partei die stärkste politische Macht verkörperte und daher diese zahlenmäßig die meisten Anhänger hatte. Man kann jedoch z.B. auch Imre Nagy zumindest in der Nähe der politischen Richtung verorten, die diese Partei vertrat. Nagy galt nämlich innerhalb der Kommunistischen Partei als Experte für die Landwirtschaft und hatte mehrmals wichtige Ämter in diesem Bereich inne. So waren diejenigen, die sich als Anhänger von Nagy und somit als Repräsentanten der Revolution 1956 verstanden haben, in einem politischen Lager, das Affinität zu jener Partei hatte. So waren unter den Redaktionsmitgliedern, die im zitierten Bericht von Kövi Januar 1958 aufgelistet wurden, diejenigen, die durch den Agenten zu einer konkreten politischen Gruppierung zugeordnet wurden, so der „jetzige Führer Ferenc Ilosvay" und der „Mitarbeiter Tibor Egerváry" von der Bauernpartei. Da bei der sukzessiven kommunistischen Machtübernahme zuerst (in 1947) die Bauernpartei und erst nachher (in 1948) die Sozialdemokratie ausgeschaltet wurde, und außerdem im Falle der ersteren Teile der Parteileitung in die Emigration gezwungen wurden, während bei der letzteren sie zunächst in eine Einheitspartei integriert wurde, bildeten die 1947er Emigranten eine starke politische Organisation, die es schaffte, im Westen als legitimer Vertreter von Ungarn zumindest symbolisch anerkannt zu werden, indem hohe US-amerikanische Politikerkreise ihre Vertreter empfingen oder bei ihnen als Berater anfragten.

Ein vom 24. September 1964 stammender, vorhin zitierter

Informationsbericht hält die Wirkung der Wienreise von Ferenc Nagy und Béla Varga fest sowie dass ein ehemaliger ungarischer Attaché aus Paris zurückkam, jetzt in Wien wohnt und „an der weiteren Arbeit aktiv teilnimmt." Weitere diesbezügliche Berichte stammen von Barclay aus 1965. Der ebenfalls bereits zitierte Plan aus 1963, dass Barclay die Abläufe in der Redaktion von *Magyar Híradó* beobachten soll, wurde demnach offenbar nachhaltig umgesetzt. Barclay meldet also Anfang 1965:

> Ferenc Nagy hat an Gyula Klamár, den Redakteur der Wiener Magyar Híradó, einen Brief geschrieben, in dem er mitteilt, dass er in den USA versucht Geld zu beschaffen, damit das Blatt zweimal monatlich erscheinen kann. [...] Es ist bemerkenswert, dass seit der Wienreise von Nagy die emigrierten Politiker Magyar Híradó nützen, um ihre Ansichten zu publizieren.[72]

Ein halbes Jahr später, vom Sommer 1965 stammt ein nächster Bericht aufgrund von Barclays Informationen:

> Zwischen Ferenc Nagy, dem ehemaligen ungarischen Ministerpräsidenten und seinen zu Hause gebliebenen, von den ehemaligen Kleinelandwirten verbliebenen Anhängern ist Gyula Klamár, der Redakteur des Wiener Magyar Híradó der Verbindungsmann. Die ausreisenden Kleinelandwirte suchen ihn auf. Ihre aus der Heimat stammenden Nachrichten leitet Klamár an Ferenc Nagy weiter. Die von Nagy kommenden Nachrichten und Anweisungen erhält Klamár brieflich. Klamár zeigt die Briefe den Ausreisenden und vernichtet sie anschließend. Die Ausreisenden bringen die Botschaften Nagys mündlich ins Land. Nach Ungarn werden – die Nagys Botschaften beinhaltenden – Briefe aus konspirativen Gründen nicht geschickt. Die ungarischen Kleinelandwirte möchten erreichen, dass Ferenc Nagy in Wien ein Emigrantenzentrum organisiert. [...] Unser Agent [nämlich Barclay] hat mehrmals gemeldet, dass Klamár regelmäßig Informationen an Nagy schickt, der diese in das US-Außenministerium weiterleitet. Die US-Amerikaner sind mit diesen Informationen unfrieden. Sie meinen, ihr Inhalt stimmt mit dem überein, was sie aus anderen Quellen bekommen.[73]

Magyar Híradó, samt seinen zwei Redakteuren Sebestyén und Klamár vertrat also die Linie, die auch Nagy und Varga sowie z.B. Dessewffy vertraten, nämlich die Linie der Kleinen Landwirte.

---

72 ÁBTL 3.2.4. K-174 S. 279, 5. Januar 1965.
73 ÁBTL 3.2.4. K-174 S. 280f., 18. Juni 1965.

Die Partei gewann in Ungarn 1945 die Wahlen mit einer absoluten Mehrheit, konnte aber auf Druck der sowjetischen Besetzungsmacht keine Alleinregierung bilden. Ihre Führer bekamen zwar hohe Positionen, so wurde z.b. Ferenc Nagy Ministerpräsident und Béla Varga Parlamentspräsident, sie wurden aber sukzessive zum Rückzug gedrängt. Die führenden Politiker mussten einsehen, dass sie entweder in Untersuchungshaft genommen werden oder ins Ausland gehen: Mai 1947 emigrierte Nagy[74] in die Schweiz. Juni 1947 kam Varga über Österreich in den Westen. Pál Auer war von 1946–1947 ungarischer Botschafter in Paris und blieb nach seiner Entlassung weiterhin dort.[75] Diese Politiker wurden zu den Führern der ungarischen politischen Emigration.

Das Magyar Nemzeti Bizottmány [Ungarisches Nationales Komitee] (1947 bis 1957, gegründet in den USA) war die offizielle ungarische „Emigrantenregierung". Der Präsident der Vereinigung war Béla Varga. Pál Auer war für die Außenangelegenheiten zuständig. Zu den Führungspersönlichkeiten gehörte auch Ferenc Nagy. Zu den ehemaligen Kleinelandwirten gehörten weiters die ebenfalls in den Westen emigrierten Tibor Hám, Gyula Dessewffy und Zoltán Pfeiffer.

Nach 1956 bildeten sich die Emigrantenstrukturen neu. Hinzukam eine große Anzahl von politisch aktiven, großteils jüngeren Männern sowie einige weitere etablierte Politiker wie Anna Kéthly, eine Sozialdemokratin, die Anfang November 1956 als Mitglied der Imre Nagy-Regierung in den Westen gelangte und angesichts des Einmarsches der Sowjettruppen nach Budapest hier blieb. Nachfolgeorganisation von Nemzeti Bizottmány wurde ab 1958 der Forradalmi Tanács [Revolutionsrat].

Es ist eine Frage, inwiefern diese Führungselite (politische Führung mit Varga und Nagy und die journalistische Elite mit Klamár und Sebestyén) eine reale gesellschaftliche Gruppe repräsentiert. Bezeichnenderweise konnte sich die Partei der Kleinen Landwirte in Ungarn weder nach 1945 noch nach 1989 behaupten. Beide Male haben sie von den Wählern eine Aufgabe bekommen,[76] die sie

---

74 Zur Tätigkeit Nagys in Ungarn siehe u.a. Ferenc Nagy *Struggle behind the Iron Curtain* (*Kampf hinter dem Eisernen Vorhang*)1948.

75 Zu Auers Tätigkeit und Ansichten siehe u.a. Pál Auer *Fél évszázad* (*Halbes Jahrhundert*) 1971.

76 Die Wahlergebnisse waren 1945 57% und 1990 12%.

beide Male mittelfristig nicht wahrnehmen konnten. Was 1947 mit den kriminellen Methoden der Kommunisten und mit der globalen politischen Lage erklärt werden konnte, dass sie nämlich von der faktischen Machtausübung gedrängt wurden, muss in den 1990er Jahren der inzwischen erfolgten Erosion der Bedeutung der Partei zugeschrieben werden. Die Perspektive, die jene Elitegruppe vertrat, funktionierte nur in einer künstlichen Situation wie z.B. die der Emigration.[77]

Das ist, was das Blatt *Magyar Híradó* widerspiegelt. Es vertritt eine populistische Linie und hält einen Geist aufrecht, der als Alternative zum Stalinismus im Jahrzehnt 1945–1956 in Ungarn eine Bedeutung hatte, der aber bereits 1957 überholt war. Das Überleben des Blattes sicherten die Emigranten, die ganz genau diese Erinnerung wachhalten wollten, bildete sie doch ihre Identität und rechtfertigte sie ihr Schicksal.

Die Sprache des Staatssicherheitsdienstes

Die in diesem Aufsatz ausführlich zitierten Akten geben nicht nur Einblick in das Funktionieren der ungarischen Staatssicherheitsdienste und bringen nicht nur zahlreiche Details, die erst in ihrer Fülle die Komplexität der ungarischen Emigration in Österreich in der Periode des Kalten Krieges deutlich machen und somit die Dynamik erklären können, die diese Migration in politischer, kultureller und gesellschaftlicher Hinsicht auch für die Geschichte Österreichs bedeutend macht, sondern eröffnen auch den Blick auf einen Bereich, der sich u.a. auch sprachlich definiert. Diese Berichte verwenden eine Reihe von besonderen Begriffen, weisen spezielle Anwendungen von auch in der Alltagssprache gebräuchlichen Wörtern auf, haben spezifische grammatikalische Strukturen, und spiegeln typische soziolinguistische Eigenheiten wider.

So bilden die Decknamen eine eigene Wortgattung. Wir haben Kövi, Irodalmár und Szegedi, Vitéz, Kerekes und Siklós kennengelernt. Im Weiteren sind Decknamen vorgekommen, die nicht ungarisch klingen, so Lipmann und Barclay. Es scheint eine Regel zu sein, dass Personen, die in Ungarn oder von Ungarn aus agierten

---

77 Aus dieser Hinsicht ist es erwähnenswert, dass 1989, bei der Wende in Ungarn, kein Emigrantenpolitiker und keine Emigrantenorganisation eine wie auch immer geartete Rolle spielte.

ungarisch klingende Decknamen hatten. Ausländer bzw. Ungarn, die dauerhaft im Ausland lebten erhielten fremd klingende Decknamen. Es gibt weiters eine Reihe von Spezialausdrücken bzw. linguistischen Sondergebräuchen, die nur im Staatssicherheitsdienstjargon vorkommen.

Sebestyén wurde als „Renegat", also Abtrünniger bezeichnet. Ilosvay war erstens „klerikal" und zweitens „Verräter". Sebestyén war bis 1956 als Journalist in Ungarn aktiv beim Aufbau des Systems beteiligt und „wechselte die Seiten" im Zuge des Aufstandes. Ilosvay hat damit einen Verrat begangen, dass er als ehemaliger Agent die Mitarbeit verweigerte. Weiters gehören zum spezifischen Vokabular der Staatssicherheitsdienste Ausdrücke wie Residentur und Linie sowie Sondergebräuche von alltagssprachlich verwendeten Ausdrücken wie Zersetzen (so z.B. in der zitierten Aufgabenbezeichnung „die Emigration zu beeinflussen und zu zersetzen") und Kompromittierung.

Eine wiederkehrende Formulierung ist: „Die Information ist vertrauenswürdig, aber nicht überprüft." Das heißt so viel, dass die Information bzw. der Bericht von einem Agenten stammt (dem man natürlich vertraut), als überprüft würde die Information aber nur gelten, falls sie durch einen zweiten unabhängigen und ebenfalls vertrauenswürdigen Kanal bestätigt wäre. Da den ungarischen Staatssicherheitsdienstorganen in Österreich nur wenige Agenten zur Verfügung standen und insbesondere auf ein und dieselbe Aufgabe in den meisten Fällen nur eine einzige Person abgestellt wurde, waren die meisten Informationen „nicht überprüft". Die Einseitigkeit, dass die Emigration betreffend in diesem Aufsatz immer wieder derselbe Agent, nämlich Kövi, zitiert wird, war auch ein Problem der ungarischen Staatssicherheitsdienste. Etwas anders scheint die Situation betreffend von *Magyar Híradó* zu sein. Wie aus den hier zitierten Berichten hervorgeht, konnten die ungarischen Staatssicherheitsdienste – entweder direkt oder indirekt – durch drei ihrer Mitarbeiter, Irodalmár, Szegedi und Szénási, Informationen beschaffen.

Um die spezifische Tätigkeit der Staatssicherheitsdienstorgane anzugeben wurden allgemein gebräuchliche Tätigkeitswörter weiterentwickelt bzw. auf eine Sonderbedeutung reduziert: Jmd. in inländischer und ausländischer Hinsicht aufarbeiten (feldolgozni), jmd. studieren (tanulmányozni), jmd. auf Grundlage von Pressio anwerben (pressziós alapon beszervezni), jmd. auf jmd. arbeiten lassen (z.b. nagybátyjára dolgoztattuk K-174 S. 111f); auf jmd. Informationen sammeln (z.b. gyűjtsön adatokat Dallosra K-174 S. 111).

Es stellt sich natürlich die Frage, wie sich dieser linguistische Sonderbereich entwickelte, also aus welchen anderen linguistischen Sonderbereichen er sich formte. Die aufgezählten Begriffe, Redewendungen und Wortgebräuche stammen aus der Polizei- und Militärsprache (Befehl, Anweisung), aus der Sprache der Bürokratie (Bericht, zusammenfassender Bericht), aus der Medizin (Operation, operative Mitarbeiter, „Lokalisation der feindlichen Tätigkeit von Dallos" K-174 S. 111f.), und Rechtssprechung („Für Siklós ist es legalisierbar..." K-174 S. 111f.) sowie aus der Sprache der sozialistischen Ideologie (Befreiung und Konterrevolution).

Die Sprache des Sozialismus enthält eine Reihe von Wortschöpfungen, so Konterrevolution – für die Revolution 1956 –, dissidieren und Dissident – im Sinne von einem Landsmann, der sich illegal ins Ausland absetzte bzw. sich im (westlichen) Ausland aufhält. Kapitalist und kapitalistisch wird im Sinne des Klassenkampfes als Erzfeind und als „der Andere" verstanden, also was man selbst nicht ist bzw. wogegen man auftritt. Die Staatssicherheitsdienstbehörde schrieb sich die Aufgabe zu, gegen die Verhetzung gegen die Ungarische Volksrepublik aufzutreten, gegen diejenigen, die einen Kampf gegen die kommunistische Bewegung – und diesem Namen entsprechend: gegen das Streben für Gerechtigkeit, wo also jeder das Gleiche hat bzw. der Privatbesitz überhaupt abgeschafft ist – führen. Entsprechend der sozialistischen Ideologie wird der Feind als eine Verschwörung dargestellt, deren einzelnen Elemente den historischen Gegnern der kommunistischen Bewegung entsprechen. Es sind die Aristokratie und das Großkapital – deren Vertreter sich laut dem Bericht K-1418 S. 36f. im Österreichischen Nationalkomitee für Ungarn vereinten –, die Nazipartei und die Kirche – ebendort. Faschisten und Legitimisten waren Kräfte, die in der Zwischenkriegszeit in Ungarn politische Rollen spielten, was nach 1945 zur Rechtfertigung der Eliminierung aller Oppositionspolitik diente. Klerikal war der Vorwurf, den man gegen den Chefredakteur Ilosvay erhob – im K-51 S. 2 –, eine Behauptung, die aufgrund der im Blatt gedruckten Artikel nicht begründbar ist. Dieser Vorwurf erklärt sich möglicherweise daraus, dass Ilosvay

„auf kirchliche Linie" (also durch die Mitarbeiter der Unterabteilung, die sich diesem Aufgabenbereich widmeten) angeworben
und drei Jahre lang (nämlich 1948–1951) beschäftigt wurde und
als man ihn auf seinen Onkel, der ein hoher geistlicher Würden-
träger war, arbeiten lassen wollte, er die Mitarbeit verweigerte und
so „Verrat" begangen hat. Da in den Akten der Staatssicherheitsdienste diese Vorgeschichte festgehalten war, bezeichnete man
Ilosvay „klerikal" – er hatte ja etwas mit dem Klerus zu tun – und
folgerte daraus, dass das Blatt, das er redigiert, auch klerikal sein
muss.

Die Denkweise der Staatssicherheitsdienste wird beispielsweise an der folgenden – einmal bereits zitierten – Stelle deutlich.
György Sebestyéns

> Tätigkeit ist gegenüber unserer Heimat zu dieser Zeit eindeutig feindlich:
> er ist Chefredakteur eines mit den Geldern von US-Amerikanern finan-
> zierten Blattes und als solcher nimmt er aktiv Teil an der Organisation
> und Durchführung der gegen Ungarn und die sozialistischen Länder ge-
> richteten Rufmordkampagne.[78]

Offenbar stehen, entsprechend der globalen Situation des Kalten
Krieges, zwei feindliche Seiten einander gegenüber: der durch die
USA gelenkte Block und der sowjetische bzw. kommunistische/
sozialistische. Mit Sozialismus wird hier allerdings erst nebenbei argumentiert. Es geht vor allem um „unsere Heimat", die eben in einer sozialistischen Solidaritätsgemeinschaft eingebunden ist. Dass
die USA als Anführer des kapitalistischen Blocks mittels Geld ihre
Anhänger bewegt entspricht genauso der Logik der Sache, wie dass
es sich bei deren Tätigkeit um verwerfliche Angelegenheiten wie
etwa eine Rufmordkampagne handelt. Diese Kampagne wird als
eine große gemeinsame Aktion angesehen, die von den USA or-
chestriert wird und wie eine Verschwörung funktionieren muss. Ob
diese Ideologie von den Mitarbeitern der Staatssicherheitsdienste
„geglaubt" wurde, ist hier natürlich zweitrangig. Sie führten ihren
Krieg entsprechend dieser Kategorien.

Die sprachlichen Formulierungen und linguistischen Eigenheiten des bereits ausführlich zitierten Berichtes K-174 S. 285ff.
vom 24. 09. 1964 verdienen ebenfalls unsere Aufmerksamkeit. In

---

78 ÁBTL 3.2.4. K-173/3 S. 29f.

der deutschen Übersetzung ist das freilich nur indirekt vermittelbar, dass es sich hierbei ebenfalls um einen vom Alltagssprachgebrauch abweichenden Verwendungsbereich handelt. Der Verfasser verwendet eine öffiziöse Sprache mit antiquiertem Jargon und bestimmten wiederkehrenden Formulierungen. Der Autor dürfte ein Mitarbeiter der Staatssicherheitsdienste gewesen sein, der seinen Bericht freiwillig und aus ideologischer Überzeugung ablieferte, somit eine Person, die sich im sozialistischen System eingerichtet hat und dieses System unterstützte. Sein Sprachgebrauch reflektiert diese Stellung: er beschreibt die Details des feindlichen Nachrichtendienstes *Magyar Híradó* (und verwendet daher Begriffe aus dem Vokabular von „kapitalistischen Ländern" bis „dem Westen entsprechende Propaganda") in einer umständlichen und unterwürfigen Sprache, wo die Denunziation in einem möglichst sachlichen und unpersönlichen Ton erfolgt. Es dürfte so auch das objektiviert dargestellt werden können, was moralisch problematisch und daher subjektiv schwierig war.

Der Informant: József Fóti

Der Redaktionsmitarbeiter, der in den ersten sechzehn Jahren der Zeitschrift *Magyar Híradó* die Kontinuität bedeutete, war József Fóti. Er hat im Historischen Archiv der ungarischen Staatssicherheitsdienste kein eigenes Dossier, seine Person taucht aber in zahlreichen Aktenstücken auf.

> József Fóthi [richtig: Fóti] ist nach wie vor Leiter des Október 23, steht vollkommen unter dem direkten Kommando von Havas Gewerkschaftssekretär und des indirekten von Herzog. –
> Über ihn hat Harry [Kiefer], der Sekretär von Herzog, als einen sehr guten Sozialdemokraten gesprochen, der seinerzeit auch zum Bécsi Magyar Híradó als der Delegierte der Sozialdemokraten gekommen ist und mit deren Genehmigung dort geblieben ist, – „so dass die Richtung des Blattes nicht allzu sehr anti-sozialdemokratisch wird", sagte mir Harry ebenfalls. Sie hatten nämlich Angst, dass in der Hand von Ilosvay die Richtung des Blattes nach rechts abweicht. Über diesen Mann hört man übrigens wenig, – ich habe nicht gehört, dass er besonders über den anderen stehen würde, ich sehe es eher so, dass man ihn für jemanden hält, der den Parteianweisungen folgt. –
> Ich konnte auch darüber keine Information bekommen, ob Október 23 eine ernsthaftere Tätigkeit ausüben würde, dieser Verein bewegt sich

nämlich nicht sehr, er funktioniert kaum. –[79]

In der Ausgabe vom 1. März 1973 des *Magyar Híradó* wird die To-
desnachricht von József Fóti gedruckt. Laut diesem Nachruf war
er 64 Jahre alt, wurde also 1909 geboren, entstammte einer Fami-
lie in Sopron, studierte in Wien, Bonn und Paris, promovierte in
Budapest an der Wirtschaftsuniversität. Nach dem Krieg war er
Journalist in Kecskemét und in Sopron, bis er im Zuge der 1956er
Ereignisse Ungarn verließ. In der Emigration war er neben seiner
Mitarbeit beim *Magyar Híradó* Präsident des Vereins 23. Oktober
und Mitglied der ungarischen Sektion der SPÖ.
Im Dossier K-1418 befindet sich ein Auszug aus dem Bericht von
Szénási aus 1960, was weitgehend damit übereinstimmt, was Fóti
in *Magyar Híradó* zwei Jahre später am 22. Januar 1962 anlässlich
des fünfjährigen Bestehens des Blattes publizierte:

> Im Januar 1957 haben die Wiener Hilfsorganisationen beschlossen, dass
> sie für die Bewohner der Lager ein Informationsblatt herausgeben bzw.
> dass sie die wenige Wochen vorher gestarteten Gewerkschafts-Tájé-
> koztató in eine Zeitung umwandeln. Die Presseabteilung des Gewerk-
> schaftszentrums hat die vervielfältigte Tájékoztató herausgegeben,
> hauptsächlich für die Lager in der Provinz, wohin der Informationswa-
> gen mit Tonband und Schmalspurfilmen nur selten kam. Aus diesen Ge-
> werkschafts-Tájékoztató ist Bécsi Magyar Híradó geworden. Das Blatt
> wurde vom Österreichischen Nationalkomitee für Ungarnhilfe [richtig:
> Ungarn], geleitet von Otto Molden, dem Bruder von Fritz Molden, des
> Herausgebers der Die Presse, und vom Gewerkschaftsbund herausge-
> geben. Jede der Herausgeber- und Hilfsorganisationen hat in die neue
> Redaktion je einen Journalisten delegiert.[80]

So ist Fóti selbst als Vertreter des Gewerkschaftsbundes in die Redaktion gekommen.
In den Berichten des Dossiers K-173/1 auf den Seiten 298 bis
342 wird die Überlegung ausgebreitet, *Magyar Híradó* zu übernehmen. Dabei werden die Mitarbeiter des Blattes wiederholt aufgelistet, einmal mit den echten und das andere Mal mit den Decknamen. Aus dem Vergleich dieser Listen geht hervor, dass Irodalmár
der Deckname von Sebestyén, Szegedi von Klamár und Szénási

---

79 ÁBTL 3.2.3 Mt-671/9 S. 72, 18. Oktober 1958.
80 ÁBTL 3.2.4. K-1418 S. 32, 24. Januar 1960.

von Fóti war. Laut eines Befehls vom 10. April 1962[81] wird „aus operativem Interesse" der Deckname Irodalmár auf James Foster geändert. Aus demselben Aktenstück geht hervor, dass statt Szegedi und Szénási die neuen Decknamen Jack Lipmann und Barclay werden. – Was übrigens nicht heißt, dass in Einzelaktenstücken vereinzelt nicht weiterhin die alten Namen verwendet werden. Ob dies darauf zurückzuführen ist, dass über die Namensänderung nicht alle Berichtschreiber verständigt wurden (und eventuell genau deshalb der Name geändert wurde, dass nicht alle Mitarbeiter mitkriegen, um wen es sich bei der Rede über die Agenten, Kandidaten und Zielpersonen handelt), oder dass sie nur schlampig sind, ist aufgrund der vorhandenen Aktenstücke nicht zu entscheiden.

Da weder ein Dossier Fóti zugänglich ist noch Berichte vorhanden sind, in denen es um ihn, also z.B. um seine Sicherheit[82] geht, ist es nicht nachvollziehbar, wie die Verbindung zwischen ihm und den ungarischen Staatssicherheitsdiensten zustande kam. Es ist auch nicht ersichtlich ob Fóti außer Informationen zu liefern für die Ausführung von weiteren Aktionen eingesetzt wurde. Fest steht, dass sowohl Szénasi als auch Barclay als „unser Agent" bezeichnet werden.[83]

---

81 ÁBTL 3.2.4. K-173/2 S. 174ff.

82 So werden Ausführungen bezeichnet, in denen die Offiziere der Staatssicherheitsdienste möglichst genau beschreiben, ob es Zeichen dafür gebe, dass ein Agent enttarnt werden könnte. In diesen Ausführungen wird oft der Verlauf der Zusammenarbeit kurz zusammengefasst.

83 Dass József Fóti ein „Agent der ungarischen Staatssicherheitsdienste" war, ist eine Folgerung, die aus rechtlichen Gründen hier ausdrücklich nicht gezogen wird. Laut geltendem ungarischen Recht kann jemand dann als „Agent der ungarischen Staatssicherheitsdienste" bezeichnet werden, wenn drei Kriterien erfüllt werden: es liegt die Einwilligung des Betreffenden an einer Zusammenarbeit mit den Behörden mit Originalunterschrift vor, es liegt sein sogenanntes „5er Karteiblatt" (bzw. sein Anwerbungsdossier) vor, das die Staatssicherheitsdienste über jeden Mitarbeiter anlegten und wo u.a. sein Status, also ob er ein Agent war, festgehalten wurde und es liegen Berichte (bzw. Zahlungen) vor, die dem Agenten eindeutig zuzuordnen sind. Da die 5er Karteiblätter der im Ausland tätigen Agenten der ungarischen Staatssicherheitsdienste sich nicht im Historischen Archiv befinden, kann über so gut wie niemanden, über den dieser Aufsatz handelt, behauptet werden, er sei ein „Agent" gewesen. Daher wird das hier auch nicht behauptet, sondern es werden Akten aus dem Historischen Archiv der Ungarischen Staatssicherheitsdienste zitiert, wo es fallweise von den Mitarbeitern dieser Behörde behauptet wird, jemand sei ein Agent gewesen.

Der Übernahmeversuch

Hinter den redaktionellen und organisatorischen Änderungen standen natürlich jeweils personelle, politische und wirtschaftliche Probleme. So drohte mit Ende 1961 die Einstellung. Die Mitarbeiter der Zeitschrift starteten diverse Rettungsversuche. Man probierte die SPÖ-Linie, fragte beim ÖGB an, kontaktierte Anna Kéthly, die ihrerseits die SPÖ kontaktierte. Sebestyén probierte es in der US-Botschaft. Und Sebestyén kontaktierte auch die offiziellen Vertreter der ungarischen Presse in Wien und verhandelte über einen Deal.

Die ungarischen Staatssicherheitsdienste beschäftigten sich mit Irodalmár seit 1958. Laut einer Aktennotiz vom 17. Oktober 1961 wurde nach drei Jahren beschlossen:

> Mit Irodalmár wollen wir uns im Weiteren mit dem Ziel der Anwerbung nicht beschäftigen. [...] Mit der Person von Irodalmár muss man sich mit dem Ziel der Kompromittierung beschäftigen.[84]

Ziemlich genau einen Monat später, am 18. November 1961 suchte György Sebestyén den Staatssicherheitsdienstmitarbeiter Ferenc Bíró auf, um die Probleme von *Magyar Híradó* mit ihm zu besprechen. Sie waren sich schnell einig. Sebestyén versucht, die Zeitschrift in eine „neutrale" Richtung zu lenken, dafür wird ihre Finanzierung vom ungarischen Staat gesichert. Géza (also János Fürjes, der Presseattaché der Wiener ungarischen Botschaft zwischen 1958 und 1962) und Irodalmár bzw. James (also Sebestyén) trafen sich zwischen November 1961 und Juli 1962 mehr oder weniger regelmäßig, in den Monaten Dezember 1961 bis Mai 1962 im Zweiwochenrhythmus.[85]

Teil des Deals mit Sebestyén war, ungarnfreundliche Texte in der Zeitschrift unterzubringen. So erschien am 16. Dezember 1961 *Délibáb, vagy biztató jelek?*[86]. Verfasst wurde der Text unter dem Pseudonym János Sarkantyú von Sebestyén. Sebestyén schlägt ei-

---

84　ÁBTL 3.2.4. K 173/1 S. 291.

85　Zum Ablauf des Übernahmeversuchs 1961/1962 gibt es in den Dossiers des Historischen Archivs der ungarischen Staatssicherheitsdienste reichlich Material: von K-173/1 S. 298 bis K-173/2 S. 328.

86　János Sarkantyú *Délibáb, vagy biztató jelek? (Schimäre oder zuversichtliches Zeichen?)* in: *Magyar Híradó* 16. Dezember 1961: 3f.

nen überlegten Ton an. Er weist zuerst auf die verschiedenen Perspektiven, in Ungarn und im Ausland, hin. Dann kommt er auf die zentrale Feststellung seines Textes:

> In Ungarn zeigen sich Zeichen, die Aufmerksamkeit verdienen.

Es folgt ein geschichtlicher Exkurs, an dessen Ende er zum Aufstand 1956 kommt:

> Wir sollten uns diesmal nicht mit der Analyse der Revolution beschäftigen.

Sebestyén versucht also, einen differenzierten Blick auf die ungarischen Zustände zu werfen, indem er nicht die Verbrechen des Systems betont, sondern auf die großen geschichtlichen Zwänge hinweist und die Entspannungspolitik der Jahre 1957–1961 in den Vordergrund stellt. Er erwähnt zwar heikle Punkte: den Mord an Imre Nagy und die in diesen Jahren durchgeführte Kollektivierung in der Landwirtschaft. Zugleich zählt er die Fortschritte auf, Schritte im Prozess der Konsolidierung des Kádár-Systems.

> Nach 1956 ist eine paradoxe Situation entstanden: die die Revolution im Blut ertränkende sowjetische Intervention hat einem Kreis zur Macht verholfen, der den Geist der von Imre Nagy in 1953 begonnenen Erleichterungen fortsetzt.[87]

Sebestyén betont, dass Kádár selbst am 23. Oktober 1956 neben Imre Nagy stand – ohne zu erwähnen, dass dadurch dessen Verrat noch schwerer wiegt – und dass Kádár zu der Zeit durch die Reste der Stalinisten angegriffen wird. Sebestyén zählt Fortschritte und Forderungen auf und schließt mit der Hoffnung, dass der Prozess der Demokratisierung in Ungarn fortschreitet.

Der Text stellt in der Emigrantenpresse einen vorsichtigen und mit Fragezeichen versehenen Schritt in Richtung Konsolidierung dar. Offensichtlich war *Magyar Híradó* bereit, in Richtung Normalisierung zu gehen.

Anfang des Jahres 1962 schien alles gut zu gehen. Laut eines internen Berichtes vom 9. Januar 1962:

---

87 Imre Nagy war 1953–1955 Ministerpräsident und leitete eine, verglichen mit den vorangegangenen Jahren mildere Phase der Rákosi-Periode ein.

In der Weihnachtsnummer ist unser Einfluss noch nicht zur Geltung gekommen. [...] Abweichend von der Weihnachtsnummer sehen wir in der zuletzt erschienen Ausgabe eine deutliche Verbesserung.[88]

Laut einer Aktennotiz vom 15. Januar 1962:

Mit Irodalmár haben wir das Treffen gehabt. Wir haben den Inhalt der letzten Ausgaben besprochen und haben vereinbart, dass wir in der Zukunft Texte ihm überlassen werden und zweiwöchentlich voraus die einzelnen Ausgaben besprechen. [...] In den letzten Ausgaben der Zeitschrift sind weitere Entwicklungsschritte zu beobachten.[89]

Den ungarischen Staatssicherheitsdienstbehörden gelang also nicht nur, ungarnfreundliche Texte durch Sebestyén schreiben zu lassen, sondern auch eigens verfasste Texte in der Zeitschrift unterzubringen:

Bis Mai haben wir dem Blatt ca. 35.000 Schilling zukommen lassen. „Irodalmár" hat als Gegenleistung versichert, dass einige von uns geschriebene Artikel oder Leserbriefe in Magyar Híradó erschienen sind.[90]

Gleichzeitig wusste die Behörde, dass die Mitarbeiter der Zeitschrift auch anderswo um Unterstützung ansuchen. Laut eines Berichtes von Sampson Frank vom 9. März 1962:

Herczog wurde von Szénási, Lipmann und Irodalmár aufgesucht. Herczog mag das Blatt und hat in Aussicht gestellt. dass er eventuell von der SPÖ für das Blatt finanzielle Unterstützung organisiert. Das Erscheinen der Nummer 3–4 dieses Jahres hat noch Molden gesichert.[91]

Und ein zweiter Bericht hält fest:

Der Agent mit dem Decknamen Szénási hat für Magyar Híradó vom IBFG[92] um Unterstützung angesucht. Deshalb hat er Fritz Klenner, den Leiter des ÖGB Verlages, den ehemaligen Sekretär des ÖGB, aufgesucht, der Mitglied des Österreichischen Führungskomitees des ÖGB

---

88 ÁBTL 3.2.4. K 173/2 S. 57ff.
89 ÁBTL 3.2.4. K 173/2 S. 63.
90 ÁBTL 3.2.4. K 173/2 S. 309, 16. Juli 1962.
91 ÁBTL 3.2.3. Mt-671/13 S. 48.
92 Internationaler Bund freier Gewerkschaften.

ist, und das an die IBFG zu schickende Papier unterschreibt.[93]

Die ungarischen Behörden konnten diese Versuche nicht ganz unterbinden, um den Schein der Unabhängigkeit des Blattes zu bewahren, weil es ansonsten seine Glaubwürdigkeit innerhalb der Emigration verloren hätte und das in ihn investierte Geld umsonst gewesen wäre.

Die Übernahme von *Magyar Híradó* durch die ungarischen Staatssicherheitsdienste scheiterte schließlich, da es den Redakteuren gelang, anderswo Geld aufzutreiben. Laut eines zusammenfassenden Berichtes vom 4. September 1962:

> Ab dem April 1962 ist Lipmann der Chefredakteur von Magyar Híradó. [...] Ab Dezember letzten Jahres bis Juni dieses Jahres haben wir durch den Chefredakteur mit dem Decknamen James Einfluss ausgeübt. Als Folge unseres Einflusses sind mehrere, in Richtung unserer Heimat loyale, einen objektiven Ton anschlagende Artikel im Blatt erschienen. Obwohl Lipmann mit diesen Artikeln nichts zu tun hatte, wurde Anfang des Jahres in der Emigration trotzdem (so z.b. durch Taby) verbreitet, dass Lipmann unser Agent sei, und wir durch ihn unseren Einfluss auf das Blatt ausgeweitet haben.[94]

Die Finanzierung

Einige bisher zitierte Berichte im Historischen Archiv und auch im *Magyar Híradó* selbst haben Hinweise auf die Finanzierung des Blattes enthalten. Wir haben gesehen, dass beim Übernahmeversuch seitens der inoffiziellen Vertreter des ungarischen Staates 1961/1962 ganz genau dieser Aspekt im Vordergrund stand, daher abschließend einige weitere ausführliche Zitate aus den Akten des Historischen Archivs um die relevanten Details der diesbezüglichen Faktenlage bzw. Vermutungen sichtbar zu machen.

Laut eines Berichtes von Kövi vom Juni 1959:

> László Losonczy [...] sagte, dass das Überleben von Magyar Híradó gesichert ist, Die Presse bekommt von US-amerikanischen Gewerkschaften jährlich 800.000 Schilling Unterstützung, das Blatt wird in 7.000 bezahlten Exemplaren verkauft, Die Presse zahlt sie entsprechend des Kollektivvertrages, so dass seiner Ansichten nach die Publikation ein für Die

---

93 ÁBTL 3.2.3. Mt-772/3 S. 91, 11. März 1962.
94 ÁBTL 3.2.4 K-174 S. 217ff.

Presse gewinnbringendes Unternehmen ist.[95]

Dass die Rekonstruierung der Geldquellen eine wichtige Frage für die ungarischen Staatssicherheitsdienste war, lässt sich aus der Annahme erklären, dass die Geld gebende Stelle auch einen Einfluss auf den Inhalt oder zumindest auf die Richtung des Blattes hat. Von welchen Quellen das Geld kam, darüber hieß es im Bericht von Rákóczi zwei Monate später:

> Sowohl das ungarische Blatt als auch Die Presse machen Verluste, und der Verlust wird aus der ordentlichen Subvention der Shell Mineralöl AG gedeckt. Shell macht auch Druck auf die Richtung des Blattes, Molden trifft sich jährlich 2- bis 3-mal mit dem Pressechef von Shell, der Instruktionen gibt. [...] Auf meine Frage erklärte György Sebestyén, warum Shell interessiert ist, diese Blätter zu unterstützen. In erster Linie, weil die imperialistischen Mammut-Trusts glauben, so gegen den drohenden Kommunismus zu kämpfen, dann kostet ihnen das im Endeffekt nichts, weil sie solche Presseförderungen offen als Regie-Ausgaben verbuchen können, was die Höhe ihrer Steuerbemessungsgrundlage mindert. In den USA ist nämlich der progressive Steuersatz sehr hoch und sie wollen mit allen Mitteln die Steuerbemessungsgrundlage senken. Also die Unterstützung wird im Endeffekt von den USA gezahlt.[96]

Laut eines Berichtes von Mihály Győri ges[ellschaftlicher] Kont[akt],[97] Ilosvay und Sebestyén

> bekommen zusammen – wie jeder Mitarbeiter der Magyar Híradó – Unterstützung von den Sozialdemokraten und einer antikommunistischen Emigrantenorganisation namens Ford Foundation.[98]

Die Finanzierung erfolgt also laut ungarischer Staatssicherheitsdienste durch die USA, und zwar indirekt, also durch Deckorganisationen, im konkreten Fall durch die „amerikanischen Gewerkschaften", durch die Mineralölfirma Shell und durch die im Kultur- und Wissenschaftsbereich agierende Ford Foundation. Dass die Finanzierung komplex ist, war von vorne herein klar. Das wusste man bereits aus der Tatsache, dass das Blatt bei seiner

---

95 ÁBTL 3.2.3. MT-671/10 S. 76ff., 3. Juni 1959.
96 ÁBTL 3.2.4. K 173/1 S. 81f. 27. Juli 1959.
97 társ. kapcs. d.i. társadalmi kapcsolat.
98 ÁBTL 3.2.4. K 173/1 S. 195, 3. August 1960.

Gründung auf eine breite Unterstützungsbasis gestellt wurde, was sich ja auch bei der Zusammensetzung seines Mitarbeiterstabs widerspiegelte. Die andere entscheidende Information war das Versiegen dieser Geldquellen. Das deuteten die Staatssicherheitsdienstanalysten als Zeichen von grundsätzlichen Änderungen in der Kalten Krieg Politik der USA resp. von Österreich und als Chance für die Vertreter des Ostblocks.

> Magyar Híradó wird mit dem 1. Januar 1962 eingestellt. Molden wird nämlich für diesen Zweck von den Amerikanern kein Geld mehr bekommen. Das Londoner Irodalmi Újság [Literaturblatt] ist in derselben Situation und das mit amerikanischem Geld finanzierte deutschsprachige Forum hat dasselbe Schicksal. Irodalmár hat schon mehrere Versuche unternommen, um das Blatt weiter aufrechtzuerhalten, aber erfolglos, weil man für diesen Zweck nur von den extrem rechten deutschen Kreisen etwas bekommen kann, und dazu war er nicht bereit.[99]

Es wurde ein Versuch gestartet, um von der Seite der Sozialdemokratie Geld zu bekommen.

> Anna Kéthly hat Herczog einen Brief geschrieben und ihn ersucht, dass er bei der SPÖ etwas zu erreichen versucht,[100]

um das Weiterbestehen des Blattes zu sichern. Ein weiteres Detail:

> Herczog wird mit [Oskar] Helmer, dem Präsidenten der Länderbank, sprechen.[101]

Die andere Möglichkeit war auf die älteren Kanäle der ungarischen Migration, also auf die Linie von Magyar Bizottmány zurückzugreifen. RFE war ja eine Gründung, bei der 1951 Magyar Bizottmány eine wichtige Rolle spielte und es hatte in den USA als Vertreter einer legitimen ungarischen Politik zumindest in gewissen Kreisen einen Einfluss.

> Anfang Januar war der Präsident des RFE in Europa, u. a. auch in Wien, und suchte das Blatt auf. Irodalmár hat in einem Fall mit ihm zu Mittag

---

99 ÁBTL 3.2.4. K-173/1 S. 298, 18. November 1961.
100 ÁBTL 3.2.4. K-173/2 S. 40, Ende Dezember 1961.
101 ÁBTL 3.2.4. K-173/2 S. 52, 30. Dezember 1961.

gegessen, der Präsident des RFE bezog sich darauf, dass Béla Varga ihn gebeten hat, das Blatt zu unterstützen, und daher hat er den Wiener Leiter des Citizen Service Mr. Hog [nach anderen Angaben: Thomas Hoog bzw. Hooge] gebeten, dass er dem Blatt 10 Tausend Schilling überweisen soll. Irodalmár sagte, dass er so erfahren hat, dass der Citizen Service ein Organ des RFE ist.[102]

Wer was wann erfahren hat und wann er das, was er erfahren hat, anderen weitergab, das ist natürlich etwas, was aus den Aktenstücken dieses Archivs so gut wie unmöglich ist herauszulesen. Aus diesem Bericht geht lediglich hervor, dass Géza/Fürjes in seinem Bericht Irodalmárs/Sebestyéns Äußerung so wiedergab. Wer ein Interesse hatte, diese Information genau zu diesem Zeitpunkt zu platzieren ist eine äußerst schwierig zu entscheidende Frage. Das Historische Archiv enthält Aktenstücke, in denen es um mehr oder weniger konkret geplante Operationen geht. Daher hat man aus der Menge der vorhandenen Daten das strukturiert wiedergegeben, was relevant schien. Im Frühjahr 1962 war die Finanzierung Teil eines Aktionsplans.

Wie aus einem Bericht von Sampson Frank im April 1962 hervorgeht versuchte man sich auf neue Beine zu stellen und passte die Organisationsstruktur des Blattes der Krise an.

> Bezüglich Magyar Híradó. Die „Eigentümer" Dr Fóthy [richtig: Fóti], Klamár und Sebestyén, der Verlagsdirektor András Weiss, der Rechtsanwalt Dr. Bólyai Mandel als Rechtsberater und Dr. Olivér Benjamin als Privatier haben Magyar Újságírók Egyesülete [Verein Ungarischer Journalisten] gegründet, der jetzt als der Eigentümer von Magyar Híradó gilt. Laut Informationen von Herzog geht die Angelegenheit mit der von der Sozialdemokratischen Partei für das Blatt zu gebende Subvention gut voran, er selbst erklärte das Blatt vor der Parteiführung als unterstützungswürdig, und sie beschäftigten sich mit der Frage in diesem Sinne. Sie haben auch eine Tischgesellschaft gegründet, die sich jeden Mittwoch um 7 Uhr im Café Attaché trifft. [...] Magyar Híradó hat im Innenministerium beim Aschenbrenner, der der Leiter der Presseabteilung ist, einen Entwurf abgegeben, der beim Referieren vom Minister [Josef] Afritsch die Anweisung bekam, dass er das Ansuchen an die Partei unterstützend weiterleiten soll. Entsprechend Afritschs Weisung ist das Ansuchen weitergeleitet worden, zudem als es bei der Partei ankam, Herzog zur Begutachtung aufgefordert wurde.[103]

---

102 ÁBTL 3.2.4. K 173/2 S. 144, 15. März 1962.
103 ÁBTL 3.2.3. Mt-671/13 S. 110, 6. April 1962.

Im Zuge des Krisenlösungsversuchs setzte man weiterhin auf die SPÖ Linie.

Aus dem Bericht von Barclay geht hervor, dass [Fritz] Klenner, wohl aufgrund des Auftrages des IBFG, am 25. Mai Barclay zu sich gebeten hat und ihm mitteilte, dass er mit einer vom IBFG gesicherten Geldsumme die Finanzierung des Blattes übernimmt, aber nur unter der Bedingung, dass das Blatt nur einmal monatlich erscheint und zu einer Zeitschrift wird. Der IBFG hat mit der Leitung des Finanzgeschäftes des Blattes sowie mit der Prüfung seiner inhaltlichen Linie Barclay beauftragt, der ab 1. Juni beim IBFG angestellt ist.[104]

Sowie wenige Tage später:

Der Agent mit dem Decknamen Barclay meldet, dass Klenner, der Präsident des Kontrollkomitees der SPÖ, der Direktor des Verlages des ÖGB, der schon einmal 24.000 Schilling Hilfe für die Magyar Híradó organisiert hat, jetzt unseren Agenten zu sich gebeten und ihm mitgeteilt hat, dass beim IBFG beim sogenannten Ungarischen Fonds noch eine größere Summe liegt, die er jetzt für die Finanzierung der Magyar Híradó ausgeben darf.[105]

Dasselbe etwas ausführlicher:

Durch die Organisation [Hálózati úton] haben wir davon Kenntnis erhalten, dass auch Radio Free Europe große Anstrengungen unternimmt, die Zeitschrift zu übernehmen. Unser Agent „Barclay" Dn. meldete, dass der Leiter des Wiener Büros des IBFG [Karl] Matal den Agenten zu sich gebeten und ihm mitgeteilt hat, dass der IBFG bereit sei, die Zeitschrift regelmäßig finanziell zu unterstützen. Entsprechend dem Bericht des Agenten haben sie vereinbart, dass die Zeitschrift in Zukunft nur einmal monatlich erscheint und dass der IBFG der Redaktion monatlich 18.000 Schilling zur Verfügung stellt.
Agent „Barclay" Dn. hat durch einen Zufall erfahren, dass Matal den dem Magyar Híradó zu übergebenden Betrag von Mr. Hoog bekommt, vom Leiter des Wiener Büros des Citizen Service, der mit Mr. Kolinc in engem Kontakt steht. Kolinc ist in München ein Leiter des Radio Free Europe.[106] Als der Agent einmal Mr. Hoog gegenüber klagte, dass die Zeitschrift mit schweren finanziellen Problemen zu kämpfen habe, dass

104 ÁBTL 3.2.4. K-173/2 S. 268ff., 30. Mai 1962.
105 ÁBTL 3.2.4. K-173/2 S. 272f., 1. Juni 1962.
106 Es geht eventuell um Paul Collins.

sie die Rechnungen nicht begleichen können, ist Hoog herausgerutscht, dass dies unmöglich sei, er habe doch das Geld bereits Matal überwiesen. „Barclay" ging nachher sofort zum IBFG, zu Matal, und hat ihn gefragt, warum er das Geld noch nicht überwiesen habe, er habe es doch von Hoog bereits bekommen. Matal hat dies sofort zugegeben und gleich die Summe an Magyar Híradó überwiesen.

Der IBFG hat „Barclay" beauftragt, die Zeitschrift finanziell und politisch zu kontrollieren.

Die Zusammenarbeit zwischen IBFG und Hoog wird auch dadurch bewiesen, dass Hoog in der letzten Zeit öfters in der Redaktion erscheint und versucht, auf die Redaktionsarbeit Einfluss auszuüben. Er setzte auseinander, dass Magyar Híradó nicht für die dort lebenden Ungarn zu machen sei, da diese Menschen schon seit Jahren dort leben und inzwischen die Sprache des aufnehmenden Landes gelernt haben. Sie können also dort erscheinende Zeitungen lesen, und wenn sie über die Ereignisse in Ungarn unterrichtet werden wollen, dann können sie ungarische Zeitungen abonnieren oder die Radiosendungen aus Budapest anhören. Die Zeitschrift sollte man vielmehr für die in Ungarn Lebenden schreiben, sagte Hoog, und man müsse Wege finden, damit die Zeitschrift nach Ungarn gelange. Hoog hat deshalb der Redaktion vorgeschlagen, dass sie große Aufmerksamkeit darauf verwenden sollte, die Zeitung an Bahnhöfen, am Flughafen und an den Schiffshaltestellen zu verbreiten. Später meinte er, man sollte überlegen, auf welchen weiteren Wegen man die Zeitschrift nach Ungarn bringen könnte.[107]

Aus einem weiteren Bericht von Barclay geht hervor:

> Der Weg der Hilfe des Citizen Service ist Folgender: Der Citizen Service überweist das Geld an Klenner, der bei der Länderbank ein Extra-Konto für dieses hereinkommende Geld eröffnet hat. Über dieses Konto verfügt Karl Matal, der Leiter des Wiener Büros des IBFG. Matal zahlt aus dieser Summe die Druckkosten direkt.[108]

So blieb *Magyar Híradó* das Emigrantenblatt, als das es gegründet wurde. Die Redaktion passte sich der sich ändernden internationalen Realität auch in dem Sinne an, dass man entsprechend der aktuellen – und am Anfang der 1960er Jahre hieß das: milderen – Phase des Kalten Krieges auch mit Vertretern des offiziellen Ungarn – zwar weiterhin äußerst schwierigen und umständlichen – Kontakt hatte. Die Zeitschrift entspricht also in jeder Hinsicht ganz genau den historischen Umständen, welche sie kreierten, tru-

---

107 ÁBTL 3.2.4. K-173/2 S. 310f., 16. Juli1962.
108 ÁBTL 3.2.4. K-173/2 S. 313f., 18. Juli 1962.

gen und welche sie auch in ihren Berichten widerspiegelte.

Die ungarischen Staatssicherheitsdienste zeigen sich dabei als ein Organ eines Molochs, der ebenfalls nicht bloß dem Moloch, sondern auch der internationalen historischen Situation entspricht. Sie übernahmen diplomatische Aufgaben, die man offiziell nicht wahrnehmen konnte, weil das den diplomatischen Regeln widersprach. Bzw. anders formuliert: sie übernahmen Aufgaben, die laut internationalen diplomatischen Gepflogenheiten, die Staatssicherheitsorgane übernehmen. Daher agierte man im Schatten bzw. als ein Doppel, wobei die agierenden Personen – so der Presseattaché und andere Diplomaten der Wiener Botschaft – Personen mit zwei Aufgabenbereichen waren. Sie bildeten einen integren – also sowohl organisch gewachsenen als auch für das Funktionieren unabdingbaren – Teil der Strukturen, die das System, also das System des sogenannten realen Sozialismus, mehr als vier Jahrzehnte, und d.h. rückblickend gesehen, sehr erfolgreich, aufrechterhalten haben.

Das beklemmende Gefühl, das beim Lesen der Originalberichte aus dem Historischen Archiv der ungarischen Staatssicherheitsdienste den Leser immer mehr durchdringt, ist ein schwaches Echo dessen, was diese Jahre jeden Betroffenen permanent begleitete. Und zwar auch in der Emigration, also dort, wo man hingelangte, um genau diesem „Gefühl" und seinem System zu entkommen.

Dass Österreich dabei nicht nur der geographische Ort war, wo all das sich abspielte, sondern – wie etwa die Ausführungen über die diplomatischen Tätigkeiten oder über die Finanzierungen das zeigen – die Geschehnisse um diese Migration in die gesellschaftliche, politische und kulturelle Strukturen des Landes integriert waren, ist eine Einsicht, die man erst dann datenbasiert, also mit einer wissenschaftlich nennbaren Sicherheit, gewinnen kann, wenn man auf Archivbestände zurückgreift, die Details enthalten, die aus den für die wissenschaftliche Forschung zugänglichen Beständen von österreichischen Archiven nicht herauslesbar sind.

Minderheitenliteratur

Das ungarische 20. Jahrhundert ist in mehrerer Hinsicht eigen-
tümlich. Auf die Frage, was eine Minderheit ist, waren in dieser
Zeitperiode verschiedene Antworten möglich. Die ungarischen
Minderheiten in Österreich – wo ich lebe und arbeite – betrach-
tend, erscheint eine andere Antwort logisch als in der Vojvodina,
wo der Vortrag gehalten wurde, dessen schriftliche Ausarbeitung
hier vorliegt. Oder zum Beispiel in Oulu, in Finnland, wo ich zwei
Jahre vorher einen Vortrag mit vergleichbarer Thematik gehalten
habe, der inzwischen ebenfalls in schriftlicher Form vorliegt.[1] Dort
war der Vortrag als Teil des Panels *Multilingualism and Multiculturalism in Fino Ugric Literatures* zu hören, und zwar im Rahmen eines
finno-ugrischen Kongresses, wo dementsprechend die finno-ugrischen Minderheiten im Fokus standen. Diese bezogen sich also
im Gegensatz zu den Literaturen der Ungarn, Finnen und Esten,
die jeweils in einem Staat die Mehrheit bilden, auf die Literaturen
der nordrussischen Komi, Mari und weiterer elf Minderheiten. In
Österreich zählen zu den sogenannten anerkannten Minderheiten
neben den Ungarn noch die Slowenen, Kroaten, Tschechen, Slowaken und Roma. Was auch heißt, dass die Angehörigen der zwei
größten Minderheiten, der Deutschen und der Türken, nicht als
solche gelten und ihre österreichische Literatur[2] daher ebenfalls
keine Minderheitenliteratur ist. Die österreichischen Polen gelten
ebenfalls nicht als Minderheit.[3] Was eine Minderheit ist und was
nicht, und welche Namen für eine Minderheit verwendet werden,
sind also komplexe Fragen, die an jedem Ort durch eigentümliche
historische Prozesse bestimmt wurden. Falls einer persönlich betroffen ist, falls das eigene Leben oder das Leben von Angehörigen
dadurch bestimmt wird, falls die oft schmerzhaften Aspekte der
Selbstidentität dadurch berührt werden, kann einer fallweise nur
schwer eine Definition akzeptieren, die von der eigenen abweicht.

---

1 Siehe den Beitrag *Ungarische Migrantenschriftsteller im Westen seit 1945* in diesem
Band.
2 Zurzeit beispielsweise Wolf Wondratschek und Ludwig Fels respektive Seher
Çakır und Hüseyin Şimşek.
3 Als österreichische polnische Schriftsteller sind beispielsweise Radek Knapp
und Stanisław Lem anzusehen. Letzterer lebte 1983-1988 in Wien.

Bezogen auf die österreichischen Ungarn ist es bemerkenswert, dass seit der Änderung des österreichischen Minderheitengesetzes 1992[4] nicht nur die sogenannten autochthonen Ungarn im Burgenland, sondern auch die in Wien lebenden Ungarn als Minderheit anerkannt werden. So anerkennt das Gesetz implizit die Migranten als Minderheit, da die Mehrheit der in Wien lebenden Ungarn mit österreichischer Staatsbürgerschaft als Migranten gekommen sind und inzwischen die österreichische Staatsbürgerschaft bekommen haben.

In diesem Aufsatz geht es um diese Gruppe, also um die ungarische Migrantenliteratur. So auch über das wissenschaftliche Problem, was es heißt, wenn die Migrantenliteratur als Minderheitenliteratur angesehen wird.

Die erste, aus dieser Fragestellung sich ergebende Detailfrage lautet wohl, ob es überhaupt einen ungarischen Schriftsteller oder Dichter gibt, der als Migrant in Österreich schreibt. Die Antwort lässt sich natürlich aufgrund von empirischen Daten angeben, wenn also Namen und Werke aufgezählt werden. Da es hier um das 20. Jahrhundert geht, im Folgenden Beispiele aus dieser Periode: Zwischen den zwei Weltkriegen wirkten in Wien Béla Balázs, Lajos Kassák, Attila József, Tibor Déry. Ein Teil von ihnen war sogenannter Emigrant, der also seine Heimat aus Furcht vor politischer Verfolgung verlassen hat.[5] Dies ist zum Teil auch für Attila József wahr, der zwischen dem Herbst 1925 und dem Sommer 1926 in Wien studierte, aber laut seiner eigenen Interpretation wegen seiner Beziehungen zu den Kommunisten gezwungen war, Ungarn zu verlassen. Was haben diese Migranten geschrieben? Balázs veröffentlichte während seines Aufenthaltes in Österreich

---

4 Die am 21. Juli 1992 veröffentlichte Verordnung Nr 425 Änderung der Verordnung über die Volksgruppenbeiräte änderte nicht das Gesetz, sondern die Durchführung der Gesetze.

5 Wenn wir auch thematische Aspekte berücksichtigen, kann auch Sándor Márai erwähnt werden, der nach 1919 aus Furcht vor politischer Verfolgung nach Deutschland übersiedelte und der in seinem 1935 publizierten *Egy polgár vallomásai* (*Bekenntnisse eines Bürgers*) auch seine Wiener Jugenderlebnisse bespricht. Márai wäre einerseits als bekanntes Beispiel anzuführen. Andererseits wäre mit ihm die Frage zu diskutieren, was Migration zu nennen ist. Ein Auslandsaufenthalt von wenigen Wochen?

das Prosawerk *Túl a testen*[6] und den Gedichtband *Férfiének*[7]. Er publizierte auch deutsch, so den Band *Mantel der Träume*.[8] Kassák lebte zwischen 1920 und 1926 in Wien. Er gab hier die Zeitschrift *Ma* heraus sowie eine Reihe von Büchern, so unter anderem 1923 einen deutschsprachigen Band mit dem Titel *Ma Buch Gedichte*. Dass Balázs und Kassák deutschsprachige Bände veröffentlichten ist ein starkes Argument dafür, dass ihr Leben als Migrant Wirkung auf ihr Werk hatte. Attila József verfasste während seines Wien-Aufenthaltes unter anderem die Gedichte *Ülni állni ölni halni* (*Sitzen Stehen Morden Sterben*), *Jut az ember* (*Man gelangt*) und *Vagyok kinek kell legyen kedve* (*Ich bin der Lust haben muss*)[9], die bezeugen, dass seine Migrantenerlebnisse in seinem Werk sich deutlich niederschlugen. Sein Werk wurde geformt durch die Begegnung mit der Avantgarde (im Werk von Kassák) genauso wie durch die politischen (Anarchismus) und gesellschaftlichen (Migrantenelend) Erlebnisse während seines Aufenthaltes. Tibor Déry publizierte in Kassáks *Ma* (*Heute*) 1923, geriet also ebenfalls in das Gravitationsfeld der Avantgarde, was vermutlich nicht der Fall gewesen oder nicht in dem Ausmaß geschehen wäre, wäre er in Ungarn geblieben. Er fing 1933 sein Buch *A befejezetlen mondat* (*Der Unvollendete Satz*) in Wien zu schreiben an, das teilweise in der Stadt spielt.

Aus der Periode nach 1945 wäre die Tätigkeit der sogenannten 56er Migranten hervorzuheben, so beispielsweise die journalistische (*Magyar Híradó, Pannonia*) und schriftstellerische (*Die Türen schließen sich*) Arbeit von György Sebestyén.

Die Aufzählung dieser Namen und dieser Werke wirft natürlich eine Reihe von Fragen auf. So beispielsweise die, ob diese Migrantenliteratur aus dem Gesichtspunkt der Nationalliteraturgeschichtsschreibung eine Bedeutung hat. Falls die erwähnten Namen – Balázs, Kassák, József, Déry, Sebestyén – nicht überzeugen, zwei historische Beispiele: György Bessenyeis *Ágis tragédiája* (*Tragödie von Ágis*), das Werk, mit dem die ungarische Literaturgeschichte

---

6 Béla Balázs und Karin Michaelis *Túl a testen. Egy férfi és egy nő naplója* (*Jenseits des Körpers. Das Tagebuch eines Mannes und einer Frau*) 1920.

7 Béla Balázs *Férfiének* (*Männergesang*) 1923.

8 Béla Balázs *Der Mantel der Träume* 1922.

9 Die Gedichte wurden teilweise in der Wiener ungarischsprachigen Emigrantenzeitschrift *Diogenes* veröffentlicht. *Vagyok kinek kell legyen kedve* ist mit dem Titel *Végül* (*Am Ende*) bekannt geworden. Bei der ersten Publikation in *Népszava* (*Volksstimme*) trug es Oktober 1926 noch den ursprünglichen Titel.

in alte und neue getrennt wird, wurde in Wien geschrieben und
in Wien von einem Schriftsteller veröffentlicht, der in Wien lebte
und unter kulturellen Einflüssen von Österreich – bzw von Frankreich mit österreichischer Vermittlung – stand. Ferenc Kazinczys
Fogságom naplója (*Tagebuch meiner Festungshaft*) dokumentiert ebenfalls
Ereignisse in Österreich. Sowohl Bessenyei als auch Kazinczy sind
mit diesen Werken Klassiker der ungarischen Literatur geworden.

Zurzeit leben in Österreich ca. 200.000 Ungarn.[10] Ihre literarische Tätigkeit ist nicht erschlossen. Es gibt kaum Veranstaltungen, die diese Literatur präsentieren würden.[11] Zum Teil natürlich
deshalb, weil diese Ungarn teilweise „nach Hause schreiben", sie
publizieren also in Zeitschriften in Ungarn, ihre Dramen werden
in Theatern in Ungarn aufgeführt, und ihre Bände erscheinen bei
Verlagen in Ungarn. Da Wien von der ungarischen Grenze ca. 50
km entfernt liegt, fällt es sozusagen kaum auf, wo sie sich genau
aufhalten. Zwei Beispiele sind der 1935 geborene Alpár Bujdosó
und der 1982 geborene Dénes Krusovszky, die regelmäßig in den
in Budapest erscheinenden Zeitschriften *Élet és irodalom* (*Leben und
Literatur*) respektive *Magyar Narancs* (*Ungarische Orange*) publizieren.

Aus dem bisherigen wird ersichtlich, dass nicht nur was eine
Minderheit und wer daher ein Minderheitenschriftsteller sei, als
eine schwierig zu beantwortende Fragen gelten kann, sondern
auch wer als Migrant anzusehen ist. Sind diese ausschließlich die
sogenannten Emigranten, die also aus politischen Gründen ihre
Heimat verlassen haben und in der Fremde die in ihrer Heimat unmöglich gewordene kulturelle Tätigkeit fortsetzen, schreiben also
die Literatur, die dort verboten wurde, wie beispielsweise Sándor

---

10 Laut Stephan Marik-Lebeck, eines Mitarbeiters des Österreichischen Statis-
tischen Zentralamtes arbeiteten 2015 130.000 Ungarn bzw. aus Ungarn stammende Personen in Österreich. Dabei wurden die außerhalb des ungarischen
Staatsgebietes, also in die ungarischen Minderheiten geborenen Personen nicht
mitgezählt, die vermutlich in verhältnismäßig größerer Anzahl ihre Heimat verlassen haben, als die von Ungarn stammenden Ungarn. Bis April 2017 – als der
diesem Aufsatz zugrundeliegende Vortrag gehalten wurde – dürfte diese Zahl
sich weiter erhöht haben. Es ist also berechtigt über 200.000 zu sprechen.

11 Gábor Schein hielt am 30. Oktober 2013 im Wiener Collegium Hungaricum
einen teilweise deutschsprachigen Leseabend, wo er unter anderem Texte vor-
las, die während seines einjährigen Wien-Aufenthalts entstanden sind. László
Garaczi lebte und arbeitete zwischen dem September 2014 und dem August
2015 in Graz. Am 15. September 2015 las er im Grazer Literaturhaus seine
Texte vor. In der Österreichischen Gesellschaft für Literatur werden regelmäßig
Übersetzungsworkshops abgehalten, organisiert durch den Dichter Zoltán Lesi,
so am 28. Januar 2016 und am 21. November 2016.

Márai in der Zeit des Kalten Krieges, der vor dem ungarischen Stalinismus flüchtete und bis zu seinem Tod 1989 weder nach Ungarn
zurückkehrte noch das dortige Erscheinen seiner Werke erlaubte?
Oder ist es sinnvoll den Begriff weiter zu fassen? Kann man je-
manden als Migrantenschriftsteller betrachten, der in ein anderes
Land übersiedelte wie beispielsweise István Domonkos, der aus
der Vojvodina kommend seit 1979 in Schweden lebt?

Es ist auch eine zu stellende Frage, ob die Arbeit der nach Ungarn migrierten Schriftsteller als Migrantenliteratur anzusehen ist.
Um bei einem Beispiel aus der Vojvodina zu bleiben, kann man
Katalin Ladiks Arbeit nach 1992 so ansehen? Hier ist ebenfalls
nicht die reflexartige Antwort relevant, als auf Vorurteile stützend
die Menschen in Kategorien eingeteilt werden, sondern die Untersuchung von wissenschaftlich zu nennenden Kriterien. So die
Fragen: Thematisiert Ladik die Migration? Hat der Grenzübertritt formale Spuren in ihren Werken? Wird ihr Werk als das einer
„jugoslawischen ungarischen Autorin" gelesen? Lassen sich in ihrem Stil, in den Metaphern, in der Thematik Erscheinungen von
Fremdheit finden? Gibt es in ihrem Werk Spuren der Transkulturalität, des Kulturtransfers, der Mehrsprachigkeit?

Ladiks Arbeiten sind nicht nur transnational und transdiszipli-
när, sondern erscheinen in verschiedenen Formen und interpretieren sich dementsprechend immer wieder neu. Beim Vortrag ihres
Gedichtes *Ufo Party* hat sie 2015 über ihre Texte unter anderem
Folgendes gesagt:

Sie haben Spuren vom mehrfachen Minderheitendasein. Ungarisch,
Lautgedicht, kleine Sprache, Jugoslawien und weiblich. Ich habe in meinem Vortrag die feministische Seite verstärkt. [...] Angefangen habe ich
mit geschriebener Poesie. Ungarisch habe ich geschrieben. Da ich aber
spürte, dass die ungarische Sprache klein ist – jede Sprache ist klein, auch
die Serbische – und die Übersetzung von Gedichten immer ein Problem
ist, und da es den sozialistischen Eisernen Vorhang gab, ich hatte also
keine Hoffnung dass meine Sachen in Ungarn erscheinen, und mir so
bloß das Minderheiten-Dasein in der Vojvodina von Jugoslawien blieb,
habe ich gespürt, dass ich außer meiner bis dahin entstandenen Gedichte
etwas zu sagen habe, was in einem gedruckten Buch keinen Platz hat. Da
ich die Nähe verschiedener Völker – ich lebte ja in einer multikulturellen
Welt –, die Folklore spürte, ich stand der Volksmusik, der Volkstraditi-
on nahe, und ich war überzeugt, dass ich wie Chagall in seiner Malerei
das Archaische mit den modernsten Richtungen verschmelzen kann –

sowohl die Folkloristen als auch die Literaturwissenschaftler meinten, ich hätte in meinen Gedichten das Archaische mit den modernsten Strömungen erfolgreich verschmolzen. Um meine ursprüngliche dichterische Intention vermitteln zu können, habe ich angefangen mich mit multimedialen Formen zu beschäftigen. Damals waren meine an visuelle Poesie interessierten Kollegen mit der Typographie beschäftigt. Ich hingegen war überzeugt, dass ich durch meinen weiblichen Zugang eine Form finden werde, die sie bis dahin nicht beschäftigte.[12]

Ladik fasst also den Begriff der Minderheit weit auf, nämlich nicht nur als ungarische Minderheit in Jugoslawien, sondern auch als Lautpoesie neben den Mainstream-Formen der Literatur und Frauenliteratur neben der – in den 1960er Jahren genauso wie heute – dominanten Männerliteratur. Ladik sieht offenbar als Angehörige einer Minderheit das, was ein in Ungarn lebender Schriftsteller viel leichter vor sich verbergen kann, dass nämlich die ungarische Sprache klein ist, aber natürlich nicht nur das Ungarische, sondern jede Sprache, da die sogenannten großen Sprachen ebenfalls nicht universell sind. Und was hier wesentlich ist: diese vielen Aspekte des Minderheitendaseins sind das, was das literarische Werk formen, dass es avantgardistisch, lautpoetisch ist und dass es vorgetragen wird, also als Performance funktioniert.

Ein nächster wichtiger Punkt bezüglich Ladiks Vortrag ist, dass das Publikum 2015 eine live performance erlebte, während Ladik einen 1968 verfassten Text vortrug – richtiger gab es nicht einfach einen Text und nicht einfach einen Vortrag. Es gab nicht einen Text, sondern ein Werk, da der überwiegende Teil des Publikums in Wien des Ungarischen nicht mächtig war und daher den Text nicht verstand. Der semantische Inhalt war also ein Bestandteil des Werkes, neben einigen anderen wie die Live-Performance, richtiger eine Neuinterpretation nach 47 Jahren. Ein anderer Bestandteil war der Kommentar zum Werk, der versuchte, es in seinem historischen Kontext zu verorten. Das Gesehene und Gehörte verwiesen also auf eine mehrschichtige und bis heute wirksame Vergangenheit: auf die Begegnung der Avantgarden von Ungarn und der Vojvodina im Zuge eines unter der Beteiligung von Tamás Szentjóby und Miklós Erdély organisierten, in Szentendre stattgefundenen, mit Fotoaufnahmen dokumentierten Happenings, auf ein 1969 in

---

12 Katalin Ladik *Visuelle Poesie*, Vortrag am 28. Oktober 2015, Universität Wien, im Rahmen der Ringvorlesung *Ästhetik und Politik der Form*.

der Zeitschrift *Uj Symposion* (*Neues Symposium*) publiziertes Bildgedicht und auf eine aufgrund dieser 2015 veranstalteten Performance. Was die bis heute reichende Gültigkeit der Avantgarden der Minderheiten und Mehrheiten der 1960er Jahre sichtbar macht. Die Sache ist also eine wissenschaftliche Herausforderung. Es besteht ein Bedarf nach Sammeln von empirischen Daten, nach Analyse von konkreten Beispielen, nach dem Einsatz von überprüfbaren Methoden, nach Publizieren der Ergebnisse und nach einer kritischen Diskussion. Eine nächste Frage demnach ist, welches sind die theoretischen Diskussionen, die die Untersuchung der thematisierten Erscheinung möglich machen.

Eine der produktivsten Diskussionen der letzten Jahre ist die der sogenannten postkolonialen Theorien. So Edward Saids *Orientalism* 1978, Gayatri Spivaks *Can the subaltern speak?* 1983, Homi Bhabha *The location of culture* 1994 und Mieke Bal *Travelling concepts* 2002. Jede dieser vier Arbeiten hat in der internationalen Diskussion seither oft eingesetzte Begriffe eingeführt, Orientalismus – in unserem Fall geht es eher um Exotismus –, Subalternität oder Unterordnung, dritter Raum oder Zwischenraum, Hybridität oder Verkreuztheit sowie den Begriff der wandernden Kategorien.

Der Bezug auf die poskoloniale Diskussion muss in diesem Fall um eine Anmerkung ergänzt werden. Es gab in den 1990er und 2000er Jahren in Wien bzw. von Wien ausgehend einen Versuch, jene Diskussion auf die Österreichisch-Ungarische Monarchie bzw. auf deren Nachfolgestaaten auszudehnen. Diese unter den Titeln *Kakanien Revisited*[13] und *Habsburg Postcolonial*[14] geführte Diskussion, inzwischen wohl für alle klar, eröffnete nicht nur Möglichkeiten des Gedankenaustauschs und erwies sich nicht nur als produktives Forum, sondern missinterpretierte sowohl die Theorie als auch die Fakten. Diese Erfahrung bestärkt auch: die direkte Anwendung einer in einem fremden Umfeld entwickelten Theorie geht mit der Vergewaltigung der lokalen Eigenheiten, dem selektiven und manipulativen Gebrauch von empirischen Tatsachen, mit der Verzerrung von Entwicklungsprozessen – also kolonialistisch zu nennenden Methoden – einher. Wenn ich mich hier auf postko-

---

13 Wolfgang Müller-Funk, Peter Plener, Clemens Ruthner Red. *Kakanien revisited* 2002.
14 Johannes Feichtinger, Ursula Prutsch, Moritz Csáky Red. *Habsburg postcolonial* 2003.

loniale Theorien beziehe, geht es also nicht darum, dass hier auch gerade aktuelle Begriffe und Theoretiker genannt werden, sondern um die Frage: welches sind die Begriffe, Kategorien, Methoden, mit denen eine so komplexe Problemgruppe wie das Phänomen der Minderheiten- und Migrantenkultur greifbar und verständlich wird?

Der Begriff des Orientalismus steht für den Blick der Kolonialisten auf die Kolonialisierten, also für die Interpretation der Kolonialisierten aus der Perspektive der Kolonialisten. Was der aus einer palästinensischen Emigrantenfamilie stammende Edward Said während seines Aufenthaltes in Ägypten erfuhr und dann in den USA ausarbeitete, analysiert eine spezifische Version der Konstruiertheit. Hier setzt die dominante Kultur ihre Dominanz nicht nur dafür ein, sich mit militärischen, polizeilichen, juristischen, administrativen, wirtschaftlichen und politischen Mitteln einer fremden Welt aufzuzwingen, sondern geht darüber wesentlich hinaus. Sie zwingt nicht nur ihre Religion und Sprache auf, sondern tut das mit der Betonung ihrer moralischen Überordnung, was auch diese Überordnung rechtfertigt. Sie macht ihre Perspektive zur ausschließlichen bei der Betrachtung der anderen, fremden Kultur. So löscht sie etwa in der wissenschaftlichen Diskussion die lokale Perspektive aus.

Im Falle der Subalternität geht es um die Sprache derjenigen, die schweigen, also nicht sprechen, richtiger, deren Stimme nicht gehört wird, die aus der öffentlichen Diskussion ausgeschlossen sind. Die Frage, die Gayatri Spivak im indischen Kontext stellt, ist auch in anderen Zusammenhängen, so etwa bezogen auf Mitteleuropa, sinnvoll. Die Frage lässt sich bezogen auf die Gegenwart und auf die Vergangenheit stellen. Inwiefern kann etwa die erwähnte Lautdichtung von Ladik als Teil eines diesbezüglichen Ausschließungsdiskurses, also – um eine direkte Analogie einzusetzen – als die Sprache der Subalternen angesehen werden? Das bekannteste Werk des ebenfalls erwähnten István Domonkos – *Kormányeltörésben* (*Im Bruch des Schiffruders*) 1971 – nutzt die Sprache der Gastarbeiter. Was deshalb merkwürdig ist, weil weder Domonkos noch seine Leser durch die Prozesse der Gastarbeit direkt betroffen waren.[15]

---

15 Das Publikum war insofern indirekt betroffen, als die in der Vojvodina lebenden Ungarn wohl die in Österreich, der Bundesrepublik Deutschland und in der Schweiz lebenden, aus Jugoslawien kommenden Gastarbeiter kannten.

Die hier zu stellende Frage lautet also, warum wählte Domonkos genau diese Sprache? Welche Analogie zwischen den Minderheitenangehörigen und den Gastarbeitern wollte er sichtbar machen?

Homi Bhabhas dritter Raum bezeichnet den Raum zwischen zwei Kulturen, der dabei zu keiner der beiden gehört. So der Raum der Migranten, die weder der Kultur angehören, wo sie angekommen sind, noch der, die sie verlassen haben. Und zugleich gehören sie beiden Kulturen an. Sie haben ja ihre Kontakte zu ihrer alten Heimat nicht völlig abgeschnitten. Sie verstehen und sprechen ihre Sprache, sie sind mit ihr durch Familie und Freunde verbunden, sie besuchen sie wiederholt, sie verfolgen, interpretieren, eventuell beeinflussen die dortigen Entwicklungen. Sie sind in ihrer neuen Heimat ebenfalls präsent. Als Gemeinschaft können sie sogar eine politische Einflussnahme haben, sie können politische Prozesse auslösen, die ihre Wurzeln in Fremdenfeindlichkeit haben – um nur eine der extremen Möglichkeiten zu erwähnen. Bhabhas Begriff bezieht sich also auf einen realen Raum, der soziologisch, politisch und vor allem kulturell relevant ist. Bhabha geht so weit zu behaupten, dass dies der Raum sei, in dem in unserer Zeit Kultur entsteht. Er ist kulturell produktiv und bestimmend.

Der dritte oder Zwischen-Raum heißt nicht nur „weder hier noch dort" respektive „sowohl hier als auch dort", sondern es geht dabei um einen neuartigen und anderen kulturellen Raum. Um zu verstehen was dieser Raum ist, wie er funktioniert darf dieser nicht in den Kategorien der fremden Heimat oder der sogenannten aufnehmenden Kultur, sondern muss in ihrer eigenen beschrieben werden. Was voraussetzt, dass diese Kategorien gefunden und festgehalten werden müssen. Dies dürfte für jede Minderheit lebende Erfahrung sein, beispielsweise dann, wenn das sogenannte Vaterland sich in das lokale Geschehen einmischt, bestimmte Unternehmungen finanziell unterstützend, andere eben nicht, anstatt dass es beispielsweise den lokalen Minderheiten überlassen wür-

---

Bezogen auf das in Ungarn lebende Publikum ist diese Kenntnis ebenfalls lediglich indirekt. Die Arbeit der in der DDR beschäftigten ungarischen Arbeiter – die im Ungarn des Staatskommunismus vergleichbare Form der Auslandsarbeit – wurde Arbeitskräftekooperation (munkaerő együttműködés) genannt. Dementsprechend existierte nicht eine Gastarbeitersprache, sondern lediglich ein gebrochenes Deutsch der Angehörigen von Brudernationen. Die anderen Formen der Auslandsarbeit waren Diplomatendienste sowie Entwicklungshilfe in den Staaten der Dritten Welt. Die hier entstandenen Soziolekte können daher ebenfalls nicht wie eine Gastarbeitersprache angesehen werden.

de die finanzielle Unterstützung aufzuteilen. Dies ist zumindest in Österreich der Fall, ist Quelle von ständigen Konflikten, bzw. führt dazu, dass es als unangenehm empfunden wird, auf Anfragen aus Ungarn einzugehen.

Der Begriff der Hybridität verweist auf das Problem, dass in binären Strukturen, in Gegensatzpaaren denkend die realen Prozesse nicht verstanden werden können.[16] Die Realität ist nicht schwarz-weiß. Sie ist voll mit Nuancen und sogar mit Farben. Die Kultur lässt sich nicht auf die Weise zweiteilen, dass es ein dominantes Element gäbe und alles andere, was von diesem abweiche feindlich und zu vernichten sei. Es ist nicht zielführend, die eigene der fremden Kultur gegenüberzustellen. Es ist aber sinnvoll darüber nachzudenken, dass es Gruppen, Personen, Autoren gibt, die mehreren Kulturen angehören. Und sogar, dass es nur dieses gibt. Es gibt die Mehrsprachigkeit, und zwar auf mehreren Ebenen und in verschiedenen Zusammensetzungen. Es gibt die Übersetzer und es gibt Autoren, die in mehreren Sprachen schreiben. Und es gibt noch mehr Menschen, die mehrere Sprachen sprechen und lesen. Es ist natürlich eine tägliche Erfahrung, dass Multikulturalität für populistische und autoritäre politische Ideologien ein feindliches Ziel ist. Dies trifft in Ungarn genauso zu wie in Serbien oder in Österreich, und zwar trotz aller strukturellen Ähnlichkeit in jeweils lokalen Variationen, Stärke und Formen. Hybridität steht also für die Kultur derjenigen, die sich im dritten Raum befinden, also weder denen entspricht, die in der Heimat blieben, noch denen, die in der neuen Kultur heimisch sind, sondern in beiden und in keiner, also etwas genuin Anderes und Neues.[17]

Warum sind wissenschaftliche Kategorien wie Hybridität und Transkulturalität wichtig? Das Verstehen der kulturellen Realität, die Bestimmung der für dieses Verstehen notwendigen Begriffe und Kategorien ist grundlegend, um über Literatur sprechen zu können. Wie es sich hier auch zeigt, die Literatur der Migration steht auch diesbezüglich nicht am Rande, sondern im Zentrum.

Das Konzept von wandernden Kategorien und wandernden

---

16 Wenn wir in Gegensatzpaaren denken, verwenden wir ein Modell, das die Realität auf einander gegenseitig ausschließende Kräfte reduziert.

17 Eine Folge davon ist die klare Erkenntnis, dass keine homogene Kultur existiert, und zwar auch nicht im Falle der im Ausgangsmodell als homogen angesehenen entsendenden und aufnehmenden Kulturen. Da es hier um den dritten Raum geht, wird hier nicht auf die Bedeutung dieser Erkenntnis eingegangen.

Begriffen macht auf das Problem aufmerksam, dass ein Begriff nicht nur eine Geschichte hat, sondern derselbe Begriff kann in verschiedenen Zusammenhängen andere Bedeutungen haben. Begriffe können zwischen Kulturen wandern, aber auch zwischen Disziplinen. Wir gehen in die Irre, wenn wir einem Begriff eine endgültige Bedeutung zuschreiben. Es erweist sich zielführender, die Bedeutung von Begriffen aus ihrer Anwendung abzuleiten.

Bezüglich des Postkolonialismus ist es wesentlich, dass im Ausdruck Postkolonialismus der Wortteil Post- sich nicht darauf bezieht, dass der Kolonialismus vorbei sei. Der Kolonialismus aus dem 19. und aus der ersten Hälfte des 20. Jahrhunderts ging zwar in den Befreiungsbewegungen der 1950er und 1960er Jahre zu Ende. Aber es gibt den Kolonialismus in dem, wie wir uns selbst und andere sehen, wie wir mit der Welt und ihren Konflikten umgehen. Was natürlich nicht allein kulturelle, sondern auch poltische Konsequenzen hat.

Heißt das, dass die Begriffe von Said, Spivak, Bhabha und Bal bei der Untersuchung der Migranten- und Minderheitenkulturen kritiklos einsetzbar sind? Oder geht es darum, dass die kritische Diskussion jener Begriffe hilfreich sein kann, um die angesprochenen Phänomene zu verstehen? Die Antwort Spivaks auf die Frage des Titels ihres angeführten Textes ist bekanntlich ein „Nein". Laut Spivak kann der Untergeordnete nicht sprechen.[18] In der Perspektive dieses Textes ist es hingegen klar, dass der Untergeordnete – der Migrant und der Angehörige der Minderheit – sich äußert, spricht, literarisch tätig ist. Hier handelt es sich also keinesfalls um die Übernahme der Thesen der poskolonialen Theoriediskussion in einem anderen Kontext. Es handelt sich um das Produktivmachen von produktiven Ansätzen. Es handelt sich darum, dass die ungarische Minderheitenliteratur der Vojvodina und Österreichs nicht vernachlässigbar, sondern als Teil eines globalen Phänomens anzusehen ist, die unsere Gegenwart bestimmt. Und dies gilt nicht nur für die, die persönlich betroffen sind, sondern für die Gesamtheit der Kulturwissenschaften und Literaturwissenschaften.

Für alle diese Begriffe gilt, dass sie nicht neu sind. In der ungarischen Literaturwissenschaft gab es eine sogenannte Postmo-

---

18 Und zwar deshalb nicht, weil wenn er sprechen könnte, er nicht untergeordnet wäre. Zur Definition des Untergeordneten wird also gezählt, dass ihm das Recht des Sprechens entzogen ist.

dernediskussion, die auch diese behandelte. Hier geht es nicht um
die Rekapitulation dieser Diskussion, da sie insofern als bekannt
vorausgesetzt werden kann, dass ihre Ergebnisse die Literaturgeschichtsschreibung der letzten Jahre bestimmen.[19] Diese Diskussion hat auf jeden Fall mehrere, in meinen Augen meist negative,
Konsequenzen. Die postmoderne Literaturtheorie hat im Ausdruck Postmodern die Bedeutung des Teilausdrucks Post- miss-
verstanden, indem sie sich als eine Theorie der Literatur nach der
Moderne ansah. Post- stand also für den Abschluss, das Ende von
etwas, sowie für eine neue, andere Situation, in der die Dynamik
der Moderne ungültig wäre. So betrachtete sie sich selbst als der
Kritik enthoben und wechselte somit in den Bereich der Pseudo-
wissenschaften über. Dies hat den Gebrauch von bestimmten Begriffen disqualifiziert oder machte zumindest ihren Gebrauch problematisch. So diejenigen, die ich aufzählte. Die Antwort darauf
kann nur sein, dass man diese Begriffe einzeln anschaut, versucht
sie aus ihren Ursprungskontexten, also bei Said, Spivak etc. zu verstehen, und dass man versucht, aus den Fehlern der postmodernen
Literaturtheorie zu lernen. Um zwei konkrete Beispiele anzuführen: die ungarische postmoderne Literaturtheorie um 1990 konnte
die neoavantgardistische Literatur weder deuten noch in der Entwicklung der ungarischen Literatur des 20. Jahrhunderts verorten.
Ebenfalls erwies sie sich unfähig, die ungarische Migrantenliteratur
in der allgemeinen literarischen Entwicklung zu verorten. Mit der
Avantgardeliteratur und mit der Migrantenliteratur sind wir also in
zwei Bereichen, die den Konsensus der ungarischen Literaturwissenschaften in Frage stellen. Hier geht es dabei wie gesagt nicht
darum, eine vergangene Diskussion wiederzubeleben, sondern um
das Auffinden von Begriffsmitteln, die real existierende und stark
missdeutete – so auch politisch verzerrte – Phänomene begreifbar
machen.

Was heißt all das aus der Perspektive der Migrantenliteratur?
Orientalismus, Subalternität, dritter Raum, Hybridität bekommen
eigentümliche Bedeutungen. Sie sind also wandernde Kategorien,
die aus der postkolonialen Diskussion übernommen neue Inhalte

---

19 Siehe die neueren Überblicksdarstellungen Mihály Szegedy-Maszák ed. *A
magyar irodalom történetei (Geschichten der ungarischen Literatur)* 2007, Tibor Gintli ed.
Magyar irodalom (Ungarische Literatur) 2010 und Ernö Kulcsar Szabó *Geschichte der
ungarischen Literatur* 2013.

und Bedeutungen bekommen. Die Subalternität macht die Phänomene der Ausgeschlossenheit und Fremdheit greifbar, die die Sprache, die Form, den Inhalt, die Rezeption von literarischen Werken bestimmen. Der dritte Raum ist genuin der Raum, den der Migrant einnimmt – richtiger: bildet. Hybridität beschreibt auf präzise Weise das Leben im Kreuzungspunkt von Kulturen, in der die Migrationsliteratur entsteht, verbreitet und gelesen wird. Und was in einem Aufsatz über Minderheitenliteratur hervorzuheben ist: mit diesen durch die Migrantenliteratur erarbeiteten Begriffsmitteln kann man sich auch der Minderheitenliteratur annähern.

Eine andere mögliche Annäherung an die Minderheiten- und Migrantenliteratur ist das Konzept des „Fünfpfeifigen Dudelsacks" der 1960er und 1970er Jahre.[20] Dieser Auffassung entsprechend ist die ungarische Literatur wie ein fünfpfeifiger Dudelsack beschaffen, zu der also neben der in Ungarn stattfindenden ungarischen Literatur auch die ungarische Literatur von Siebenbürgen, der Slowakei – vermutlich inklusive der ukrainischen bzw. damals sowjetischen –, von Jugoslawien sowie die der westlichen Diaspora auch zu zählen sind. Dies ist nun eine literarische Metapher, die vielleicht schön und edel zu nennen wäre, ist aber zugleich klarerweise politisch motiviert, versucht die Defizite des ungarischen Staatssozialismus bezüglich der im Ausland lebenden ungarischen Minderheiten zu beheben sowie die kulturelle Tätigkeit der im Westen lebenden ungarischen Migranten zu integrieren. Was damals wohl als politisch korrekt gelten konnte, aber sowohl damals als auch heute unwissenschaftlich ist. Dieser Aufsatz versucht nun anstatt von literarischen Metaphern und kulturpolitischen Korrek-

---

20 Gyula Illyés schreibt im Aufsatz *Hidas Antal és a többiek* (*Antal Hidas und die anderen*): „Die ungarische Literatur ist ein fünfpfeifiger Dudelsack, in Disharmonie. Wird unsere Generation erreichen, dass eine gute Arbeit diese nicht nur einzeln, sondern auch anders tönenden Pfeifen wieder in Harmonie bringt, bzw. vom Verstummen rettet? Die Jahre unserer unmittelbaren Vergangenheit zeugen von der Erschwerung der Aufgabe. Schauen wir den Ausdruck von identischen schriftstellerischen Ideen – Gedichte zeigen das besonders scharf an – in Košiče, Cluj, Subotica, Süd-Amerika und wir werden sehen, dass die ansonsten bereichernde Entfernung arm macht; in Ermangelung eines gemeinsamen Maßstabes. Es gab auch eine sechste Pfeife. Die Migrantenliteratur der Arbeiterklasse. Die Meister dieser sind heimgekehrt. Ihre Stimme ist Teil der von Budapest, der hiesigen geworden. Aber unter welchen Umständen? Mit welchen Lehren, mit welchen Ergebnissen? Bereichert, verarmt? Mit der Erledigung welcher spezifischen Aufgabe – oder mit der Vernachlässigung? Ich kenne von denen die Person und das Werk von Antal Hidas am längsten, am tiefsten." Illyés in: *Kortárs* 1967: 574.

turen auf dem Gebiet der Wissenschaften zu bleiben. Daher wird hier auf wissenschaftliche Begriffe und Methoden fokusiert. Was ist eine Minderheit? Was vor 1918 respektive vor 1920 bezogen auf Ungarn eine Minderheit war, änderte sich nach den den Ersten Weltkrieg abschließenden Friedensverträgen. Während des 20. Jahrhunderts änderte sich dies fallweise und für wenige Jahre wiederholt. Im Falle der Vojvodina war die ungarische Minderheit eine jugoslawische und auch eine serbische Minderheit. Im ersten Fall war sie Minderheit eines slawischen, aber multinationalen Staates, im zweiten ist sie das in einem national homogenen oder als national homogen angesehenen Staat. Was die Bedeutung des Begriffs deutlich veschiebt. In diesem Aufsatz habe ich versucht diese vielfache Interpretationsmöglichkeit zu betonen. Was bezogen auf literarische Lebenswerke noch bedeutender ist, da diese lediglich in ihrer Spezifizität interpretiert werden können. Minderheitenliteratur ist das beste Beispiel dafür, dass jede Kultur vielfältig, komplex, spezifisch und genau deshalb, also in ihrer Besonderheit wichtig und interessant ist.

Das Leben in der Minderheit kann durchaus produktiv sein. Im Falle der jugoslawischen ungarischen Literatur bildete sich die produktivste Zeitperiode respektive ein Kreis um die Zeitschrift *Uj Symposion* in den 1960er Jahren. Es ist möglich die Frage nach den Gründen dieser Blüte zu stellen. Warum haben sich zu dieser Zeit und dort die „Begabtesten" versammelt? Die Antwort ist wohl nicht in der Begabung der Schriftsteller zu suchen. Es war vielmehr die Publikumserwartung das, was diese Gruppe – oder Generation – als eine Aufgabe erhalten hat, deren Ergebnis ihre Kreativität, ihre Werke waren. Da in Ungarn die freie Entfaltung der Kultur durch die kommunistische Diktatur behindert war, hat die jugoslawische ungarische Minderheit diese Aufgabe übernommen. In der westlichen Diaspora gab es ähnliche Initiativen, dort hat aber im Gegensatz zu der Vojvodina die Kohäsionskraft gefehlt. Die Last der Vergangenheit (die Jahre nach 1918 und um das Jahr 1945), die kommunistische Macht (in ihrer titoistischen Variation, aber trotzdem), die aus ihr resultierende partielle Freiheit (Minderheitenrechte, Netzwerk von Kulturhäuser[21]) haben für

---

21 In Jugoslawien gab es genauso wie in Ungarn ein Netzwerk von Kulturhäusern. Die Redaktion der Zeitschrift *Uj Symposion* arbeitete im Rahmen eines Kulturhauses, des Tribune mladih von Novi Sad. Die Avantgardisten Jugos-

die junge Autoren um *Uj Symposion* das Gefühl der vorhandenen Freiheit bewusst gemacht. Aus dem Westen gesehen war Ungarn hingegen zu weit, die Migranten haben sich zu weit von der ungarischen Realität gelöst. In der Vojvodina hat in den 1960er Jahren die Situation selbst die Produktion entstehen lassen, was wir für das Werk von Otto Tolnai, László Végel und István Domonkos halten.

Hier ist auch Katalin Ladiks Werk zu verorten. Wie sie in der zitierten Stelle angibt, führte die in Jugoslawien in den 1960er Jahren zugängliche internationale Modernität, die Folklore des Balkans, die Mehrspachigkeit, die in dieser relativen Offenheit auch dominierenden Repressionen – Titoismus, Männerdominanz, die Tradition der Ungarnfeindlichkeit – zu der Kreativität, die Werke entstehen ließ, die ihre Gültigkeit bis heute bewahren konnten.

Ist es also möglich die Migrantenliteratur als Minderheitenliteratur anzusehen? Was dieser Aufsatz zu zeigen versuchte war, dass sie in identischen Kategorien zu untersuchen sind. Es existieren zahlreiche theoretische Übereinstimmungen. Die Ergebnisse der Untersuchung der Migrantenliteratur können für die Untersuchung der Minderheitenliteratur nutzbar gemacht werden und umgekehrt. Diese strukturelle Entsprechung lässt sich wissenschaftlich produktiv machen. In unserer sich wandelnden Welt ist es unverständlich und auch sinnlos, den Begriff der Migration auf die Emigration zu reduzieren, besonders im Sinne des Kalten Krieges, was dementsprechend eng ist, auch dann wenn ehemalige Emigranten noch teilweise literarisch produktiv sind. Die Begriffe der Minderheit und der Migration ändern sich auch. Das gilt im besonderen Ausmaß für die Migration, deren Bedeutung seit der sogenannten Migrationskrise der jüngeren Vergangenheit in der Alltagssprache auf eine erschreckende Weise verzerrt ist. Es war nicht das Ziel, auf diese Entwicklungen einzugehen, da aber hier ähnlich klingende Wörter verwendet werden, ist eine diesbezügliche Bemerkung nötig. Aus all dem ergibt sich hoffentlich klar, das Phänomen und die Literatur der Migration ist ein nicht vernachlässigbares Element, um zeitgenössische kulturelle Entwicklungen zu verstehen, ihre Interpretation ist eine wissenschaftliche Herausfor-

---

lawiens traten regelmäßig in ähnlichen Institutionen der einzelnen regionalen Hauptstädte auf. Die ungarische progressive Kultur fand in derselben Zeit mit dem Fiatal Művészek Klubja (Club der jungen Künstler) in einer Institution der ungarischen Kommunistischen Jugendorganisation in Budapest ihre Heimat.

derung, ihre Diskussion betrifft auch Phänomene wie die Minderheitenliteratur, und die um sie zu führende Diskussion sucht auch
Antworten auf grundlegende Fragen unserer Selbstidentität und
kultureller Zugehörigkeit.

Literatur der ungarischen Migration in Österreich in den 2010er Jahren

Die Literatur der ungarischen Migration in Österreich in unserer Gegenwart wissenschaftlich adäquat zu erfassen, ist eine Herausforderung. Hier wird versucht, eine Reihe von Annäherungswegen zu gehen, damit ein plastisches Bild entstehen kann. Es wird um die Minderheitenliteratur und um die Frage gehen, inwiefern Migranten- und Minderheitenliteratur zusammenfallen. Es wird um Theorien der Kulturwissenschaften gehen und um die Frage ob diese Theorien geeignet sind, das Phänomen zu fassen. Der Aufsatz teilt sich in fünf Teile. Da dieser Text im Rahmen einer Vortragsreihe zu Minderheitenliteraturen entstanden ist, stellt sich als erstes die Frage, was eine Minderheit ist.

Was ist eine Minderheit?

Um die Schwierigkeit der Bestimmung dessen, was eine Minderheit ist, aufzuzeigen, ein paar Beispiele. Die deutsche Literatur in Prag zwischen 1904 und 1923, also die der Zeit der Prager literarischen Produktion von Franz Kafka, ist wichtiges Thema der Germanistik, der österreichischen Literaturgeschichtsschreibung und der Erforschung der modernen deutschsprachigen Literatur. Die Literaturen der Nordostsowjetunion bilden einen zentralen Fragenkomplex der Finno-Ugristik. Bezüglich Minderheitenliteratur in Ungarn ist die ungarndeutsche Literatur, bezüglich der Minderheitenliteratur in Österrreich die slowenische Literatur in Kärnten, wesentlich. Über die finnisch-schwedische Literatur, über die Minderheitenliteraturen in Siebenbürgen, über die Romaliteratur und über die finnischsprachige Literatur in Nordwestrussland und in der Sowjetunion lässt sich nur in transnationaler Hinsicht adäquat diskutieren. Eine ganze Reihe von Nationalliteraturwissenschaften respektive transkulturellen Literaturwissenschaften behandeln also die Frage, mit jeweils spezifischen Definitionsversuchen.

In Österreich gibt es eine Reihe von Minderheiten. Einige von ihnen sind die sogenannten anerkannten Minderheiten. Was heißt das, was heißt anerkannte Minderheit in Österreich? Das heißt, dass sie laut Gesetz in Österreich als solche gelten und bestimmten Schutz genießen. Diese anerkannten Minderheiten sind die Kroaten, Roma, Slowaken, Slowenen, Tschechen und Ungarn. Im Falle der Ungarn muss man weiter unterscheiden. Als Minderheit gelten zunächst einmal die burgenländischen Ungarn. Seit zweieinhalb Jahrzehnten werden auch die Ungarn in Wien als Minderheit angesehen.[1] Nicht als Minderheit gelten daher die in den weiteren sieben österreichischen Bundesländern lebenden Ungarn. Hier gibt es also eine regionale Unterscheidung und auch einen zeitlichen Prozess: im Staatsvertrag von 1955 wurden die Slowenen und die Kroaten angeführt, das Volksgruppengesetz von 1976, also zwanzig Jahre später, dehnt das u.a. auf die Ungarn im Burgenland aus. Entsprechend dieses Gesetzes wird das Gemeinschaftsleben unterstützt; als Minderheitsrecht gilt die Verwendung der eigenen Sprache auf der untersten Verwaltungsebene; es gibt den sogenannten Volksgruppenrat, der im Bundeskanzleramt als Beratungsorgan (also ohne Entscheidungsmacht und ohne finanzielle Autonomie) eingerichtet ist. Entsprechend der unter Berücksichtigung dieser Beratungen erfolgten Beschlüsse des Bundeskanzleramtes (es geht um die Aufteilung der zur Verfügung stehenden jährlichen Geldmittel unter den entsprechenden Vereinen) sieht der österreichische Staat seine Aufgabe in der Unterstützung von traditionsbewahrenden Tätigkeiten dieser Vereine, also von Volkstanzveranstaltungen oder Kirchenchorkonzerten.

In Wien – wir haben bisher über Österreich allgemein gesprochen, jetzt konkret die Situation in der Hauptstadt – gibt es kaum eine autochthone, sondern nur eine allochthone Minderheit. Es gibt also nicht eine Volksgruppe, die seit Ende des Ersten Weltkrieges als Österreich und Ungarn getrennt wurden und Österreich als selbständiger Staat gegründet wurde – 2018 gibt es die Feierlichkeiten dazu – hier als geschlossene Einheit leben würde. Die Wiener Ungarn wurden 1992 als Minderheit mit anerkannt, weil hier seit vielen Generationen kontinuierlich Ungarn leben, und zwar zahlenmäßig mehr als im Burgenland, die ein Kulturleben entfalten, und zwar nicht nur mittels Gastveranstaltungen wie z.B. im Wiener ungarischen Kulturinstitut, wo vor allem die in Ungarn kulturpolitisch gerade aktuellen Kulturschaffenden präsentiert werden sollen, sondern etwa durch Autoren, die hier, also

---

1 Siehe die Verordnung Nr. 425 vom 21. Juli 1992 Änderung der Verordnung über die Volksgruppenbeiräte.

in Wien, leben und Werke, die hier, also in Wien, entstehen. Es gibt ungarische Schulen, Kindergärten, ungarische Studenten an der Universität Wien, also Bildung auf allen Bildungsebenen, es gibt Bibliotheken, religiöse Gemeinschaften.

In Wien lebten „immer" Ungarn. Ihre Bedeutung für die ungarische und österreichische Kultur ist in jeder Hinsicht groß. Ihre genaue Anzahl kann man nur schätzen. In Österreich leben zurzeit insgesamt ca. 200.000 Ungarn.[2] Davon einige zigtausend in Wien. Interessanterweise gibt es dazu viele Einzeluntersuchungen, eine systematische und umfassende Monographie aber nicht. – Wenn nun diese Minderheit nicht autochthon ist, also nicht aus ungarischen Familien besteht, die seit Generationen hier leben und die ungarische kulturelle Tradition innerhalb der Familien weitergeben, wer sind sie dann? Sie sind Migranten. Eine Gruppe, die sich permanent erneuert, ändert, erweitert.

Inwiefern kann bei den Wiener Ungarn über Migration gesprochen werden? Laut gegenwärtigem Sprachgebrauch handelt es sich beim Großteil von ihnen nicht um Migration, sondern um Mobilität. Das ist die Bezeichnung für die Binnenmigration innerhalb der Europäischen Union. So grenzt man sich in journalistischen und populistischen Kontexten gegenüber denen ab, die man in diesen Kontexten „illegale Migranten" nennt, die also von außerhalb der EU, vor allem aus „Syrien, Afghanistan und Afrika" kommen und die die „Migrationskrise von 2015" verursachten, weil sie nicht dem Dublin-Abkommen gemäß im ersten EU-Land, also an der EU-Außengrenze stehen geblieben sind. Unsere Migrantengruppe besteht also aus Personen, die im Zuge der Mobilität, und zwar genauso nach als auch vor dem Abschluss des Dublin Abkommens 2014 und des Entfallens der Beschränkungen des freien Zuzugs aus den sogenannten neuen Beitrittsländern ebenfalls 2014, aber auch vor dem EU-Beitritt Ungarns 2004 und sogar vor dem Fall des Eisernen Vorhanges 1989 nach Österreich kamen, also zu einer Zeit als von Mobilität noch keine Rede war.

---

2 Diese Zahl inkludiert alle, die Ungarn genannt werden können, also auch Obdachlose und Schwarzarbeiter (die statistisch nicht erfasst sind), Arbeitspendler, die also das Wochende außerhalb Österreichs verbringen, oder die Eingebürgerten, und auch die Ungarn, die außerhalb des ungarischen Staatsgebietes geboren wurden, also z.B. Ungarn aus Serbien oder der Ukraine, die statistisch nicht als Ungarn erfasst werden.

Die Frage, ob es eine ungarische Literatur in Österreich gibt, ist in den Kategorien zu diskutieren, die diese Migrationsvielfalt zur Verfügung stellt. Hier geht es um die Einzelfrage, ob bezogen auf unsere Gegenwart über eine ungarische Literatur in Österreich gesprochen werden kann. Einige Beispiele, damit die hier relevanten Kategorien benannt werden können.

Autoren und Texte

Alpár Bujdosó (geb. 1935), Ernő Deák (geb. 1940) und György Buda (geb. 1945) sind 1956, also vor 61 Jahren als junge Erwachsene oder als Jugendliche nach Österreich gekommen. Sie studierten hier und fingen zu schreiben an. Buda ist vor allem als Übersetzer bekannt. Deák gründete mehrere Emigrantenvereine mit, gab die Reihe *integratio* heraus und ist zurzeit Redakteur des in Wien erscheinenden ungarischsprachigen *Bécsi Napló* (*Wiener Tagebuch*). Drei Texte aus den 1960er Jahren zeigen die Anfänge der literarischen Tätigkeiten von Buda, Deák und Bujdosó. *Szonáta két gambára és kontinuóra* (*Sonate für zwei Gamben und Kontinuo*) ist der erste Text, den Bujdosó in *Magyar Műhely* (*Ungarisches Atelier*) publizierte, eine in Paris erschienene ungarischsprachige Zeitschrift, die bald das Sprachrohr der ungarischen Avantgarde wurde und wo Bujdosó bald als Redakteur mitarbeitete.

Ein nächster Text ist aus der Zeitschrift *integratio*, die 1967 gegründet wurde, von Ernő Deák, ohne Titel bzw. mit dem Titel *xy*, was sich aus dem Layout des Textes erschließt. György Buda publizierte ebenfalls 1967 in *integratio* Gedichte. Ein paar Zeilen aus dem Text von Deák:

> Mit unbekanntem Drang fangen wir mit dem Gedanken an, brechen unsere Jahre, unsere friedlosen Schritte schreiten voran, aber die Rinde der ewigen Frage drückt meine Schultern, das Ziel meines Weges unbekannt[3]

Im Gedicht Deáks geht es um einen jungen Mann, der auf der Suche nach der Liebe ist, aber die zitierten Anfangszeilen könnten

---

3 Das Original lautet: Ismeretlen indulattal indulunk a gondolattal törve törjük éveinket míg lépteink békételen tova török de az örök kérdés kérge a vállamon rendezetlen utam célja ismeretlen

auch etwas allgemeiner gedeutet werden, wo es also überhaupt um die Suche im Leben geht. Was für den 27-jährigen Migranten Deák wohl auch durch seinen Migrationshintergrund motiviert war.[4]

Drei Bemerkungen noch zu diesen Gedichten: Bildgedicht, eine avantgardistische bzw. in der Neoavantgarde extensiv benutzte Errungenschaft galt in den 1960er Jahren als formelle Innovation, und junge angehende Schriftsteller nutzten eben diese formelle Innovation. Zweitens, der 23-jährige Buda verwendete ein Pseudonym, Györk, und drittens, er publizierte zweisprachig. Von Bujdosó, Deák und Buda scheint letzterer als Schriftsteller noch aktiv zu sein. Er publizierte seine *Ausgewählten Gedichte* beim Wiener Podium Verlag 2015.[5]

Ungarische Literatur im Burgenland zu finden ist schwierig. Ein bemerkenswerter Fall ist Gerhard Baumgartner (geb. 1957), der unter dem Pseudonym Gyula Pulay veröffentlichte.[6] So folgendes Gedicht. *Minderheit sein* ist der Titel. Der Text wurde zweisprachig publiziert.

minderheit sein
kissebsíg lennyi
ist kein schicksal
nem sors
sondern aufgabe
hanem feladat
aber wer
de ki adja fe jeszt e feladatot
gibt uns diese aufgabe auf
ki e tanituomester
wer ist der lehrmeister
ki adja ez egyeseket meg ez ötösöket
wer gibt die einser und fünfer
ki buktat meg

---

in der schule der nation
a nemzet oskolájába

sind wir die dummen
mi vannunk e buták

Merkwürdig ist dieses Gedicht in mehrerlei Hinsicht. Es ist nicht klar, wer der Autor ist. Pulay ist möglicherweise nicht einfach das Pseudonym von Baumgartner, sondern ein fiktiver Autor. So gibt es von Pulay ein Geburtsjahr, was darauf hindeutet, dass er als fiktive Figur entworfen wurde. Zweitens ist das von den hier angeführten der einzige Text, wo es direkt um Minderheit geht.

Zoltán Lesi (geb. 1982) lebt seit acht Jahren in Wien. Er veröffentlichte bisher ungarisch, plant aber deutschsprachige Texte zu schreiben. Er organisiert diverse Veranstaltungsreihen, so *Budapest Wien Transit*, die junge ungarische und österreichische Autoren in gemeinsamen Programmen in beiden Städten vorstellt. Ein weiteres ähnliches Projekt von Lesi ist *Re:Verse: AU* wo ebenfalls ungarische und österreichische Autoren bzw. Übersetzer zusammengebracht werden.[7] Ausführliche Informationen zu Lesi finden sich auf seiner Facebookseite. Sein letzter Gedichtband erschien 2014.

Anna Zilahi (geb. 1990) studiert seit 2015 transmediale Kunst an der Wiener Universität für angewandte Kunst. Sie hat verschiedene Internetprojekte, so *Testtelen tánc* (*Körperloser Tanz*), wo wir in kurzen Videosequenzen Leute sehen, die ungarische Gedichte vorlesen, ohne dass sie die Sprache verstehen würden. Zilahi beschäftigt sich hier offenbar mit dem Thema Fremdheit und Sprache bzw. Literatur. Sie hat auch eine Facebookseite, wo sie aktuell ihren 2017 veröffentlichten Band *A bálna nem motívum* (*Der Walfisch ist kein Motiv*) bewirbt. Ein Foto von der Facebookseite Lesis zeigt, dass die hier besprochenen Autoren teilweise voneinander wissen – genauso wie das bei Buda und Deák der Fall war, die beide Ende der 1960er Jahre in derselben Zeitschrift publizierten. Dasselbe ist also sichtbar an der Widmung Zilahis an Lesi, und das ist ersichtlich am *Testetlen tánc*-Projekt, in dem eines der vorgelesenen Gedichte vom noch zu besprechenden Dénes Krusovszky stammt.

Zwei Gedichte aus dem Band von Zilahi, *A köd* (*Der Nebel*) und

---

7 So z.B. 2016 Max Oravin und Gábor Fónyad einerseits und Anna Zilahi und Eszter T. Molnar andererseits beim Treffen des Attila-József-Kreises in Szigliget.

Der Walfisch ist kein Motiv. Der eine ist der erste Text im Band, der zweite der titelgebende.

Der Nebel
wo ich bin, ich weiß es nicht genau, was das heißt, der Dunst antwortet. Ich würde dich für immer verlassen, wenn ich zumindest ein Amateur-Wanderer wäre. Aber die Flucht, das dauerhafte Entkommen, ich weiß es, bitte nicht böse sein, ist keine Grand Voyage. Dass uns der Nebel nicht erlaubt, kein Ausweg ist, und übrigens von wo aus, wir sollten das Woher zugeben.

Der Walfisch ist kein Motiv
Was noch ist alles nicht der Walfisch?
Wir leben in ihm, versuchen, uns in seinem schlüpfrigen Körper festzuklammern, parasitäre Alpträume des Walkörpers.
…
Gut, kein Motiv, zum Beispiel. Auch keine
Metapher, es wäre zu einfach für eine Metapher.
Wir leben hier, haben kein Sendungsbewusstsein,
aber auch wenn wir eins haben, leben wir hier.
Geflüchtet, die unfreiwillige Mission gescheitert. Entflohen.
Am Vorsprung ohne Widerstand, uns schmiegend an eine äußere Struktur,
zum Beispiel auf den Darmzotten, billige Assoziation.[8]

Zilahis Gedichte lassen sich auch im Migrationskontext lesen. Hier bekommen sowohl Nebel als auch Walfisch spezifische Bedeutungen. Nebel wäre das, in dem man sich verliert, aus dem man ausbricht, mittels der Literatur als Erkenntnisweg und mittels der Migration als Befreiungsakt. Das Leben im Körper des Walfisches ist ebenfalls ein mehrdeutiger Zustand. Man ist einerseits geschützt, andererseits ist das ein Fluchtort vor der Realität – auch in Anlehnung an die biblische Geschichte von Jona, der dem Ruf Gottes nicht folgen wollte, von einem Schiff ins Meer geworfen, von einem Walfisch verschluckt und beim Ort auf die Küste ausgeworfen wurde, wo er Gottes Auftrag zu erfüllen hatte.

László Garaczi (geb. 1956) hielt sich 2014/2015 ein Jahr lang mit einem Stipendium in Graz auf. Dort arbeitete er an *Wünsch híd. Egy lemúr vallomásai (Wünsch Brücke. Die Bekenntnisse eines Lemuren)*, das 2015 erschienen ist. Wünsch Brücke bezieht sich auf ein

---

8 Übersetzt von Emese Dallos und Max Orvin.

archektonisches Element in Budapest, das vor ca. 130 Jahren ge-
baut wurde[9] und vor 50 Jahren seine Funktion zwar verlor, aber
nach wie vor dasteht. Das heißt, die Bahnlinie, über deren offenem
Schacht die Brücke angelegt war, gibt es zwar noch, aber nun zu-
gedeckt; die Brücke steht daher in einem Park ohne, dass sie etwas
überbrücken würde. *Wünsch híd* ist der vierte Teil eines Romanzy-
klus', dessen einzelnen Teile jeweils den Untertitel *Die Bekenntnisse
eines Lemuren* tragen.[10] Garaczi arbeitete in Österreich also an einem
Projekt, das mit Österreich nichts zu tun zu haben scheint. Bei
einer näheren Betrachtung zeigt sich allerdings, dass es schwer ist,
sich der Grazer Kulturszene zu entziehen. Es gibt dort mit der
Zeitschrift *manuskripte*, mit dem Festival *steirischer herbst*, mit den
Veranstaltungsorten und Vereinen Kunsthaus Graz, Grazer Auto-
renversammlung, Forum Stadtpark oder mit dem Filmfestival *Dia-
gonale* einfach zu viel. Wenn also all das auf Garaczi keinen sichtbaren Einfluss ausübte, dann muss ihn das Arbeit gekostet haben, die
an seinem Text mit einer tiefergehenden Analyse sichtbar gemacht
werden könnte. – Es wird hier auf diese Analyse nicht eingegangen[11], Garaczi steht hier, um das Spektrum dessen, was Migration
ist, zu komplettieren.

Gábor Schein (geb. 1969) hielt sich seit 2005 wiederholt an der
Abteilung Finno-Ugristik der Universität Wien als Gastprofessor
auf. Diese Aufenthalte erstrecken sich jedesmal auf 10 Monate.
Schein ist Literaturwissenschafter und Schriftsteller. Zahlreiche
seiner Erzählungen und Gedichte entstanden in Wien, einige beschäftigen sich inhaltlich mit der Stadt. So *Bolondok tornya* (*Narrenturm*) 2008, eine Verserzählung über die Reisen des Malers Bernar-
do Bellotto – auch Canaletto genannt, hielt sich im Laufe des 18.
Jahrhunderts mehrmals in Wien auf, malte Stadtansichten, im Wiener Kunsthistorischen Museum hängen einige davon–, die teilweise in Wien spielt. Der titelgebende Narrenturm steht am Campus,
aus dem Fenster des Hörsaal 1 der Abteilung Finno-Ugristik sieht
man ihn sogar. Die am Buchumschlag abgebildete Zeichnung zeigt

---

9 Entworfen von György Brüggerman, der die Eisenbetonbaumethode von
Robert Wünsch einsetzte.

10 *Mintha élnél* (*Als ob du leben würdest*) 1995, *Pompásan buszozunk* (*Herrliche Bus-
fahrt*) 1998, *Arc és hátraarc* (*Nach vorne und nach hinten*) 2010 und *Wünsch híd* 2015.

11 Es ginge dabei um Garaczis Methode der Lemur-Bände, sich mit seiner Vergangenheit auseinander zu setzen.

ihn von der anderen Seite, vom Alserbach her. Damals war der Bach noch an der Erdoberfläche und erklärt auch den abgebildeten Sprung in der Geländeformation. Der Turm ist inzwischen ein Museum. Er wurde eine Zeitlang als Aufenthaltsort für verrückt erklärte Menschen verwendet. Das Thema Migration beschäftigt Schein auch in anderen Texten, so im Roman *A svéd* (*Der Schwede*). Schein ist auch öfters Gast bei diversen literarischen Veranstaltungen in Wien. So beim *Literarischen Lenz in Centrope* im Mai 2017 im Theater Brett, bei der *Lyrik im Hof 7* im Juni 2014 am Campus der Universität Wien oder im *Balassi Literaturcafe* im Oktober 2013 im Collegium Hungaricum.

Dénes Krusovszky (geb. 1982) hält sich seit mehreren Jahren ebenfalls wiederholt in Österreich auf. Er schreibt zwar für ungarische bzw. ungarischsprachige Zeitschriften, Bühnen und Verlage. Er ist dabei relativ viel im Ausland, und zwar nicht nur in Österreich – so November 2017 mit einem Stipendium in Berlin. Krusovszky ist, ähnlich zu Lesi und Zilahi, stark im virtuellen Raum des Internet präsent. Neben seiner Homepage und Facebook-Seiten betrieb und betreibt er diverse Internet-Projekte, so *Puskin utca* (*Puschkin Straße*) und *Versum online*. In seinem gerade entstehenden Roman soll Österreich eine Rolle spielen.

Gábor Gyukics (geb. 1958) war 2016/2017 ca. 10 Monate in Wien. Er bemühte sich, hier Fuß zu fassen, in dem Sinne, dass er um Stipendien ansuchte. Zweitens war er in Verbindung mit diversen hiesigen Institutionen, so mit Deáks *Bécsi Napló* (bei einer Redaktionssitzung lernte er die Dichterin Zsuzsa Holdasi-Szabó kennen, die dann mit ihm auftrat). Und drittens organisierte er einige Events, *Jazz Poetry* genannt, wo er seine eigenen Gedichte vortrug und auch andere, so z.B. Lesi einlud.

Gábor Fónyads (geb. 1983) *Zuerst der Tee* (2015) trägt autobiographische Züge. So beschäftigt sich der Held mit Linguistik und spezialisiert sich dabei auf kleine nordrussische Sprachen – der Autor studierte Finno-Ugristik; der Held zieht in eine Kleinstadt in England – der Autor verbrachte während seines Studiums ein Auslandsjahr in England; das Buch behandelt das Sich-Zurückziehen, das Veschwinden – was analog zur Migrationserfahrung, dass man aus einer institutionspolitisch konfliktreichen Situation kommend in die Ruhe einer entfernten und isolierten wissenschaftlichen Welt eintritt, gelesen werden kann. Zugleich ist klar, dass es mit Migration bloß um andere Arten von Konflikten handelt, dass die Befreiung von den alten die Konfrontation mit neuen Konflikten bedeutet – wobei der Unterschied auch ein gewaltiger sein kann, wie im Falle eines österreichischen Wissenschaftlers in England einerseits und von Flüchtlingen, die vor einem unmittelbar lebensbedrohenden Krieg flüchtend in ihrer neuen Heimat juristischen Schikanen ausgesetzt sind, andererseits.

Das wären also elf Literaten, die in den 2010er Jahren zumindest zeitweise in Österreich leben bzw. lebten.[12] Von denen sind einige nicht mehr aktiv, zeigen aber mit ihrem Werk die literarischen Möglichkeiten für die ungarische Migration in Österreich an. Welchen Formen der Migration lassen sich diese Autoren zuordnen? Baumgartner und Fónagy sind in Österreich geboren. Sie gehören also der dritten oder zweiten Generation an, wobei Baumgartner einer gemischten, Fónagy einer rein migrantischen Familie angehört. Buda, Bujdosó und Deák sind Emigranten. Lesi und Zilahi übersiedelten nach Österreich. Garaczi war für eine von vornherein festgesetzte Zeit hier. Schein, Gyukics und Krusovszky sind wiederholt in Österreich und überlegten oder überlegen, länger hier zu bleiben.

Wir sehen, Migration wird selten und selten in direkter, autobiographischer Form thematisiert. (Nicht erwähnt wurden hier allerdings Autobiographien bzw. autobiographische Dokumente wie z.B. Interviews.) Die literarischen Werke dieser Autoren können aber auf die Motive von Migration – Themen der Fremdheit, Sprachspiele, die mit der Situation der Zweisprachigkeit zusammenhängen – sinnvoll untersucht werden. Sie können also als Migrationsliteratur gelesen und gedeutet werden.

Infrastruktur und Publikum

Es gibt also Autoren und Werke, die als Teil einer „ungarischen Literatur im Österreich der 2010er Jahre" angesehen werden können. Gibt es aber eine entsprechende Infrastruktur? Gibt es hier Ver-

---

12 Diese Liste ist natürlich nicht erschöpfend. So wurden hier z.b. nicht näher erwähnt: Zsuffa Tünde, Eszter T. Molnár, Eszter Kállay, Bernadette Németh, Zsuzsa Holdasi-Szabó, um nur Mitglieder der „jüngeren Generation" zu nennen. Oder Balázs Pohl, der einen Theaterverein mit dem Namen schwung leitet und seine eigenen Theaterstücke aufführt.

lage, die sich auf ungarische Literatur spezialisieren? Es gibt auf jeden Fall den auf die Herausgabe von Übersetzungen ungarischer Literatur spezialisierten Wiener Nischen Verlag – auffallenderweise kommt in dessen Programm die ungarische Literatur in Österreich nicht vor. Deák sieht hier auch seine Aufgabe und bringt in *Bécsi Napló* immer wieder hiesige Dichter. Was es gibt, sind Veranstaltungen und Veranstaltungsreihen. Es gibt Veranstaltungen, die von den Autoren selbst initiiert werden wie *Wien Budapest Transit* und *Jazz Poetry,* und es gibt den *Literarischen Lenz in Centrope,* Auftritte bei der *Buch Wien,* insbesondere in der *Donaulounge,* es gibt die *Lyrik im Hof 7* sowie Leseabende im Wiener ungarischen Kulturinstitut, im Collegium Hungaricum.

Die relevante Frage, die hier gestellt werden sollte, ist aber, ob hier nicht ein Medienwandel berücksichtigt werden sollte. Das gedruckte Wort, der Verlag, die Literaturzeitschrift haben im 21. Jahrhundert nicht die Bedeutung, die sie noch im 20. hatten. Wir sahen Lesi, Krusovszky und Zilahi sind vor allem im virtuellen Raum von Facebook, Blogs und Internetprojekten wie *Puschkin utca, Telep (Siedlung* 2005), *Versum online, Testtelen tánc* aktiv. Das ist auch mit ein Grund, warum es eine Herausforderung ist, die „ungarische Literatur im Österreich der 2010er Jahre" zu überblicken.

Theorieansätze

Das Phänomen ist nicht nur eine empirische, indem die Sammlung der Daten schwierig ist, sondern auch eine theoretische Herausforderung. Es gibt aber natürlich hier auch eine Reihe von Ansätzen, die naheliegenderweise eingesetzt werden können. So Raumtheorien, postkoloniale Theorien, Erzähltheorien, das Konzept der Kleinen Literaturen von Gilles Deleuze und Felix Guattari und Ansätze der Sprachwissenschaftlerin Johanna Laakso.

Migration scheint raumtheoretisch klar analysierbar zu sein. Es geht um die Überschreitung von Grenzen – also von etwas, was die Welt grundsätzlich strukturiert. Wir orientieren uns ja an geographischen, politischen, sprachlichen, religiösen, kulturellen, juristischen, sozialen Grenzen, die mit jeder Überschreitung und Überquerung deutlich in Erscheinung tritt – genauso wie um die Entstehung von neuen Räumen – so der Raum der Migranten, um mit Homi Bhabha zu sprechen, der diese als Raum von neuer Kreativität hervorhebt.

Die Frage ist, ob wir bei den hier angeführten Beispielen der Grenze begegnet sind. Zunächst: Es gibt zur Grenze und zur Überschreitung der Grenze eine große Anzahl von Literatur. Um ein paar zu erwähnen: Arnold Gennep *The Rite of Passage* 1960, Donnan Hastings and Thomas Wilson *Borders: Frontiers of Identity, Nation and State* 1999, Martin van der Velde and Henk van Houtum eds. *Borders, Regions and People* 2000, Edgar Platen und Martin Todtenhaupt Hrsg. *Grenzen Grenzüberschreitungen Grenzauflösungen. Zur Darstellung von Zeitgeschichte in deutschsprachiger Gegenwartsliteratur* 2004, Johann Schimanski and Stephen Wolfe eds. *Border Poetics De-Limited* 2007. Das ist also ein boomender Forschungsbereich. Auf jeden Fall, Grenze und Grenzüberschreitung kann viele Bedeutungen haben. In *Rite of Passage* geht es um die Übergänge im menschlichen Lebenslauf, um Initiationsriten, analysiert in sogenannten primitiven Gesellschaften, wie die Riten des Erwachsenwerdens oder die des Heiratens, die auch in unserer sogenannten zivilisierten Welt sichtbar werden können. Dieses Buch behandelt also Grenzen und deren Überschreiten aus einem Raum in den nächsten Raum. Es können natürlich nicht nur geographische Grenzen überschritten werden, sondern ganz verschiedene Grenzen. So auch soziologische Grenzen, politische Grenzen und nationale Grenzen – was heute in journalistischen und politischen Kontexten exzessiv diskutiert wird, so dass man sich dieser Diskussion nicht entziehen kann. Und es gibt auch Grenzen, die in der Literatur thematisiert werden. So indem man Migrationserfahrungen bzw. die Situation von Migranten in einer Gesellschaft beschreibt, die verschiedenen, die entsendenden und die aufnehmenden Räume erforscht und sich selber und auch dem Leser seinen entsprechenden Erkenntnisweg zur Verfügung stellt.

Bei den erwähnten Texten bzw. bei den erwähnten Autoren findet man die Grenze eher in mehr oder weniger indirekten, symbolischen Formen vor. Um diesen Aspekt zu erschließen, müssten wir also elaborierte Analysen durchführen, so etwa Jurij Lotmans *Das Problem des künstlerischen Raumes*[13] zugrundelegend. So wären Fragen zu den räumlichen Strukturen von in den Texten einge-

---

13 In Jurij Lotman *Die Struktur literarischer Texte* 1972: 311-329.

setzten Oppositionspaaren und Bewegungsrichtungen, zur Stuktur des Raumes einzelner Texte, nach den in ihnen greifbaren ideologischen Modellen und den durch sie repräsentierten Kulturmodellen zu stellen.

Es gibt, wie bereits angesprochen, einen spezifischen Raum, dessen Diskussion bereits zum nächsten Theoriemodell führt. Dieser Raum wird hauptsächlich im theoretischen Kontext des Postkolonialismus diskutiert. Laut *Verortung der Kultur* von Homi Bhabha bilden die Migranten einen sogenannten dritten Raum. Dieser Raum ist in dem Sinne ein dritter, dass er weder mit dem der entsendenden Kultur, noch mit dem, wo sie ankommen, identisch ist, sondern wird von den Migranten in ihrer neuen Heimat geschaffen. Dieser Raum der Migranten wäre das, was kulturell in unserer Zeit das interessanteste und produktivste sei, wo die intellektuell innovativsten Ideen und die bemerkenswertesten literarischen Werke herkommen würden. In *Verortung der Kultur* finden wir einige Beispiele hauptsächlich aus dem englischsprachigen Raum. Es wäre nun möglich, diesen Ansatz bei allen erwähnten elf Autoren zu verfolgen und die Frage zu stellen, inwiefern die Kreativität, die in unseren literarischen Arbeiten zu Tage tritt vom Migrationserlebnis und von der Migrationssituation motiviert und geformt wurde.

Postkolonialismus ist, wie der Name es nahelegt, zeitlich eingeschränkt. Kolonialismus – ein globales Phänomen – ging ca. in den 1950er-1960er Jahren zu Ende. Seither gibt es so gut wie keine Kolonien im klassischen Sinne. Wir leben also im Zeitalter nach dem Kolonialismus, nämlich in dem des Postkolonialismus. Kolonialismus hat natürlich nicht nur die Gesellschaften geformt, die kolonialisiert wurden, sondern auch die Gesellschaften, die kolonialisierten. Kolonialismus wirkte auf die sogenannte herrschende Kultur auch zurück. Dass es sich hier um ein globales Phänomen handelt, heißt auch: Postkolonialismustheorien betreffen nicht nur die ehemaligen Kolonien, sondern auch die westliche Welt und auch die Kulturen von Ländern, die nur indirekt „beteiligt waren", so Österreich und Ungarn. Zwei relevante Autoren in dieser Hinsicht sind der erwähnte Homi Bhabha und Gayatry Spivak mit Texten wie: Homi Bhabha *Zeichen als Wunder* 1985, Homi Bhabha *Die Verortung der Kultur* 1994, Gayatry Spivak *Kann die Subalterne sprechen?* 1988.

In seinem Text *Zeichen als Wunder* beschreibt Bhabha das Erscheinen von westlichen Kulturprodukten wie der *Bibel* oder englischer Gesetzbücher unter kolonialen Verhältnissen und das, was für eine symbolische Gestalt aus der westlichen Kultur stammende Errungenschaften oder Werke aufnehmen, indem diese mit völlig anderen Bedeutungsinhalten aufgeladen werden und als Wunder interpretiert werden.

Gayatri Spivak stellt in ihrem Text *Kann die Subalterne sprechen?*, von der indischen Sitte der Witwenverbrennung ausgehend, wobei die Subalternen eben die Witwen sind, die nicht sprechen können, die nicht angehört werden,[14] aber Objekt von verschiedenen juristischen, gesellschaftlichen Sanktionen etc. sind, eine Frage. Bekanntlich kommt sie in ihrem Text auch zu einer Antwort. Zu der Antwort nämlich, dass die Subalterne nicht sprechen kann.

Spivaks Text ist 1988 geschrieben worden, in einer Zeit also, wo Witwenverbrennung vielleicht noch vorkam, aber nur unter illegalen Verhältnissen. Er behandelt also auch unsere Zeit. Er ist geschrieben worden, um im kulturtheoretischen Kontext grundlegende Fragen an unsere Zeit zu stellen. In der Literatur finden wir allerdings wiederholt Beispiele dafür, wie einer, dem die Sprache entzogen wird, zu sprechen versucht. Der zitierte Pulay-Text, die schlechte, also niedere Sprache der Minderheiten verwendend und sich selbst als derjenige, der von den Zivilisierten als dumm bezeichnet wird, hinstellend gibt die Stimme des Subalternen wieder. Wenn wir Spivaks Argumentation auf die Literatur und auf unsere Situation, auf die Migration übertragen, dann ist klar, dass Migranten sehr wohl sprechen können – wobei sie natürlich oft genug nicht gehört werden. Trotzdem gibt es die Migrationsliteratur und zwar nach der Anzahl der literarischen Produktion eine große. Sie ist zwar eine Nischenliteratur und wird nicht unbedingt in großen Auflagen verbreitet, aber sie ist auf jeden Fall vorhanden. Und so müssen wir also sagen, dass wenn wir die Literaturgeschichte und

---

14 Angemerkt werden sollte dabei, dass Spivak mit ihrem Text als diejenige hervorzutreten trachtet, die für diese Personen spricht. Das Konstrukt des Subalternen wurde bereits von Antonio Gramsci genau in dem Sinne angelegt, dass für die ländlichen Arbeiter des rückständigen Süditaliens andere, nämlich die Funktionäre der Italienischen Kommunistischen Partei sprechen. Anstatt also, dass Spivak die Stimmen der Subalternen hören lassen würde, nimmt sie den Platz des Sprechers ein, und zwar einen von einem akademischen Katheder Sprechenden, sozial und kulturell komplett anderen Sphären angehörend als diejenigen, deren Schweigen sie keineswegs behebt, sondern lediglich thematisiert.

die Migrationsliteratur anschauen unsere Antwort ist, dass der für subaltern Erklärte nicht nur sprechen, sondern sogar literarisch sprechen kann. Was in unserer Zivilisation als gehobene Sprechweise gilt.

Da wir klarerweise in einer postkolonialen, post Kalter Krieg etc. Welt leben – die Geschichte des Globus epochendefinierend bestimmenden historischen, wirtschaftlichen, militärischen Konstellationen formten ja unsere Gegenwart entscheidend mit – lassen sich postkoloniale Theorieansätze etwa mit der Frage nach der Produktivität im dritten Raum, nach der Rede des Subalternen oder mit der Frage nach symbolgewordenen kulturellen Zeichen aus sogenannten Leitkulturen, hier ebenfalls heranziehen. Wichtig ist, dass all diese Fragen und all diese Zugänge vorhanden sind, und sie aus der Postkolonialismustheorie kommend sehr wohl auch auf Migrationskontexte angewendet werden können.

Nach der Vorstellung von raumtheoretischen und postkolonialen Theorieansätzen als drittes kurz zu den Erzähltheorien. Das ist ebenfalls eine boomende Theoriediskussion.[15]

Migration als Narrativ erscheint bei allen elf hier aufgelisteten Autoren. Und zwar in extrem unterschiedlichen Formen. Von Garaczi, bei dem das als Negatives da ist – er kann endlich in Ruhe schreiben – bis Zilahi, die mit den Motiven von Walfisch und Nebel das Aktuellpolitische metaphorisch und allegorisch verarbeitet. – Wobei wieder betont werden muss, dass die hier vorgetragenen Interpretationen vom Autor dieses Aufsatzes stammen. So hat Zilahi zu diesem Gedanken gesagt, sie schreibe nicht über aktuellpolitische Angelegenheiten. Aber wenn man ihren Text sieht, ist es schwer, diesen Aspekt nicht darin zu sehen. So wäre Baumgarten wahrscheinlich auch nicht einverstanden, dass behauptet wird, dass er Pulay sei.

Auf jeden Fall: jeder Migrant hat ein Migrationsnarrativ, kann eine Geschichte, eine Erzählung vortragen. Und zwar eine individuelle, die in vielen verschiedenen Formen erscheinen kann, so etwa in wissenschaftlichen Laufbahnen. Man kann es autobiographisch angehen, man kann es literarisch verarbeiten. Es ist auch eine juristische Angelegenheit, was auf entsprechende Weise behandelt werden kann. Hier ist wieder wichtig festzuhalten, dass

---

15 Siehe beispielsweise Gérard Genette *Die Erzählung* 1994.

dieses Narrativ möglich ist und wir alle als Leser und als Wissenschaftler die Möglichkeit haben, all diese Texte als Formen und Beispiele von diesem Narrativ zu lesen und zu interpretieren.

Nach diesen drei, nach Raumtheorien, postkolonialen Theorien und Erzähltheorien als viertes Gilles Deleuze / Felix Guattari *Kafka. Für eine kleine Literatur* 1975, genauer dessen Kapitel III *Was ist eine kleine Literatur?* Die Frage ist, ob dieser Text, der bezogen auf eine spezifische Art von Minderheitenliteratur geschrieben wurde, auch für andere Minderheitenliteraturen gilt. Was für Erkenntnisse kann man durch ihn über diese Literaturen gewinnen? Auf jeden Fall kann die Frage gestellt werden, inwiefern die Literatur der ungarischen Migration in Österreich der 2010er Jahre mit der Deleuze-Guattarischen Kategorie der Kleinen Literatur gelesen werden kann. Deleuze und Guattari zählen als Merkmale von kleinen Literaturen und Sprachen – deren Beispiele für sie u.a. die Sprache der Minderheiten und die Sprache der Gastarbeiter und Kinder von Gastarbeitern sind – folgende drei Punkte auf:

> Ihr erstes Merkmal ist […] ein starker Deterritorialisierungskoeffizient, der ihre Sprache erfasst. [...] Das zweite Merkmal kleiner Literaturen: In ihnen ist alles politisch. [...] Schließlich gewinnt in kleinen Literaturen, und dies ist ihr drittes Merkmal, alles kollektiven Wert.[16]

bzw.

> Das also sind die drei charakteristischen Merkmale einer kleinen Literatur: Deterritorialisierung der Sprache, Koppelung des Individuellen ans unmittelbar Politische, kollektive Aussageverkettung. So gefasst, qualifiziert das Adjektiv klein nicht mehr bloß bestimmte Sonderliteraturen, sondern die revolutionären Bedingungen jeder Literatur, die sich innerhalb einer sogenannten großen (oder etablierten) Literatur befindet.[17]

Wo haben wir nun in unseren elf Beispielen Deterritorialisierung, das Politische, gar das Revolutionäre und das Kollektive gesehen? Hier ist auch klar, dass als Deleuze und Guattari 1975 ihre Theorie entfalteten sie etwas völlig anderes im Auge hatten, als was wir heute im Auge haben. Die Welt ist heute in dem Sinne wie das

---

16 Gilles Deleuze / Felix Guattari *Kafka* 1975: 24-25. Übersetzung von Burkhart Kroeber.
17 Deleuze / Guattari 1975: 27.

für Deleuze und Guattari 1975 noch sein konnte, überhaupt nicht mehr revolutionär. Die post-neo-marxistischen Ansätze der 1970er Jahre sind heute schwer nachvollziehbar. Migration hat aber in unserer Welt eindeutig ihre Brisanz. Das sehen Kulturwissenschaftler wie Homi Bhabha genauso wie populistische Politiker in verschiedenen mitteleuropäischen Ländern, die sie politisch instrumentalisieren und so, wie wir wissen, auch die Macht erobern können. Was Deterritorialisierung heute heißt, haben wir ebenfalls gesehen. Einerseits mit der sogenannten Mobilität und andererseits mit dem virtuellen Raum des Internet, aber auch mit den aktuellen Räumen der Kulturindustrie, mit Stipendien in Graz und Berlin oder mit Lesetouren von anerkannten und angehenden Autoren. Und dass Kollektive immer konstruiert sind, dafür steht dieser Text als Beispiel. Dass die angeführten Autoren zur ungarischen Minderheit in Österreich gehören, würden von den erwähnten elf wahrscheinlich zehn mehr oder weniger energisch bestreiten. Sie können aber trotzdem bzw. genau damit als Repräsentation für diese Minderheit angesehen werden, die eben eine spezifische Form von ihr ist.

Da es hier eine signifikante Menge an Literaten, Texten, eine spezifische Medienvielfalt gibt, da es sich hier um eine dynamische Szene handelt, kann auch die Frage gestellt werden, wie diese Literatur sich mit anderen Minderheitenliteraturen vergleichen lässt. Was sind die Kategorien, in denen diese behandelt werden können? Johanna Laakso führt folgende Kategorien an: Verhältnis der Minderheit zu der dominanten Sprache des Staates; Situation der Minderheit in Hinsicht auf Macht, Geld, institutionelle Unterstützung, Medienpräsenz; herrschende Sprachpolitik des Staates; Typen der Minderheiten; Situation der Minderheitensprache in Hinsicht auf Prestige, Verbreitung, Sichtbarkeit[18]; Rolle der Minderheitenliteratur.[19]

Das Verhältnis der Minderheit zu der dominanten Sprache des Staates – betrifft das Verhälnis des in Österreich verwendeten Ungarischen zum Mehrheitsdeutsch. Wie erwänt, von den angeführten elf Autoren schreiben die meisten ungarisch, mehrere deutsch

---

18 Auf die von Laakso ebenfalls angeführten Besonderheiten wie Dialekt, spezifische Akzente, Vorhandensein von Code-Switching und nonce loans wird hier nicht eingegangen, da dies beim Vortrag zeitbedingt nicht möglich war.

19 Siehe *Minderheitensprachen und die Literatur* Vortrag von Johanna Laakso am 17.10.2017 im Rahmen der Ringvorlesung *Aspekte der Minderheitenliteraturen* an der Universität Wien.

und es gibt die, die eine gemischte Sprache verwenden und es gibt das Spiel mit dem schlechten Dialekt. Es gibt auch die Möglichkeit, fremde Wörter in den ungarischen Text einzufügen und dadurch das Bedeutungsfeld zu öffnen. So scheint diese Kategorie auch für die angeführten Beispiele aus der Literatur der ungarischen Minderheit in Österreich verwendbar.

Die zweite ist die Situation der Minderheit in Hinsicht auf Macht, Geld, institutionelle Unterstützung, Medienpräsenz. – Die ungarische Minderheit in Österreich hat mit all dem Probleme. Es gibt natürlich Machtkämpfe sowohl zwischen den Vertretern der Minderheit als auch zwischen den Vertretern der Minderheit und den Vertretern des Staates, und zwar eher mit der entsprechenden Administration, und weniger mit den Politikern. Es geht auch um Geld und wie man Geld verteilt. Geldmangel ist ein wichtiger Punkt. Institutionelle Unterstützung ist auch ein Punkt, in dem Sinne, dass die ungarische Minderheit in Österreich nicht nur von österreichischen Institutionen unterstützt wird, sondern auch von ungarischen. Was auch einen gewissen politischen Einfluss, eine Möglichkeit der politischen Einflussnahme bedeutet. Sie bedeutet ebenfalls gewisse Probleme der Solidarität mit und der Loyalität zu dem einen oder anderen Land. Hier eröffnen sich Wege der Abhängigkeit und taucht die Frage auf, für was für eine Rolle man gebraucht oder missbraucht wird. Diese Problematik taucht also hier auch auf, und zwar von beiden Seiten. Das trifft auf die Medienpräsenz ebenfalls zu. Es gibt die Medien der Minderheit, die in Österreich erscheinen. Es wurde bereits eine Zeitschrift erwähnt. Es gibt auch Webseiten. Und es gibt die ORF-Minderheitensendungen. Im Radio und im Fernsehen wird eine gewisse Stundenanzahl der ungarischen Minderheit gewidmet. Also da gibt es auch eine Repräsentanz. Sowohl im Radio als auch im Fernsehbereich wird natürlich eine spezifische Auswahl getroffen, sowohl der Sichtbarkeit als auch der Darstellung nach. Aber da die ungarische Minderheit relativ konform mit der österreichischen Gesellschaft ist und nicht die Konfrontation sucht, kann man die Darstellung relativ objektiv nennen.

Herrschende Sprachpolitik des Staates – Österreich hat eine klare Sprachpolitik. Nach dieser Sprachpolitik muss jeder Staatsbürger deutsch sprechen. Und zwar bereits im Kindergarten. Das wird juristisch und administrativ erzwungen. Die Sprachpolitik des österreichischen Staates ist also keinesfalls tolerant. Da relativ viele Freiräume existieren, kann einer sich bis zu einem gewissen Grad ihr entziehen und es gibt bestimmt Leute, die das ausnützen, aber wenn man die Politik und ihre Umsetzung anschaut, dann ist es klar, wie hier Minderheitensprachen angesehen werden.

Typen der Minderheiten – Zwei Typen wurden erwähnt, allochthon und autochthon, fremd und einheimisch. Es gibt die alten Minderheitengruppen, die sozusagen seit jeher da leben und die neuen Minderheiten, die zugezogen, irgendwann eingewandert sind. Die Frage ist aber immer, wo man da die Grenze zieht, wie man das definiert. In Österreich gibt es weiters mit dem Burgenland einerseits und mit den verschiedenen Migrationswellen andererseits eine Vielfalt, die sich mit den Begriffen allochthon und autochthon nicht mehr fassen lässt. Wissenschaftlich ergibt das also einen interessanten Fall, der bisher nicht aufgearbeitet wurde. Wichtig ist hier, dass bezogen auf die Ungarn in Österreich auch verschiedene Typen existieren, die auch in ihrer Literatur teilweise ihren Niederschlag findet.

Situation der Minderheitensprache in Hinsicht auf Prestige, Verbreitung, Sichtbarkeit – Die ungarische Sprache in Österreich hat wenig Prestige, ist kaum verbreitet und so gut wie nicht sichtbar. Der Mangel an Prestige ist etwa dadurch zu beobachten, dass die meisten der zweisprachigen Familien nach außen eine, nämlich die deutsche Sprache verwenden und nicht beide Sprachen. Dies war etwa im Burgenland in der Zwischenkriegszeit und auch in der Nachkriegszeit so. Wenn z.B. in einem Gasthaus zwei Ungarn miteinander gesprochen haben und ein Dritter dazu kam, der nicht Ungarisch konnte, wurde sofort die Sprache gewechselt, weil sie sonst als verdächtig angesehen wurden. Heute sind es wohl eher praktische als Prestigegründe, warum nach außen hauptsächlich die deutsche Sprache verwendet wird. Es gibt natürlich auch soziologische Faktoren, die hier relevant sind, also zu welcher Schicht jemand gehört, Bauer, Bürger oder Adeliger ist, wie das im Burgenland um 1920 eben ausschlaggebend war. Es ist dabei ein interessanter Punkt, dass wenn man nach ungarischsprachiger Literatur im Burgenland sucht, dann hat man Schwierigkeiten, Werke zu finden. Was wohl auch mit Prestige, Verbreitung und Sichtbarkeit zusammenhängt.

Rolle der Minderheitenliteratur – Wie erwähnt, die Minderheitenliteratur ist im Burgenland quasi nicht existent. Ganz anders ist es mit der ungarischen Literatur in Wien, insbesondere dann, wenn wir die Literatur nehmen, die durch Migranten produziert wird. Sie wird zwar nicht immer unter Migrationsliteratur behandelt und wird von der österreichischen Literaturszene so gut wie nicht wahrgenommen, aber sie hat sowohl ihrer Qualität als auch ihrer Quantität nach das Potential eine entsprechende Rolle einzunehmen.

Folgerungen

Es gibt also die ungarische Literatur in Österreich. Die sie hervorbringenden Autoren treten aber nicht als geschlossene Gruppe auf. Die einzelnen Autoren wissen oft nichts über die anderen. Die Gruppenbildung verläuft unter anderen Gesichtspunkten. Das Verbindende ist natürlich, dass man im deutschen Sprachraum arbeitet, also in (oder in Kenntnis) einer kleinen/fremden Sprache schreibt, sich isoliert oder befreit fühlt. Alle erwähnten Autoren können deutsch und achten auch auf die nicht ungarische Literatur.

Für alle bildet Migration, das In-der-Fremde-Arbeiten thematisch ein Reservoir, das genutzt oder eben nicht genutzt werden kann, wobei angesichts der emotionalen, kulturellen, biographischen Bedeutung des – auch provisorischen – Wechsels des Lebensmittelpunktes im Werk selbst auch seine verschlüsselten Spuren hinterlassen muss und so durch eine tiefergehende Analyse sichtbar gemacht werden kann.

Sprachlich gibt es natürlich so etwas wie ein burgenländisches Ungarisch, genauso wie die gemischte Sprache der Migranten. Die von uns gesehenen Texte arbeiten nur im Fall von Pulay mit dieser und dieser dürfte auch ein ironischer Text gewesen sein. Es gibt die Zweisprachigkeit (Buda) oder den Sprachwechsel (Lesi überlegt deutsch, Fónagy überlegt ungarisch zu schreiben). Die Sprache der ungarischen Literatur in Österreich ist aber grundsätzlich die Literatursprache Ungarns. Das war so im 18., 19. und 20. Jahrhundert mit György Bessenyei, Ferenc Kazinczy, István Széchenyi, Lajos Kassák und György Sebestyén auch.

Das sind Literaten, die im ungarischen literarischen Kanon einen festen Platz haben. Sie lebten alle eine Zeitlang in Wien oder in Österreich. Es gibt davon welche, die die Sprache wechselten. Sebestyén beispielsweise war kurze Zeit Journalist und schrieb ungarisch, dann wechselte er die Sprache und schrieb deutsch.[20] Széchenyi verfasste nicht Belletristik, also schöne Literatur, sondern verschiedene Sachtexte, so etwa politische Diskussionsliteratur. Er führte ein Tagebuch, das auch literarische Qualitäten hat. Széchenyi ist in Wien geboren und in Wien gestorben, seine Texte erschienen aber hauptsächlich in Pest. Sein Tagebuch hat er allerdings deutsch verfasst. Seine Privatsprache war also deutsch, das Ungarische hat er sich selbst beigebracht. Kazinczy war als Gefangener hier. Er verfasste über diese Gefangenschaft ein literarisches Werk, das als wichtiger Teil seines Œuvres angesehen wird.[21] In der ungarischen Literaturgeschichte lässt man die neue Literatur mit Bessenyeis Wiener Tätigkeit beginnen.[22] Kassák hielt sich als Avantgardist sechs entscheidende Jahre in Wien auf. Er publizierte hauptsächlich ungarisch, seine Zeitschriften brachten aber auch deutsche Texte. Er versuchte also, die lokale Literatur auch zu publizieren. Einige Texte von ihm sind auch damals schon deutsch erschienen. Also seine Tätigkeit war sehr wohl auch auf das Umfeld ausgerichtet.[23] All das sind Beispiele, die zur Tradition der ungarischen Literatur in Österreich zu zählen sind.

Die hier angeführten elf Beispiele zeigen, dass es nach wie vor eine ungarische Literatur in Österreich gibt, und eine der Aufgaben des hungarologischen Instituts der Universität Wien ist ihr Platz zu geben, sie zu erfassen, zu diskutieren, zu dokumentieren.

---

20 György Sebestyén *Die Türen schließen sich* 1957.

21 Ferenc Kazinczy *Fogságom naplója* (*Tagebuch meiner Haft*) über seinen Aufenthalt in Kufstein 1799-1800.

22 György Bessenyei *Ágis tragédiája* (*Tragödie von Agis*) 1772, *Holmi* (*Hab und Gut*) 1779.

23 Lajos Kassák hielt sich 1920-1926 in Wien auf, gab hier die Zeitschriften *Ma* und *2x2* sowie zahlreiche Buchreihen heraus.

Editorische Notiz

Dieser Band versammelt schriftliche Versionen von Vorträgen, die 2010-2017 gehalten wurden. In den Vorträgen ging es um eine Reihe von Literaten, um diverse Formen der Migration und um diverse Textarten. Die Sprache der Vorträge war, bedingt durch das Thema sowie bedingt durch die Vortragsanlässe, deutsch, ungarisch oder englisch. *Ungarische Schriftsteller in Österreich. Das Wien von Sándor Márai und Tibor Déry* geht auf einen Vortrag am 12. Mai 2016 des Österreichischen Instituts für Ungarische Studien in Wien zurück. Die schriftliche Version wurde 2017 für den Band Hajnalka Halász, Tamás Görbe, Rita Hegedűs, Csongor Lőrincz Hrsg. *Übersetzungsereignisse: Kultur, Wissenschaft, Geschichte. 100 Jahre Hungarologie in Berlin* verfasst. *Ungarische Migrantenschriftsteller im Westen seit 1945* wurde als *Hungarian Migrant Writers in the West since 1945* am Symposium *Multilingualism and multiculturalism in Finno-Ugric literatures* des XII Congressus Internationalis Finno-Ugristarum am 18. August 2015 gehalten. Die schriftliche Version entstand für den Band Johanna Domokos und Johanna Laakso eds. *Multilingualism in Finno-Ugric Literatures*. Der Vortrag *Die Rückkehr aus dem Exil* wurde auf der Konferenz *Die Wende von 1989 und ihre Spuren in den Literaturen Mitteleuropas* am 29. November 2014 in Poznań gehalten. Die schriftliche Version ist in Alicja Krauze-Olejniczak und Sławomir Piontek Hrsg. *Die 'Wende' von 1989 in den Literaturen Mittelosteuropas* 2017 publiziert worden. Der Text *Tag der Lyrik* geht auf den Vortrag *A költészet napja* am 14. April 2015 im Rahmen von Magyar Diákok Egyesülete - Verein Ungarischer Studenten - Café Wien zurück. Der Vortrag wurde – wie die Organisatoren das deklariert haben – anlässlich des erstens Begehens des ungarischen Tages der Lyrik in Wien gehalten. *György Sebestyéns Pannonia* wurde als *Sebestyén György Pannoniája* am 15. Dezember 2010 im Österreichischen Institut für Ungarische Studien in Wien vorgetragen. Der Vortrag *Exilliteratur am Beispiel des ungarisch-österreichischen Schriftstellers György Sebestyén* wurde am Workshop *Kommunikation im transnationalen Raum* an der Universität Wien am 21. Januar 2011 gehalten. *Magyar Híradó* ist Teilergebnis des Forschungsprojekts *Beiträge zur ungarischen Migration in Österreich im 20. Jahrhundert*, finanziert durch die Aktion Österreich Ungarn. Der Beitrag wurde 2013 in der

Zeitschrift *Öt Kontinens* publiziert. *Minderheitenliteratur* geht auf den Vortrag *Kissebbségi irodalom* zurück, der am 10. April 2017 an der Filozofski fakultet Odsek za hungarologiju der Universität Novi Sad gehalten wurde. Die schriftliche Version wurde für die in Novi Sad erscheinende Zeitschrift *Hungarológiai Közlemények* verfasst. Der Vortrag *Literatur der ungarischen Migration in Österreich in den 2010er Jahren* ist im Rahmen der Ringvorlesung *Aspekte der Minderheitenliteraturen* am 7. November 2017 an der Universität Wien gehalten worden. Die Schriftversion entstand 2018 für einen Band mit den Beiträgen der Ringvorlesung. Die Publikationen erfolgten also in durch Peer Reviews überprüften Zeitschriften und Bänden.

Alle Übersetzungen, wenn nicht anders angegeben, stammen von Károly Kókai.

Mein Dank gebührt selbstverständlich allen, die die Veranstaltungen organisierten, an denen die Vorträge gehalten wurden, deren schriftliche Versionen hier vorliegen, dem dort anwesenden Publikum, für das die Vorträge gehalten wurden und das sich an den allfälligen Diskussionen nach dem Vortrag beteiligte. Dank gebührt genauso den Redakteuren der Zeitschriften und Sammelbände, für die die Schriftversionen der Vorträge verfasst wurden. Sie haben mit ihrer Einladung zur Veranstaltung und zur Publikation die Gedankengänge initiiert, die sich in den Texten entfalten. Die Fragestellungen jener Anfragen waren vielfach bestimmend für die Themenschwerpunkte der Texte. So ging es bei Sandra Vlasta um transnationale Literatur, bei Johanna Domonkos und Johanna Laakso um Multikulturalität und Mehrsprachigkeit, bei István Majoros und Oliver Rathkolb um Forschung zum Kalten Krieg – was sich in den entstandenen Texten ganz direkt niederschlug. Dank gebührt auch den – oft anonymen – Gutachtern, die Vorversionen einzelner Texte kommentierten und so zum Überdenken der Textgestaltung oder der Argumentation anregten. Die hier vorliegenden Texte sind also durch genauso viele gestaltende Faktoren geformt, wie die Texte, die in den Texten analysiert wurden.

Mein Dank gilt außer den Erwähnten insbesondere Attila Bombitz, Ernő Deák, Pál Deréky, Tamás Forgács, Satu Gröndahl, Nándor Murányi, Andrea Seidler, Éva Toldi und Ildikó Ilona Vozár für Unterstützung, Anregung, Einladung, Diskussion, Kommentar, Ergänzung, Publikation und Kritik.

www.ingramcontent.com/pod-product-compliance
Lightning Source LLC
LaVergne TN
LVHW090014090426
835509LV00035BA/1049